U0490618

本书为国家社科基金冷门绝学“百年来甲骨文考释实践研究”（19VJX112）、辽宁省“兴辽英才计划”哲学社会科学领军人才（XLYC2004016）项目阶段性成果

| 博士生导师学术文库 |

A Library of Academics by Ph.D. Supervisors

出土文献语言与文字论丛

洪 飏 著

光明日报出版社

图书在版编目（CIP）数据

出土文献语言与文字论丛 / 洪飏著. -- 北京：光明日报出版社，2022.3

ISBN 978-7-5194-6470-7

Ⅰ.①出… Ⅱ.①洪… Ⅲ.①出土文物—文献—语言学—研究—中国②出土文物—文献—古文字学—研究—中国 Ⅳ.①H109.2②H121③K877.04

中国版本图书馆 CIP 数据核字（2022）第 035369 号

出土文献语言与文字论丛

CHUTU WENXIAN YUYAN YU WENZI LUNCONG

著　　者：洪　飏

责任编辑：李壬杰　　　　责任校对：张彩霞

封面设计：一站出版网　　　　责任印制：曹　诤

出版发行：光明日报出版社

地　　址：北京市西城区永安路 106 号，100050

电　　话：010-63169890（咨询），010-63131930（邮购）

传　　真：010-63131930

网　　址：http://book.gmw.cn

E - mail：gmrbcbs@gmw.cn

法律顾问：北京市兰台律师事务所龚柳方律师

印　　刷：三河市华东印刷有限公司

装　　订：三河市华东印刷有限公司

本书如有破损、缺页、装订错误，请与本社联系调换，电话：010-63131930

开　　本：170mm×240mm

字　　数：270 千字　　　　印　　张：16.5

版　　次：2022 年 3 月第 1 版　　　　印　　次：2022 年 3 月第 1 次印刷

书　　号：ISBN 978-7-5194-6470-7

定　　价：95.00 元

目录
CONTENTS

第一章　甲骨文研究

花园庄东地甲骨的否定副词

新的一批甲骨材料——《殷墟花园庄东地甲骨》终于在2003年由云南人民出版社出版了。这批材料被誉为"继1936年小屯北地YH127坑、1973年小屯南地甲骨发现以来殷墟甲骨文的第三次重大发现"。根据这批卜辞的占卜主体，亦即卜辞的主人"子"，推定其性质是"非王卜辞"，内容也非常重要。相关的研究如卜辞的释读、断代、行款、内容、字词考释等不断涌现，并且取得了可喜的成绩①。

我们曾经对花园庄甲骨的否定副词进行了全面地考察。《花东》卜辞常见的否定副词有"不、弗、弜、勿、毋"等五种，因其使用情况不同，我们重点讨论前三种。另外，还在"余论"中把我们对《花东》否定副词的研究情况与既有成果相比照，并且提出了一点粗浅的认识。

一、不

"不"字在《花东》卜辞中使用频率最高，出现127次。主要出现在命辞和占辞部分，还有一部分用在用辞或验辞部分，构成"不用""不率""不孚""不若""不侃"等辞例形式。下面我们对"不"字的具体使用情况进行考察。

---

① 姚萱. 殷墟花园庄东地甲骨卜辞的初步研究：参考论著目录［D］. 北京：首都师范大学，2005.

（一）不+动词

“不+动词”是否定副词“不”的最常见的语法形式。“不”可以用在及物动词前，这个及物动词可以带宾语，也可以不带宾语。如：

戊午卜：子又呼逐鹿，不奔马。用。295·1

丁不延虞。3·2

辛卜：丁不涉。28·10

丁卜：不狩。36·5

“不”还可以出现在不及物动词前面，如：

壬卜：子其往田，丁不虞。3·14

己卯卜，贞：龜不死。子曰：其死。157·7

不及物动词后可以加介词“于”引出补语：

巳卜：丁终不虞于子疾。69·7

（二）不+副词+动词

在“不”与动词之间加上副词，否定中心不受副词影响，仍然指向后面的动词。副词主要有“其”和“允”两种。如：

乙未卜，在[illegible]：丙［不雨］。子占曰：不其雨。孚。10·2

甲午卜：子速，不其各。288·7

不其往。379·3

辛亥卜，丁曰：余不其往。毋速。475·8

壬午卜：不允水。子占曰：不其水。59·3

（三）不+数词

“不”可以指向作谓语的数词。在《花东》卜辞中，常常构成“不+数词，其+数词”这种形式，是旧有卜辞不曾见到的。

丁卯卜：子其往田，……子占曰：不三，其一。孚。289·7

戊戌夕卜：翌己，子其［逐］，从圭人向敝，遘。子占曰：不三，其一。其二，其有奔马。用。381·1

戊戌夕卜：翌［己］，子［求］豖，遘，擒。子占曰：不三，其一。用。378·1

在旧有卜辞中有如下一辞：

己丑卜，㱿贞：配以芻，其五百唯六？/贞：配以芻，不其五百唯六？

《合》93

《花东》的“不三，其一”似乎可以据此转换为“不其三唯一”，看作省略了标记语义焦点的“唯”字，语义照旧。

（四）不+状语+动词

不及[1]旬日雨。183 · 11

“不”所否定的不是谓语中心词“雨”，而是介宾结构“及旬日”，在句子中作状语。

诚如张玉金先生所言：“谓语部分中的状语一般不是构成句子谓语所必需的句法成分，它们一旦在否定句谓语中出现，就会成为语义重点，也会成为否定词所指向的部分。”[2]

《花东》卜辞中有如下一句：

丁卜：子令庚侑有母，呼求囟，索尹子人。子曰：不于戊，其于壬人。125 · 1

“不于戊”可以看作“不于戊人”之省略中心词“人”，可见“不”否定的语义指向是时间词“戊”而非“人”。

（五）不+主语+谓语

戊子卜，在，贞：不子翌有疾，亡延。不死。351 · 3

这里的“不”后接复合成分，指向“子翌有疾”这件事。因为“子有疾”是占卜主体不希望的，所以“不”置于句首否定“子翌有疾”的全部。在后面要谈到的“弜”字也有类似的用法。

（六）不+名词

这种形式在全部的卜辞中都是不多见的，在《花东》卜辞中仅有一例：

乙未卜：子其田，从圭求豖。遘。用。不豖。50 · 3

旧有卜辞中多为“不+其+名词”形式，如：

贞：不其黍？《合》9549

贞：不其鱼？《合》16043

---

① 所谓的“及”字作形，具体讨论见下文“弗+状语+动词”部分。

② 张玉金. 论甲骨文中“不”和“弗”的根本区别［A］//甲骨学国际学术研讨会 2005 年会议论文［C］. 东海大学中文系 · 台中，2005：120.

贞：不其南?《合》8994

这里的“黍”“鱼”“南”都活用作动词，分别是“种黍”“捕鱼”“往南”的意思。(张玉金 125 页)

《花东》的“不豕”单从语法层面上讲，否定副词“不”是不可以修饰名词“豕”的，这个“豕”理应活用作动词。“不豕”可以理解为“不遘豕”“不求豕”“不获豕”等意思。在先秦古汉语中，否定副词“不”后面的名词活用作动词的现象是不稀见的。如《左传·宣公二年》有“晋灵公不君”即其证。

那么“不豕”应该是用辞还是验辞呢?其前面的“用”字姚本令其自成一读，按照黄天树先生的说法，这个“用”字就属于“用辞”，即决定用这一卜。他说：

> 需要注意的是，凡辞末缀以“不用”之语的，其后从不附记刻辞。因为没有施用，也就无事实可记了。另外，“兹用”或“用”后面附记的刻辞，往往与命辞中所卜问的内容不同。如(24)“己巳卜：其又岁于南庚?兹用，一牛。”［《合》32608=《珠》365(历无名间)］(25)“己未卜：其又岁于雍己?兹用，十牢。”［《屯》3794(历无名间)］这些现象表明：凡施用情况与命辞不同或有所补充时就附记“施用情况”的刻辞。凡施用情况与命辞相同，就仅书“兹用”二字，其后就不再赘记了。①

《花东》的“不豕”可以理解为“不遘豕”“不求豕”“不获豕”等，应该不是对施用情况的补充说明，所以不能理解为黄先生所说的“用辞”。《花东》一书是将其作为“验辞”来看的。不过，在《花东》一书中，研究者往往把卜辞中位于命辞之后、事后追记的内容笼统地看作“验辞”，则又有不妥。姚萱女士博士论文中有如下一段话：

> ……我们认为，有些追记的内容是很难用是否“应验”来概括的，有不少还是称作“用辞”比较恰当。从一般的原则来讲，大凡追记的事实或情况是占卜主体所不能控制的，例如，田猎遇上野兽、擒获若干，天气阴晴或刮风下雨，某人有疾病、死等，都应该属于验辞，是跟贞卜

① 黄天树. 殷墟王卜辞的分类与断代［M］. 台北：文津出版社，1991：338.

是否应验有关的；大凡所追记的事实或情况是占卜主体所能控制的、可以主动发出的，如对某人举行祭祀、外出、呼令某人做某事等，则多半应归用辞，是记录跟施用或不用此卜有关的事实或情况的。

《花东》50·3 即是关于田猎的刻辞。田猎过程中能不能遇上或猎获动物，都是占卜者不能控制的。另外，据甲骨文语法研究表明，“不”一般用在谓语动词是表示占卜主体所不能控制的行为和变化的否定句里。因此，从内容和语法双重层面考虑，“不豕”就归属于“验辞”部分无疑。

二、弗

研究者大多认为甲骨文的否定副词中，“不”与“弗”的共同点更多一些，例如，所带动词的特点是“不可控制性”，都可能用在验辞或用辞部分里。但是相对来说，“弗”要比“不”的用法单薄得多，有些用法也存在着明显的不同。“弗”字在《花东》卜辞中一共出现 41 次，主要有如下几种情况：

（一）弗+动词

一般认为，“弗”字否定的都是及物动词①，这个及物动词可以带宾语，也可以不带宾语。《花东》卜辞中“弗”的使用情况亦大致如此。如：

戊卜：子其取吴于凤，丁弗作。39·17

戊卜：子作丁臣𬀩，弗作子艰。75·2

丙卜：子既祝，有若，弗左妣庚。361·1

但是也有例外的，如：

乙亥卜，贞：子雍友𢦏有复，弗死。21·1

南弗死。38·6

乙卜，贞：贾壴有口，弗死。102·1

乙卜，贞：中周有口，弗死。102·2

丙辰卜，㚸有取，弗死。321·3

① 张玉金先生认为“不”和“弗”的主要区别之一是“弗”只用在及物动词前，而“不”既可以用在及物动词前，也可以用在不及物动词前。张玉金. 甲骨文“不”“弗”异同论［M］//申小龙. 中国语言与中国文化论集. 香港：香港 H·K 亚太教育书局，1993.

甲戌卜，贞：羌弗死子臣。215・2

其中，前面五辞之“死”用法相同，均为不及物动词。最后一辞“死”后从形式上看还带了宾语。在古汉语语法中，不及物动词是不可以带宾语的，如果后面出现了宾语，那么这个动词就该活用为使动动词了。“羌弗死子臣”即“羌”不会让子臣死。《花东》卜辞中“弗”后中心词为不及物动词的现象应该引起关注。

（二）弗+其+动词

在否定词“弗”与动词之间有时还出现副词，在《花东》卜辞中主要是“弗”，语义指向不发生改变，仍旧指向后面的动词。以下两例就是很好的证明。

癸酉卜，在~：丁弗宾祖乙彡。子占曰：弗其宾。用。480・2

壬辰：子夕呼多尹□叺南豕，弗遘。子占曰：弗其遘。用。352・2

比较普遍的形式是：

辛丑卜：其逐狼，弗其获？108・5

丁卜：弗其比何，其艰。320・5

弗其擒。378・2

在正反对贞句子中，有时“其”字可以省略：

其作子艰。75・1

弗作子艰。75・2

75・2可以看作“弗其作子艰”之省。

（三）弗+状语+动词

（1）其及五旬□。266・1

弗及五旬。266・2

三旬。266・3①

（2）乙丑卜：□宗，丁及乙亥不出狩。366・1

乙丑卜：丁弗及乙亥其出。子占曰：庚、辛出。366・2

（3）癸巳卜：自今三旬有至南。弗及三旬，二旬又三日至。290・4

① 《殷墟花园庄东地甲骨卜辞的初步研究・释文》顺序是：1、3、2。此据拙文《〈花园庄东地甲骨卜辞释文〉校议》，待刊。笔者按：该文后发表于《古籍整理研究学刊》，2008年第3期。

上引各辞中所谓的“及”字写作[illegible]、[illegible]、[illegible]等形，又见于《花东》183辞，辞例为“不[illegible]旬日雨”。姚萱女士并释读为“及”①。刘钊先生认为把该字直接释为“及”，从字形上是讲不过去的，将其释作“稽”，卜辞中用为“稽留”义②。魏慈德先生受刘钊先生《“稽”字考论》③一文启发，也将该字释作“稽”④。按：在旧有卜辞中，比较常见的“及”字后面常常接时间词：

庚寅卜，争贞：徭及今三月至。《合》256正

贞：及今十三月雨？《合》12642

戊辰卜：及今夕雨？/弗及今夕雨？《合》33273⑤

贞：及今四月雨？/弗其及今四月雨？《合》9608正

及兹夕有大［雨］？/弗及兹夕有大雨？《屯》4334

戊子卜，㱿贞：帝及四月令雨？/贞：帝弗其及今四月令雨。《合》14138

庚戌卜，弗其及今九月雨。《合》12617正

弗及今三月有事？《合》20348

弗及⑥四月其雨。/其雨于四月。《合》20946

从文例上比较花园庄和旧有卜辞，给我们一种感觉就是，花园庄的“[illegible]”诸字也应该读作“及”。刘钊先生将其释作“稽”是可信的。“稽”古音属见母脂部，“及”古音属群母缉部，二者声纽发音部位相同，韵部上分别对应的阳声韵为真部和侵部，关系非常密切，脂部和缉部或可相通（待查）。所以我们认为这里的“稽”可读为“及”。上引《花东》366·2魏慈德先生断句为“乙丑卜：丁弗稽，乙亥其出，子占曰：庚、辛出”，并且解释“丁弗稽”意为“卜问丁是否稽留”。按：《花东》366·1与366·2为正反对贞，从贞问

① 姚萱．殷墟花园庄东地甲骨卜辞的初步研究［D］．北京：首都师范大学，2005：89.

② 未刊稿。

③ 刘钊．古文字考释丛稿［M］．长沙：岳麓书社，2005：351-359.

④ 魏慈德．殷墟花园庄东地甲骨卜辞研究［M］．台北：台湾古籍出版有限公司，2006：129.

⑤ 或将其断句作：“戊辰卜：及，今夕雨？/弗及，今夕雨？”当非是。见朱歧祥《甲骨文否定词研究》一文。朱歧祥．甲骨文否定词研究［C］//说文解字研究论文集（第二辑）．郑州：河南大学出版社，1991.

⑥ 字作[illegible]，姚萱女士以为“及”字异体。姚萱．殷墟花园庄东地甲骨卜辞的初步研究［D］．北京：首都师范大学，2005：92.

和占卜内容来看，问卜者实际关心的是丁“哪一天”出，而不是“稽”，因此“稽”与后面的时间词不宜断开。上引《合》256说“庚寅卜，争贞：祀及今三月至”，与此文例相同，亦可证魏说不妥。

我们再回过头考察《花东》卜辞的几个否定句。先看（1）例。姚本释文认为266·1“五旬”下缺一字，非常可信。266·2作“弗及五旬”，“五旬”后当承前省略266·1所缺之字，说明“弗”所否定的焦点是“及五旬”，而不是其后的“□”。266·3仅有“三旬”二字，让我们更加相信“时间词”就是问卜者所关注的。（2）例的1、2两辞为正反对贞。1辞是说“在乙丑日问卜，武丁到乙亥这一天会不会出现”。2辞是贞问“武丁到乙亥这一天会不会出现。并占卜说，武丁在庚日、辛日会出现”。全辞关注的焦点都是时间词，而不是“出”这个动作。（3）例由前辞、占辞和验辞三部分组成。占辞贞问“三旬以内会不会有至南”这件事。验辞说“弗及三旬”（当为承前省去“有至南”），并且补充说“二旬又三日至”，可见“弗”否定的中心词仍然是时间词。我们认为以上读为“及”的这些字，已经由动词义虚化为介词，在卜辞中意为“到，等到”，与后面的时间词一起构成介宾结构，在句子中作状语。而否定副词“弗”所否定的就是这个状语成分而非谓语中心词，这一用法与“不+状语+动词”相同。

张玉金先生也注意到了这种语法现象，他说：“在‘弗’与谓语中心词之间，有时还出现‘及’字结构。”① 然而并没有进一步讨论“及字结构”在句子中是何种语法成分，或许是源于他并不认为“弗”与谓语动词之间有接介宾结构（或者直接说“状语”）这种现象②，应该是过于谨慎了。

（四）弗+名词

乙丑卜：叙弔子弗臣。247·7

丙寅卜：贾［異］弗马。289·5

---

① 张玉金．论甲骨文中“不”和“弗”的根本区别［A］．甲骨学国际学术研讨会2005年会议论文［C］，东海大学中文系·台中，2005：121.

② 他说：“在否定词‘弗’和谓语动词‘v’之间，一般只允许出现副词（如‘皆、其、允、率’等）；在否定副词‘不’和谓语动词‘v’之间，不但可以出现副词（如‘唯、其、亦、允、異’等），还可以出现介宾结构、形容词状语、时间名词状语、名词主语、代词主语等。”见张玉金．甲骨文“不”“弗”异同论［M］//申小龙．中国语言与中国文化论集．香港：香港H·K亚太教育书局，1993：117.

三、弜

甲骨文里的否定副词，一般认为“不”与“弗”用在谓语动词是表示占卜主体所不能控制的行为和变化的否定句里，表示对可能性的否定，可译为“不会”“不能”。“勿”与“弜”用在谓语动词是表示占卜主体能够控制的动作行为的语句里，用来表示对必要性的否定，可译为“不应该”“不宜”。[①]在花园庄东地甲骨卜辞里，“弜”是一个出现频率仅次于“不”的否定副词，一共122次。下面我们考察一下“弜”的具体用法。

（一）弜+动词

“弜”字经常出现在正反对贞句中，后接动词有时带宾语，如：

（1）庚戌卜：其匄禾马贾。146·4

庚戌卜：弜匄禾马。146·5

（2）己卜：其又妣庚。179·6

己卜：弜又于妣庚，其忒权。179·7

有时省略宾语，如：

（3）丙午卜：其敕火匄贾禾马，用。179·3

弜匄。179·4

（4）戊子卜，在麓：子其射，若。2·1

戊子卜，在麓：子弜射，于之若。2·2

（5）丙：宜羊。304·6

丙：弜宜。304·7

有时省略“弜”后所否定的对象，如：

（6）惠一羊。345·3

弜。345·4

朱歧祥先生的《甲骨文否定词研究》一文认为：“对贞中‘勿’字后紧接动词中间不加插语词‘其’。”[②] 验之《花东》卜辞里“弜”的用法，与“勿”相同，即使在正面问卜的卜辞中出现“其”字，在反面贞问的“弜”后也绝不出现“其”字，如上引（1）、（2）、（3）等辞。

---

① 张玉金．20世纪甲骨语言学［M］．上海：学林出版社，2003：147-148．

② 朱歧祥．甲骨文否定词研究［C］//说文解字研究论文集（第二辑）．郑州：河南大学出版社，1991．

又，根据裘锡圭先生的研究，卜辞中有些“𢦏”字跟许多动词（如“占”“步”“出”“入”“归”“比”“酒”“用”“退”“使”等）正反相对。这种意义上的“𢦏”字可以读为“待”①，非常可信。《花东》卜辞在有“弜”字的否定句中，还常常出现“𢦏”字。如：

（7）甲戌卜：子其出宜。不用。26·3

𢦏，弜出宜。用。26·4

（8）己卜：𢦏，弜往禦妣庚。236·21

己卜：其往禦妣庚。236·22

（9）癸卜：甲其尞十羊妣庚。286·15

癸卜：𢦏，弜尞羊妣庚。286·16

从意义上来讲，“𢦏”=“弜”+动词。这种用法的“𢦏”也经常出现在旧有卜辞中，如：

（10）其退彡日丁弗作。

弜退，待。《合》34445

（11）贞：勿伐（?），𢦏。十一月。

弜（伐），𢦏。《合》15524

（12）辛丑卜，□：𢦏，弜使人沚。《合》20436 正

（13）乙丑卜，□：𢦏，弜使人□。《合》20017

（14）丙申卜：𢦏，弜用□大祐。《合》15401

经过笔者考察，在旧有卜辞中，“𢦏”字出现在有否定词“勿”（读为“勿”）的否定句里，几乎无一例外地都位于句尾。而出现在有“弜”字的否定句里，则有时位于“弜”前面，有时位于句尾。而《花东》卜辞中则无一例外地都位于“弜”之前（笔者怀疑这种情况完全适用于子组卜辞，上举(13)、(14) 辞均为子组）。

（二）弜+主语+动词

否定副词“弜”有时放在主语前边，否定整个事件，如：

（1）戊子卜：子其往。236·14

戊子卜：弜子往。236·15

---

① 裘锡圭. 说甲骨卜辞中“𢦏”字的一种用法［M］//古文字论集. 北京：中华书局，1992：111-116.

（2）丁丑卜：叀（惠）子舞。不用。391·5

弜子舞。用。391·6

旧有卜辞中似乎未见此用法。

（三）弜+状语+动词

“弜”与谓语中心词之间常可见时间名词状语，但“弜”否定的不是动词，而是这个状语。这种用法与“不”“弗”否定状语成分是一样的。如：

（1）戊申卜：日用马，于之力。196·2

弜日用马，于之力。196·3

（2）己巳卜：子䧅燕。用。庚。391·1

弜巳䧅燕。391·2

（3）壬卜：弜巳速丁。446·23

壬卜：丙速丁。446·24

（四）弜+叀（惠）+动词

这种形式在《花东》卜辞中仅一见：

丁丑卜，在□：子其叀（惠）舞戉，若。不用。206·1

子弜叀（惠）舞戉，于之若。用。多万有灾，引祁。206·2

四、其他

除了上文谈到的“不”“弗”“弜”几个词外，《花东》所见到的否定副词还有“勿”“毋”，不过用得都很少。“勿”仅出现4次，“毋”仅出现3次。由于没有特别的用法，这里就不再举例了。

五、余论

裘锡圭先生在《说“弜”》一文中指出：“卜辞里的副词性否定词有‘不、弗、弜、引、勿、毋’等字。前四字是主要的，后面二字出现得次数比它们少得多。”①。《花东》卜辞中除了不见“引”字，其余的都有出现，而且大致情况与裘先生的描述也是一致的，即“不、弗、弜”出现得比较多，“勿、毋”出现的比较少。

在几个主要的否定副词中，“不”与“弗”相近，“弜”或“引”与

① 裘锡圭. 古文字论集［M］. 北京：中华书局，1992：117-121.

“勿”相近。裘锡圭先生认为“弜”“犭”“勿”可能是同一个词的不同假借字，是出现在不同时期的卜辞里的通用字，已经被学术界广泛采纳。裘先生又在“1期卜辞”中分出较为特殊的一批，指出：“这批卜辞还可以根据字体、内容分成好几组。‘犭’‘弜’二字的使用情况，各组卜辞并不都是相同的。例如，子组卜辞和所谓‘午组卜辞’一般用‘弜’不用‘犭’，shi组卜辞中字体较小较规整的一类一般用‘犭’不用‘弜’。”① 花园庄甲骨属子组卜辞，只出现否定词“弜”而不见“犭”，这种情况就是裘说的很好的证明。

关于《花东》卜辞的时代，曾有多位学者发表不同的见解。例如，《殷墟花园庄东地甲骨》一书认为“大体上相当于武丁前期”②。朱凤翰先生也将《花东》的时代定为武丁早期或中期偏早③。陈剑先生系联了一组《花东》甲骨跟历组一类围绕同一事即征伐“召方”贞卜的卜辞，认为整个《花东》卜辞存在的时间应该在武丁晚期，最多可推断其上限及于武丁中期。④

否定词是语言中的常用词，具有较强的稳固性。我们认为，关于《花东》卜辞的时代问题或许从语言学上可以得到一点启发。在甲骨卜辞中，同一个词在不同的时期或类组中可能使用不同的字⑤。“犭”和“弜”的使用就是很典型的一例。裘锡圭先生曾经说过下面一段话：

> “犭”“弜”在各期卜辞里出现的情况，也非常值得我们注意。“不”“弗”在各期卜辞里都很常见，“犭”“弜”却不一样。用作否定词的“犭”绝大多数见于第1期和第2期前期的卜辞，第2期后期以后，大概只有在廪辛卜辞里出现过一些，在其他各时期的卜辞里很难找到。用作否定词的“弜”，情况正好相反。它从不见于作为第1期卜辞的主体的宾组卜辞以及第2期前期的卜辞，而大量见于第2期后期以后的卜辞。⑥

在《花东》子组卜辞中，“弜”的使用频率极高，仅次于“不”字，却

---

① 裘锡圭. 说“弜”[M] //古文字论集. 北京：中华书局，1992：119-120.

② 中国社会科学院考古研究所. 殷墟花园庄东地甲骨 · 前言 [M]. 昆明：云南人民出版社，2003：35.

③ 朱凤翰. 读安阳殷墟花园庄东出土的非王卜辞 [M] //王宇信，宋镇豪，孟宪武. 2004年安阳殷商文明国际学术研讨会论文集. 北京：社会科学文献出版社，2004：211-219.

④ 陈剑. 说花园庄东地甲骨卜辞的“丁”——附：释“速”[J]. 故宫博物院院刊，2004（4）：51-63+157.

⑤ 陈剑. 殷墟卜辞的分期分类对甲骨文字考释的重要性 [D]. 北京：北京大学，2001.

⑥ 裘锡圭. 说“弜”[M] //古文字论集. 北京：中华书局，1992：118.

从不见“引”字。以裘说验之，使我们有理由相信，无论怎样，《花东》卜辞的时代都不会太早。“武丁前期”或“中期偏早”之说，与语言的使用实际是不相符合的。只有“武丁晚期”说才更加有利于我们解释为什么《花东》卜辞大量使用“弜”而绝不出现“引”。

（原文发表于《中国文字研究》第九辑，2007 年，有改动）

《殷墟花园庄东地甲骨释文》校议

1991 年殷墟花园庄东地 H3 坑出土了大批甲骨，经过一系列的烦琐工作，《殷墟花园庄东地甲骨》一书终于在 2003 年 12 月由云南人民出版社出版了。全书包括拓本、摹本、照片和释文（以下简称“原本”）几个部分，为研究者提供了极大的便利。2005 年，姚萱女士在博士论文《殷墟花园庄东地甲骨卜辞的初步研究》中对《花东》释文进行了全面地校读，辨正了原书的不少错误和疏漏之处，并且重新做了释文（以下简称“姚本”）。我们在学习过程中深感作者功力之深厚，敬佩之情常常油然而生。然而，智者千虑，或有一失。我们不揣浅陋，在这里把一点不成熟的看法表达出来，祈请方家指正。

一、辞序部分

《花东》9：丙寅夕卜：［由］，檒（虞）于子。一 9·3（左甲）

丙寅夕卜：侃，不檒（虞）于子。一 9·4[①]（右甲）

檒字，姚本读作“忧虞”的“虞”。“不虞”就是倾向于好的方面。《花东》的腹甲对贞一般是以右为主的，多数释文应先右后左。“侃”“不虞”都是问疑者的倾向性意见，所以按照《花东》的习惯是刻在右甲的。蒋玉斌先生文已经指出 3 辞和 4 辞顺序应该颠倒过来[②]。

---

① 释文悉依姚萱《殷墟花园庄东地甲骨的初步研究》之《附录一：花园庄东地甲骨卜辞释文》，首都师范大学博士学位论文（导师：黄天树），2005 年。又：该论文后由线装书局于 2006 年 11 月出版。姚萱. 附录一：花园庄东地甲骨卜辞释文［M］//殷墟花园庄东地甲骨的初步研究. 北京：线装书局，2006.

② 蒋玉斌. 殷墟子卜辞的整理与研究［D］. 长春：吉林大学，2006：86.

《花东》3号有如下卜辞：

[丙]卜：丁不祉（延）㰝（虞）。一 3·2

丁祉（延）㰝（虞）。一 3·3

丁不祉（延）㰝（虞）。一 3·4

其中的2辞和4辞均位于右甲，3辞位于左甲。而且4辞的兆序数作“二”，姚本释作“一”，非是。可见，2辞与4辞当为卜同事之一卜和二卜，反映出问卜者对“丁不祉（延）㰝（虞）”的期望。这一点似乎可以看作蒋文的一个旁证。同理，3号卜辞的3、4辞也应该颠倒过来。

同样的情况还见于《花东》183号。辞作：

壬卜：丁㰝（虞）祉（延）。183·8（左甲）

壬卜：丁不㰝（虞）。一 183·9（右甲）

8、9辞也应该互换位置。

《花东》103：丁卯卜：雨不至于夕。一 103·1

丁卯卜：雨其至于夕。子占曰：其至，亡翌戊。用。103·2

己巳卜：雨不延。103·3

己巳卜：雨其延。子占曰：其延终日。用。一 103·4

己巳卜，在㚬：庚不雨。子占曰：其雨，亡司（嗣）夕雨。用。一 103·5

己巳卜，在㚬：其雨。子占曰：今夕其雨，若。己雨，其于翌庚亡司（嗣）。用。103·6

姚本在第五章《字词丛考》之十一“亡司”部分指出，本版六辞皆有兆序数“一”，《花东·释文》漏释2、3、6三辞的兆序数“一”。但是在姚本释文部分仍然脱2、3、6三辞的兆序数“一”，当为疏忽所致。原拓本清晰可见。

全版皆为卜雨之辞。从丁卯日开始一直到庚午日，历时约四天，都是关于“雨”的问卜。

1、2辞分别位于中线的右侧和左侧，系正反对贞，“雨不至于夕”和“雨其至于夕”正相对。3、4辞亦为正反对贞之辞，“雨不延”和“雨其延”相对。

5、6辞分别位于中线的右侧和左侧，分别有命辞和占辞部分。从内容上看，它们不一定是对贞之辞，但内容是相关的。6辞问卜的是在己巳日会不会下雨。5辞问卜的则是庚日是否会有雨。从该版卜雨的时间顺序看，对己日是否有雨占卜完后才应该是对庚日进行占卜。另外，在龟版上，5、6两辞并不是在中线左右两侧对称分布的，6辞主体在左甲，又跨过中线在右甲有部分，刻写者以界栏划定范围，以示不混（如图1-1所示）。推测很可能是先刻过6辞才刻5辞的。所以5、6两辞的顺序应该颠倒。

《花东》266：其及五旬□。266·1

三旬。266·2

弗及五旬。266·3

按：1、3二辞分别位于中线两侧，系对贞之辞，故2、3应该互换位置。《花东》277·4辞与277·5辞分别作"其及五旬""弗及五旬"，正可证。

《花东》286：叀（惠）三羊尞匕（妣）庚。一二 286·12

叀（惠）五羊尞匕（妣）庚。一 286·13

叀（惠）七羊尞匕（妣）庚。一 286·14

癸卜：甲其尞十羊匕（妣）庚。一二 286·15

癸卜：戠（待），弜尞于匕（妣）庚。一二 286·16

癸卜：其尞羊匕（妣）庚。三 286·17

286·16"癸卜：戠（待），弜尞于匕（妣）庚"与286·9"壬卜：其尞匕（妣）庚，于兹……"内容相关，故应将其位置提前。17、12、13、14、15是一组选贞，卜问要用羊对妣庚进行尞祭，是用三羊、五羊、七羊还是十羊。所以辞序应该调整作：16、17、12、13、14、15。

《花东》293：叀（惠）［嬞］舞。二 293·1

庚午卜：叀（惠）杈先舞。用。一 293·2

按：1、2两辞分别位于中线两侧左右对贞的位置上。《花东》卜辞中多省略句，1辞即"庚午卜：叀［嬞］先舞"之省。2辞与1辞分别为卜同事之一卜和二卜，故1、2两辞应互换位置。

《花东》318：甲子卜：二鬯祼祖甲口岁鬯三。一一 318·2

甲子［卜］：二鬯祼祖甲。用。一 318·3

甲子卜：祼咸鬯祖甲。用。一 318·4

甲子卜：二鬯祼祖甲。用。318·5

2辞中缺字姚本以为当是"于"字，拓片清晰可见。此辞似应在"甲"后断句，作：

甲子卜：二鬯祼祖甲，于岁鬯三。一一

5辞原漏摹漏释兆数词“二”，姚本亦失之。按：3辞与5辞分别为祼祭祖甲的一卜和二卜（在甲版上分别位于左后甲和左前甲），4辞与5辞应该互换位置。

《花东》336：丙辰：岁妣己豼一，告夙。一 336·2

丙辰卜：于妣己御子夙。用。一二 336·3

丙辰：岁妣己豼一，告子夙。二三四 336·4

2、4两辞系卜同事之一卜和二三四卜，故4辞与3辞应该互换位置。

《花东》391：己巳卜：子匽燕。用。庚。一 391·1

弜巳匽燕。一 391·2

辛未卜：匽燕。不用。一 391·3

弜巳匽燕。用。一 391·4

4辞与1、2辞关系密切，与3辞关系不大，故辞序应调整作1、2、4、3。

《花东》401：乙卜：其饮五牛匕（妣）庚。一 401·4

乙夕卜：岁十牛匕（妣）庚于吕。用。一 401·5

乙卜：其饮三牛匕（妣）庚。一 401·6

乙卜：其饮七牛匕（妣）庚。一 401·7

乙卜：叀（惠）今饮匕（妣）庚。二 401·8

乙卜：叀（惠）暒［饮］匕（妣）庚。用。二 401·9

乙卜：叀（惠）今饮匕（妣）庚。［才（在）吕］。二 401·10

乙卜：叀（惠）暒［饮］匕（妣）庚。才（在）吕。一 401·11

该版从4~11辞都是关于要不要饮祭妣庚、用牲“牛”的数量是多少的贞卜，是一组选贞，原来的辞序应该调整作：8、9、10、11、6、4、7、5。同样的释读可参照《花东》286·12~15辞。

《花东》409：丙卜：其御子馘［于］匕（妣）庚。一 409·1

丙卜：其御子馘于子癸。一 409·2

丙卜：叀（惠）羊又鬯御子馘于子癸。一 409·3

丙卜：叀（惠）牛又鬯御子馘于子癸。一 409·4

丙卜：其御子馘匕（妣）丁牛。一二 409·5

丙卜：其御子馘匕（妣）丁牛。三 409·6

丙卜：弜御子馘。一 409·7

丙卜：叀（惠）小宰又𠬝妾御子䠁匕（妣）丁。一 409・8

丙卜：子其祟匕（妣）庚，亡㞢。一 409・9

丙卜：吉，䏍于匕（妣）丁。一 409・10

丙卜：叀（惠）子兴往于匕（妣）丁。二 409・11

丙卜：叀（惠）羊于匕（妣）丁。一 409・12

丙卜：叀（惠）子兴往于匕（妣）丁。一 409・13

岁匕（妣）丁豕。一 409・14

丙卜：叀（惠）五羊又𡆥御子䠁于子癸。二四 409・15

1~15 辞是在丙日这一天分别祭祀妣庚、子癸、妣丁三位先祖的。其中 1、9 两辞是关于妣庚的；2、3、4 和 15 是关于子癸的；余下皆是关于妣丁的。所以 9 和 15 辞应该分别提前，放在一起。关于妣丁的读辞比较复杂，其中 5、6、7、8、12 是选贞，是贞问御祭妣丁用牲是“牛”还是“羊”（5、6、12），7 说都不用，8 说用小宰又𠬝妾。13、11 分别是“子兴往于妣丁”的一卜和二卜，故也应该作调整。综上，1~15 辞重新调整顺序为：1、9、2、3、4、15、5、6、12、7、8、10、14、13、11。

《花东》446：己卜：叀（惠）牝匕（妣）庚。二 446・15

䝙一。用。三 446・16

岁匕（妣）庚䝙。一 446・17

己卜：（缺文符号）牝。一 446・18

岁匕（妣）庚䝙一。二 446・19

己卜：贞：岁卜亡吉，亡囚（忧）。一 446・20

岁匕（妣）庚一䝙。三 446・21

15~21 辞是关于己日岁祭妣庚之辞，与 183 号 6~13 辞系同卜。其中的 17、19、21 辞当是用“䝙”岁祭妣庚的一卜、二卜和三卜，故顺序应该调整，作 15、16、17、19、21、18、20。183 号与此同卜之辞，辞序井然，可参照。

《花东》490：乙酉卜：入肉。二 490・8

乙酉卜：入肉。子曰：舣卜。二 490・9

9 辞兆序数为“一”，姚本误为“二”。8、9 两辞分别为二卜和一卜，故应互换位置。

二、漏摹漏释部分

《花东》95：姚本释文漏兆序数“一二三”。摹本不误。

《花东》149：1辞兆序数姚本作“一二二”。按，应该是“一二三”。原辞例“卣”字下有明显的四笔，紧挨着卣字的一笔是表示卣的数量“一”，下面三笔即兆序数“三”。

7辞“若”字后原本和姚本均漏摹漏释一“用”字。此辞行款为直行由左上向右下倾斜，“用”字位于辞末右下端。字上部残存笔画清晰可见，如图。

《花东》176：1辞“灾”字前面位置残泐，姚本以“□”标示缺一字。按，从拓片看，字尚存下部笔画，疑为“亡”字。“亡灾”卜辞成语，习见。

《花东》183：丙卜：𩲃妣丁。一 183·4

细看原拓，“卜”后面当漏摹一字，可见下部残存笔画，作形。

所以原释文应作：

丙卜：□𩲃妣丁。一

《花东》236：己卜：其往禦妣庚。二　236·22

按：从整版释文看，姚本都漏释“己”二字。那么应该把它们划在哪一条卜辞中呢？如图1-2所示，卜辞守兆是很严格的，且每一条卜辞都有界划划定，我们认为此漏释二字就应该是属于22辞的。从照片上看，“妣庚”下尚残有一字，拓片已不可见。该辞兆序数应该是“一二”（姚本漏掉兆序数“一”）。重新释读22辞，作：

己卜：其往禦妣庚□，己。一二

又11辞作：

丁卜：攺宰□□，[若]。三

该辞的释读是有问题的。首先，看兆序数。《花东》的兆序数常常在紧贴着兆枝的上端。如果按照姚本的释读，兆序数“三”并不在11辞所在的界栏内，视“三”为其兆序数，是不合适的。其次，11辞所谓的“丁卜”二字，其实都不见于拓片和照片上。摹本和姚本大概都把“攺”字上面的划痕误以为是“丁卜”二字了。重新审视原拓片，发现与“攺宰□□，[若]”同在一个界栏内的还应该有“子”二字，摹本不误，姚本漏释。而紧贴着兆枝的“三”就刚好是该辞的兆序数。该辞重新释读作：

子▇饮宰□□，［若］。三

《花东》241：辛亥卜，贞：玉（？）羌有疾，不死。子占曰：羌其死隹（唯）今，其𢀛亦隹（唯）今。一二 241·11

原拓和照片都清晰可见“其”和“瘥”之间尚存一字，作▇形。姚本以为“当是字之未刻全即废弃者，不知本拟刻何字”。我们怀疑这个字很可能是“又（有）”字的误刻。同版“又”字凡五见，都不作此形。刻手本欲刻“又”字，因下笔有误，遂将错就错，就写成这个样子了。

𢀛字姚本释作“搓”的表意初文，在辞中读作“瘥”，指病情痊愈或是好转，可从。“𢀛”字《花东》卜辞数见，考察该字所在的辞例，其前面经常附着一个“又（有）”字，如《花东》3、44、247 等。回到原辞，“羌其死隹（唯）今，其又（有）𢀛亦隹（唯）今”理解为“羌要是死就在今天，病情要是有好转也是在今天”，非常顺畅。

《花东》253：辛未卜：◆嬅。一 253·1

按：原刻辞漫漶，不甚清晰。但是在嬅字下尚隐约可见字痕，宜加◆。本辞末可见一“用”字，作▇，原本、姚本均漏摹漏释。1 辞应该重新读作：

辛未卜：◆嬅◆。用。一

《花东》264：乙巳：岁祖乙犯一，子祝。在□。一 264·1

该辞与《花东》13·6、13·7 为同卜。13 号“在”字后面为《花东》卜辞习见的地名“▇”，据此则 264·1“在”字后缺文应即▇字。从拓片上尚可见▇字残存的左半下部两笔。如图▇。同版字作▇，亦可证。

《花东》267：叉（早）字在《花东》267 号卜辞凡五见，其中 267·4 辞中叉（早）字作▇形，摹本漏摹“又”形前面的三点。

《花东》289：叀（惠）㞷（？）□又鼍，若。一 289·1

癸亥：岁癸子。二 289·2

癸亥：岁癸子犯一。一 289·3

丙卜：子其往于田，弜由廼（？），若。用。一二 289·4

丙寅卜：宁（贾）［異］弗马。一 289·5

丙寅：其御，唯宁（贾）视马于癸子，叀（惠）一伐、一牛、一鬯，册

梦。用。一二 289 · 6

丁卯卜：子其往田，从陀西㪚遘兽。子占曰：不三［其］一。孚。一二三 289 · 7

此版残去下半，1 辞刚好位于残断处。原拓片“若”字下有清晰的两笔，原本漏摹漏释，姚本亦如此。这两笔实际上就是该辞的兆序数“二”。姚本释文兆序数作“一”，是误把属于 2 辞的数词“一”当作兆序数了。（详见下文 2 辞的考证部分）

289 · 2 辞行款为左行而下，“子”字位于横行末端，其下行处适残泐。

如图 1-3 所示，摹本已经正确地摹出了“子”与“一”字，不过释文把这个“一”视为 1 辞的兆序数则是不妥的。所谓兆序数“一”并不在 1 辞的界栏内，从行文上看，恰恰应该是属于 2 辞部分的。“子”与“一”之间残去的部分刚好有一字的地方。同版与 2 辞处于左右对应位置的 3 辞作：

癸亥：岁癸子羌一。一

3 辞行款为右行而下，“子”与“一”之间只有一个“羌”字。对比 2、3 两辞可知，2 辞残去的那个字很可能就是“羌”字。3 辞兆序数为一，2 辞兆序数为二，所以 3 辞和 2 辞应分别是“癸亥日岁祭癸子”这件事的一卜和二卜，更可证我们的推测是正确的。

2 辞和 3 辞应该互换位置。2 辞重新释读作：

癸亥：岁癸子［羌］一。二

5 辞姚本“贾”后脱一“马”字，摹本不误。

6 辞“册”字姚本不从口，在 72 页注 3 中说“册字下半不清楚，据 29 · 1 也有可能本是下还从口的。”按：从拓片上看，所谓“册”字作[字形]，下部口形大致轮廓可见，可以肯定该辞“册”字是写作从册从口的。

7 辞行款很是特别，整体来说是右行而下又左行。辞中的“其”字位于“三”字左下，刚好处在与 4 辞的界划部分，稍有泐痕，但可见。摹本漏摹，姚本据文例拟补。

《花东》320：4 辞释文脱兆序数“一”，原亦漏摹。

《花东》333：彭字作[字形]，摹本漏摹三点。

《花东》338：3 辞“彘”下附着数词“一”，原漏摹漏释，姚本亦失之。2、3 辞为同卜，2 辞“彘”字稍残，推测也应该有“一”字。

《花东》354：3 辞漏兆序数“一”。

4 辞宰字作，原摹写漏“羊”上一横笔。

《花东》437：5 辞兆序数应该是“一二三”，原漏摹漏释“一二”。姚本亦误。

7 辞兆序数应该是“一二”，摹本漏摹“一”。姚本亦误。

《花东》465：字不识。摹本漏摹“又”上三点，姚本从之。

《花东》475：1 辞有字。摹本、姚本均脱左边部分。《花东》493 号有字作形，疑为此字异体。字右半上部有泐痕，疑字右上所从即为“辛”字，应该作形，原摹写不准确。

9 辞末“速”下脱一“御”字，作，右边卩旁上笔画刚好位于中线处。摹本、姚本均漏摹漏释。

三、误摹误释部分

《花东》3：辛卜，贞：往𢊁，疾不死。一 3·10

所谓的“疾”字“人”形的左侧有界划，下面的“死”字旁边也有界划与此呼应。不过，细看拓片，“疾”字右旁“床”形的右侧也有笔画清晰可见，只是刚好位于兆干处，容易被忽略而已。颇疑该字当作形，因为，此界划与字所从的“宀”形刚好形似，所以很可能刻写者就拿来借用了。

该字又见于《花东》331 号，作形。姚本认为字当是“寎”字的表意初文①。331 和 3·10 辞均与疾病之贞有关，如果我们的推测不误，则此字可以隶作㾜，应该看作“疾”字的异体。

《花东》75：戊卜：子［乍（作）］。一 75·4

戊卜：子乍（作）。二 75·5

4 辞“子”下原释文标以◆（缺文符号）。姚本以为“子”后面的字是“作”字，不误。但是认为“此辞与 5 辞处于左右对贞位置，分别为第一、第二卜，可知‘乍（作）’下不会再有缺文。”恐怕不妥。原拓本 4 辞的兆序数为二，非“一”，甚为清晰，摹本亦误摹作“一”。疑“乍（作）”后面的

---

① 姚萱. 殷墟花园庄东地甲骨的初步研究［D］. 北京：首都师范大学，2005：82.

字为“丁”字，作形，从残存轮廓尚可判断是“丁”字。“丁”下尚隐约可见字痕，推测此辞的行款应是左行而下，原释文标以缺文符号是可信的。重新释读作：

戊卜：子作［丁］◆。二

《花东》142：◆丁，壬午丁𠁁。用。二三四 142 · 8

所谓的“𠁁”字，原本释作“龙”，拓片作形。按：字从倒止从坎，其实就是“各”字。同样的写法见《花东》288 号，字作形，可证。《花东》卜辞“丁各”多见，如 34、169、181、275、288、335、420、446、475 等辞，都是指商王武丁来各。

《花东》235：其（弋）㭒若。一 235 · 2

字摹写错误，应该就是“才（在）”字，作形。重新断句作：

其才（在）㭒，若。一

《花东》248：戊申卜：其将妣庚于□东官。用。一一 248 · 5

癸丑：将妣庚，［其］岁妣庚牢。在𠂤。一二三 248 · 1

姚本在 1 辞“其”字上加注云：“从照片看‘庚’与‘岁’之间还有一个‘其’字，其右上笔画尚可见，原漏摹漏释。”按：从拓片上看，“庚”与“岁”之间确实还有一个字，不过无论是从残存笔画看，还是从卜辞的用字看，都不应该是“其”字，而是“示”字。

首先，残存的字形作，刚好位于龟甲的兆干部分，字上有泐痕。上部有两横笔清晰可见，怎么看都跟“其”字联系不起来。其实就是“示”字的上部两笔。“示”字的一竖笔就处于兆干的泐痕上，不易辨识。

其次，在《花东》卜辞中，常见“将妣某示”这样的说法，如：

壬子卜：其将□□示，于东官。用。81 · 1

癸丑卜：其将妣庚示于𠂤东官。用。二 195 · 5

戊卜：将妣己示眔妣丁，若。一 304 · 8

壬子卜：其将妣庚示，于东官。用。一 490 · 12

丙卜：其将妣庚示，岁祳。一 496 · 1

丙卜：其将妣庚示。二 496 · 2

丙卜：其将妣庚示。三 496 · 3

其中 81 · 1 与 490 · 12 系同卜。由此看来，《花东》248 · 1 所缺之字就是“示”字无疑。该条卜辞应该重新释读作：

癸丑：将妣庚［示］，岁妣庚牢。在𦎫。一二三

又，姚本指出 248 · 5 辞“于”下缺字很可能就是 1 辞的“𦎫”字，可从。248 · 1、248 · 5 与 195 · 5 辞内容相关，即都是在𦎫（《花东》卜辞常见的地名）地祭祀先祖妣庚。248 · 5 辞行文处有残缺，如图 1–4 所示。

颇疑“妣庚”下残缺处残去了“示”字。从读辞顺序上看似乎不准确，但是不按照上下文的正常顺序去读在《花东》卜辞中是不稀见的，可参看 7 · 1、288 · 10 等辞条，所以我们推测“妣庚”下面可能残去了“示”字。又，从拓片看，隐约可见“用”字上兆序数为“二”，不是“一”。故 248 · 5 辞可以重新读作：

戊申卜：其将妣庚☐，于［𦎫］东官。用。一二

在旧有卜辞中，有“将某先祖”的辞例形式，如：

庚戌卜：将母辛宗。《怀》1566

癸巳卜：弜将六妣。《怀》1564

……将母戊。《合集》27590

……未卜：其将母戊。《合集》27592

但都不作“将某先祖示”形式，看来这种表达习惯似乎为《花东》卜辞所特有。《花东》248 · 5 辞如果看作没有残缺“示”字，在辞例上就与旧有卜辞没有什么差别了，一样是讲得通的。

《花东》321：该版有字，两见。姚本释作妃，恐非。在旧有的甲种子卜辞中，“有害”“无害”的“害”字有写作（《合集》22247）形或（《合集》22246）形的，其下所从与《花东》字左旁所从正同。疑字当释作蚰，或作蛇。不见于旧有卜辞，在辞中用作人名。

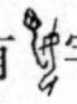

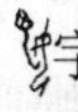

4 辞有“”合文，应为“小牢”合书（张新俊博士也这么认为）。姚本误释作“小宰”。《花东》311 号似与此辞内容相关，字正作“牢”字。

《花东》395+548：字，姚本释作移，可疑。待考。

《花东》450：3 辞“于”字写作形，繁书。原本摹作，不确，姚本释文不误。

《花东》457：衍兆序数“四”。

《花东》480：1 辞有獸（狩）字，作形。摹本漏摹左旁“单”上一横笔，右边犬旁误作豖旁。

3 辞字左边“单”上作两“-”，摹本误作两“。”。

《花东》490：2 辞璧字作形，摹本漏摹左旁圆形上一点。

（原文发表于《古籍整理研究学刊》2008 年第 3 期，有改动）

《殷墟甲骨文字表》字形辨正

《殷墟甲骨文字表》（以下简称《字表》）是台湾学者李宗焜先生的博士学位论文。《字表》在制定过程中广泛参考了《甲骨文编》、《殷墟卜辞综类》、《殷墟甲骨刻辞类纂》（以下简称《类纂》）等三种最重要的甲骨工具书，在采收单字上比以往的著录书更为科学、全面，并且是正疏失多处。例如，《字表》指出《类纂》误增的字头就有一百多，漏收的单字千余[1]，另外还有许多应该合并或者分列的字头。我们在进行《新甲骨文编》编撰时，充分考虑了《字表》的这些意见。但是，我们也发现了一些《字表》在字形摹写或者字头分合上的错误和不当，本文仅就字形部分提出我们的看法，请方家学者指正。

0029[2] 《合》22283 字，《字表》单列字头。字应即《类纂》0833 号“豸”字，《字表》因摹写不确而误增字头。又，《字表》0840“豸”为《类纂》833、834 合并字头，其下引《类纂》834（《合》22322-22324）诸字，以为《类纂》误摹，实不然。这几个字是“求”字，辞例均为“亡求”，系子组。

① 这是李宗焜先生的统计。据我们考察，其中有一些是见于《类纂》著录的，作者失察，仍以旧著录号标注。详见拙文《甲骨文献校订（三种）》，厦门大学博士后出站报告，2007 年 7 月。

② 此号为《字表》编号。下同。

0086 《合》14294、14295分别记有四方名中的北方名。14295摹作，不误。14294左残，但是字作，左侧笔画有分叉是清晰可见的。《类纂》与《字表》并误摹，并且都没有加以说明。

0167 《字表》该字头下收两形，其中1形误摹。原作（《合》2708），字左边从“示”，非常清晰，《字表》遗“-”笔，《类纂》亦误。同样写法的字又见《类纂》306可证。该字应该与《类纂》115、306合并。

2形作（《合》20946）、（《合》21677）、（《合》17937）等，姚萱女士以为“及”字异体。按：字所在辞例有：

（1）弗四月其雨。《合》20946

卜辞中又有：

（2）庚戌卜，弗其及今九月雨。《合》12617正

（3）贞，帝弗其及今四月令雨。《合》14138

（4）贞：及今四月雨？/弗其及今四月雨？《合》9608正

其中的“及”字作形，乃卜辞中习见的写法。（2）、（3）、（4）虽然在“弗”与“及”之间多了“其”字，但并不影响“弗”的语义指向，即指向后面的时间词。因此（1）和（2）（3）（4）的句法形式是相同的，从辞例比勘而言，亦可证把“”字读为“及”是正确的。2形应该与《类纂》61合并字头，《字表》宜取消该字头。

《字表》0167号引《类纂》128字头下还有一形作（《合》21722）①，字表失察，另引《甲骨文编》4383补出，列为0151号字头。

0236 字作（《合》22410）。该字左旁下部略残，《类纂》漏摹。亦即“天”字，《字表》将下部笔画摹作一笔，应该是歧出的两笔。

0246 即《类纂》244号，该字头下共三字。其中所引《合》7769字作，从大从弓从盾形，与其他两形（从大从戈从盾形）不类，应该分列，《字表》没有指出来。又《字表》0243即《类纂》252所引字二书均摹作从大从弓从盾形。姚萱女士从之，并且将其与《合》7769字合并。按：字见《英》

① 该字《类纂》摹作与2形同，不可信。此据《字表》摹写。

690，原拓残去“大”形下部的两笔，但可辨。从残留笔画以及参照《类纂》285所引《合》7770字来看，该字右半为从戈、不从盾形无疑，应作形，并入《字表》0244（《类纂》285）字头。

0314 字作（《合》15673），《类纂》摹写基本不误（漏摹手形）。《字表》摹作，并与《类纂》115、306合并，非是。

0391 《类纂》401字应作（《合》21423）形，《类纂》《字表》并遗右旁。

0426 字不见于《类纂》，《字表》据《甲骨文编》4950补出。该字左旁下部即“女”字，《字表》误摹。《甲骨文编》不误。字作（《合》18056）。

0448 该字头包含《类纂》462、562、437三部分。其中《类纂》562字作（《合》21568），不误。《字表》以为“妹”字，失之。该字应该单列字头。

0486 《类纂》500下收有（《合》10579）、（《合》13868）两形。1形左旁不从口，《类纂》《字表》并误。

0494 字应作（《合》2802），《字表》摹写不准确。

0536 字作（《合》33389），《字表》漏摹左旁“女”字末端一笔。刘钊先生疑右边为“黿”字，则此字可释作“姝”。

0563 字不见于《类纂》。《字表》据《甲骨文编》1291补出。《甲骨文编》该字号下收有两形，1形作（《合》19362），2形作（《合》21973）。2形《字表》与《甲骨文编》摹写并误。

0568 毓字。《字表》该字头下收有多个异体，包含《类纂》86、87、154、461、544以及《综类》145-1。其中引《综类》字摹写不确，“女”形下从“兄”，字当作（《合》27381）形。

0613 省字。《字表》该字头下列二形，1作等形，2作（《合》36990）。按：2形从目作，应即，不过是“目”上部一笔向下延伸一段，而不应如《字表》摹写。甲骨文中“目”字有作此形者，如（《合补》10394）可证。又：“省”字有从“木”作的，如（《合》5980），应该出列字形，《字表》失之。

0656 字不见于《类纂》。《字表》据《甲骨文编》3452补出。《甲骨文编》3452引字即见《合》18187正，字作，《字表》误植字形，《甲骨文编》不误。

0678 代表字形有两种，1形作，2形作，下从“止”形。该字《类纂》隶作从聑从几，可信。“聑”下所从应即《类纂》3284号陈剑先生释作“几”、读为“皆”的那个字。《字表》摹写与原形有别，这也是人工摹写字形失真的典型例子。

0751 字作（《合》30614）。《类纂》与《字表》摹写都不完美。《类纂》遗左旁“爪”形和“又”形；《字表》于右侧“口”形上多出赘笔，应该是泐痕，《字表》误作笔画，当是过于谨慎所致。

0851 字作（《屯》2701），《字表》摹写不正确。

0948 （《合》9504正），字从又从弗，《字表》误摹。

0990 《字表》摹作（《屯》2796），疑字左下尚有笔画，作形。

0993 字作（《合》18172），不见于《类纂》，《字表》据《甲骨文编》3548补出。该字下部从叉，《甲骨文编》与《字表》均误为“又”。

1046 字作（《合》18764），《字表》漏摹左上“又”形。

1109 字不见于《类纂》，《字表》据《甲骨文编》3590补出。字作（《合》20842），《甲骨文编》不误，《字表》摹写不准确。

1170 字作形，《字表》引《屯》643三见。其中一辞为“贞，大甲。”与相关卜辞比较，可知应即“示”字无疑。该字见于《类纂》1118“示”字头下，《类纂》不误。《字表》不察，单独出列字头，失之。

1213 引《合》33871字作，《类纂》以为二字，不确。《字表》认为是一个字，与《类纂》1143等形合并，亦不可信。而且，该字左旁从

"晕"，《字表》《类纂》均漏摹左右两点。正确的写法应是。

1349 字作（《合》1120），《字表》遗上部两点。

1407 （《合》484）字上部残，《字表》摹作从羊从水。从残存笔画看，怀疑是从宀从羊之"牢"字。该字头取消。

1775 《字表》摹作（《合》10467），右边所从即为"子"字。字不见《类纂》，《字表》据《甲骨文编》3774补出，并从《甲骨文编》摹写，均不准确。该字应作形（《合》15664），左下从"又"。《字表》引《类纂》1862字作（《合》10951），同版该字两见，另一形作（《合》10951），《字表》失引。

2007 字作（《合》8956反）。左残，右旁即"殳"字，清晰可辨。《字表》摹写不准确。

2058 字作（《合》7056），《字表》摹写漏中间笔画。

2161 字作（《合》19986），字下略残，《字表》摹作从二"口"，不可信。

2291 字不见于《类纂》。《字表》引《甲骨文编》929，据《佚》244释文摹写，非是。该字即《合》29384，字作。

2388 《字表》据《甲骨文编》5625补出，单列字头。按：此字应即"目"字，作（《合》5177臼），"目"形下部笔画依稀可见。《字表》误摹。

2439 字不见于《类纂》。《字表》据《明》488，《怀》617，《甲骨文编》4062、5335补出。《字表》将《甲骨文编》5335字摹作（《合》18437反），非是。按：此字上部略残，残去部分应即（《合》10775）和（《怀》617）字所从（从橐形从矢）。《字表》宜取消该形。

2515 《字表》引《类纂》2278列四种形体，还有一形作（《合》37433），《字表》漏收。

2660 字作（《合》20477），"戈"形右端有明显的一竖笔，《字表》

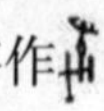

漏摹。

2742 《字表》引《甲骨文编》3818，摹写不准确。应作（《合》28001），《殷墟甲骨刻辞摹释总集》以为“新”字，非是。

2798 （《合》118），即“析”字，收在《类纂》1413字头下。《字表》摹写有误，将其单列字头。

2870 字作（《合》13888），《字表》漏摹右侧两点。

3061 《字表》包含《类纂》110、109、389、170、2695几个部分。其中《类纂》170字当释作从勹从复，与其他字不类。《类纂》109号字作（《合》17952），《类纂》《字表》摹写均不准确。其下部所从应即《字表》2957号（《合》18562）字①，宜单列字头。

3078 字作（《合》20536）形。不见于《类纂》，《字表》引《甲骨文编》3667左上摹作“箕”形，不确。

3092 字不见《类纂》，《字表》据《甲骨文编》3834补出。字作（《合》26071），疑象“箕”形轮廓的里面所从乃“火”字，“火”形右侧一笔与“箕”形轮廓的右笔几乎重合，经过电脑翻转后厘然可辨。《字表》摹写不确。

3094 字不见《类纂》，《字表》据《综类》404-1补出。字作（《合》14790），《字表》漏摹下部“-”笔。

3095 字不见《类纂》，《字表》据《综类》510-3补出。字作（《合》4664），《字表》漏摹“-”。

3212 字作（《合》9796），上部从“柲”形，《字表》摹写失真。姚萱女士认为与《类纂》3391“从必从口”之字合并，可信。

3355 字不见于《类纂》，《字表》据《甲骨文编》4900补出。字作（《合》7986反），从女从戈，疑为“伐”字异体。《字表》“女”旁摹写失真。

3419 字不见于《类纂》，《字表》据《甲骨文编》补出。字头下出列二

① 该字《类纂》失收。

形，其中2形误甚，应作、等形。

3511 《字表》引《综类》481-3。字应作（《合》10425）形，《字表》漏摹右上“。”部分。该字见于《类纂》3187“橐”字头下，《字表》失察，但是将其单列字头，可信。

3608 《字表》引《甲骨文编》3344，字应作（《合》5384），《字表》漏“-”笔画。该字应该并入到《类纂》3275“屯”字头下。

3787 《字表》从《类纂》3393，摹作（《怀》1498）。原拓作，下部笔痕依稀可见，应该就是“口”字。《类纂》和《字表》该字头都应该取消。

3804 《字表》从《类纂》3486，字作（《合》22335）。陈剑先生认为应分别为二字，上部是“草（艹）”的表意初文，下部即“至”字，读为“早至”。《类纂》和《字表》宜取消该字头。

3836 字不见于《类纂》，《字表》据《甲骨文编》3588补出。字应作（《合》21953），《字表》摹写不准确。

3848 《字表》引《甲骨文编》5182，字作形。按，字见《合》22520，应即字，即㠯（以）字。《字表》和《甲骨文编》误倒。取消该字头。

3851 《字表》引《甲骨文编》5458。疑字作（《合》4804）形。

3861 《字表》引《甲骨文编》5411。字作（《合》21873），疑为“虎”字。《字表》摹写失真。

3868 《字表》引《甲骨文编》5584。字作（《合》31836），疑即为从二实心点的“午”字。《字表》勾廓，摹写失真。

3872 《字表》引《甲骨文编》5622，摹写不确。疑字作（《合》19910），中竖不穿透，下部所从应为“羊”字。

（原文发表于《中国文字研究》第十三辑，2010年，有改动）

《殷墟甲骨刻辞类纂》字形校订

《殷墟甲骨刻辞类纂》（以下简称《类纂》）一书（全上、中、下三册）是由吉林大学已故著名古文字学家姚孝遂先生主持编撰而成的，1989 年由中华书局出版。收录了《甲骨文合集》《小屯南地甲骨》《英国所藏甲骨集》《怀特氏等收藏甲骨文集》等几部书中所见到的甲骨近五万片（包括摹本）。该书以甲骨文字的形体为线索，将散见的有关辞条“以类相从”，一一联系起来，对于认识和掌握甲骨文的形体以及对有关卜辞内容的理解，都带来了极大的便利和帮助。因此，《类纂》是一部古文字研究者必备和常用的工具书。

对于任何事物我们都要有辩证的眼光。《类纂》一书的重要地位是学术界人所共知的，但是同时，我们应该看到它也存在不少问题。在该书问世不久，裘锡圭先生就写过《评〈殷墟甲骨刻辞类纂〉》① 一文，对《类纂》的成绩给予了充分肯定，同时也指出了不足。其不足主要表现在甲骨文字形的摹写和辞例释读方面，而这些问题会给使用者带来不好的影响。李宗焜先生在博士论文《殷墟甲骨文字表》（以下简称《字表》）里也指出《类纂》误增的字头 146 个，并且还指出了许多应该合并或者分列的字头，这些宝贵的意见无疑会有利于《类纂》一书的进一步改进和完善。我们在做《新甲骨文编》时就是以《类纂》的收字为基础的，并且也广泛吸收了学术界的研究成果。其间或有心得，我们将其整理出来，以期更好地利用这部书②。

0012 《类纂》“企”字下收有：（《合》18982）、（《合》18983）等形，从人从止。另有形（《合》15241 正），字从企从朿。我们以为该字很可能是个双声字，企上古音溪母支韵，朿清母锡韵，二者韵为严格的阴入对转关系，古音很近。在卜辞中假借为“企”。③ 又，《类纂》198 有（《合》11446）、（《合》11449）二字，很可能是的省形（或省声）。因此，字

① 《书品》，1990 年第 1、2 期。

② 目前这份校订，仅限于《类纂》上册。

③ 或以为是“企”与“朿”的合书。

应该与（企）字分列字头。

0060 “何”字下引《合》18971，著录号误为18970。《字表》亦误。

0091 《英》2674正，该字应该是抵御的“御”本字。

0098 《合》20762，右边可能是虍，但笔画不清晰，如果确是虍字，应该与《类纂》1333合并。《字表》没有指出来。

0100 （《合》18717），《类纂》摹作从日从千，可疑。

0103 引《合》22451字作，《类纂》漏摹“辛”上一横笔。

0105 （《合》13724），《类纂》摹写不准确。刘钊先生认为下部不从“人”。

0109 （《合》17952），左旁所从即《合》18562字，《类纂》《字表》摹写并误。应该单列字头。

0110 字作（《合》33170正）。《类纂》摹写不准确，疑与《类纂》2812为一字。

0116 （《合》36758），原著录号误，应即《合》35758。《类纂》197《合》4942，原书误为《合》3942。又，字所在辞例中的“比”“令”“”诸字条，著录号并误书为《合》3942。

0121 字作《合》15551。《类纂》摹写有误。上部一弯笔内有笔画，电子版清晰可见。

0125 字作《合》21823。《类纂》漏摹下部一横笔。

0127 《合》8311《字表》以为左从子，可疑。《类纂》不误。

0129 ：原书该字条下共收四字。其中一字摹为（《合》2708），细审拓片，字左笔“丨”上部应有一笔“-”，很清晰，原书漏摹。字从示作形，与《类纂》115祼条字作（《合》7854反）、（《合》14478）等形应为一字之异写，在卜辞中均用为祭祀名。又该字头下作者，姚萱女士以为是“及”字异体，与《类纂》61合并。《合》21722写作的字，《类纂》误摹，应该单列字头。

0146 字作《屯》4553，应该与类纂 2311 合并。

0153 字作《合》28087，右半从匕[1]。原书摹为，以为字右半从“兄”。仔细考察原拓，该字与其右边一字写得很近，几乎连在了一起，作形，《类纂》所谓的“兄”字下部一笔，其实是其右边字上的一笔。

0163 字作《合》15673，《类纂》《字表》摹写并误。

0167 字作《屯》2219，疑为“焚人”专字。

0182 字作《合》16997，《类纂》摹写不准确。

0189 字作《合》21871，疑与《类纂》12“企”字合并。

0194 字作《合》4942，《类纂》下部摹写有误。

0203 “矢”字下引《合》19682 字形一见，《类纂》重出。

0212 字不识，在卜辞中用为人名。《类纂》216 字头下所收第一个辞条作“以”，原书误书为“以”。引《合》32833 字《类纂》多摹一横。《合》1061 笔画穿透上部，《类纂》失之。

0216 亦（?）字作《合》24247。二者辞例均为“……在亦”。卜辞明确无疑的“亦”字没有“在亦”这种用法的。

又《合》34150，《类纂》摹为从大右侧下从一点，原拓左侧也应有一点，不过是这一笔与大字的一笔写在了一起。所以该字还应该是“亦”字，与《类纂》215 合并。

0217 引《合》4737，《类纂》误为 4736。

0220 《合》18792，《类纂》误摹，应即大字。辞例为“大雨”。与《类纂》197 合并。

0226 引《屯》197 字作，《类纂》摹写不准确。

0227 引《合》28171 字作，下部笔画不好确定。

---

① 该字承蒙刘钊先生面告。

0229 引《合》27843 字作，《类纂》摹写不准确。又，《合》18222《类纂》摹写有误，并存疑。应列入《类纂》229。

0230 字作《合》12505，疑该字乃《类纂》229 号之异体。不过是将所从的“”部分从“大”形上下移至其下部。该字所在的辞例为“贞：王~雨，二月”。而在《类纂》229 下所收辞条也有“王~雨”（《合》27841）或者“王~唯雨”（《合 27843》）的辞例，所以，《类纂》230 字应该并入《类纂》229。

0231 引字见《合》4410，《类纂》误为 4409。

0232 有如下二字：（《合》30347）、（《合》30502）二字，《类纂》将中间部分摹为，失真。甲骨文異字作（《合》28400）（《合》17992）（《英》314），疑二形就是“異”字的简体。尤其是与異字写作从“”的形体比较，甚为明显。从用法上看，所在的辞例为“~其”，与“異”字常与“其”的固定组成“異其”用法相同。因此，《类纂》232 应该与 231“異”字合并。

0234 引《合》22091 甲字作，《类纂》误摹上部从“口”形。等形可证。

《英》1013，《类纂》以为“艰”字，可疑。从辞例上看也不妥。

0240 《合》30222“矢（借为昃）不启”，“昃”不从日作，该“日”乃启字所从。

0241 引《合》19803 字作，与其他“从戈从大”字不类。

0244 字作（《合》7769），从弓从大从盾形。《类纂》把左旁摹作“戈”，非是。该字应该与《类纂》252 合并，《字表》亦误。

0252 《英》690，字所从大形下部略残。字从弓从大从戈，《类纂》《字表》都将右旁摹作盾形，非是。该字应该与《类纂》285 合并。

0253 字作（《合》32154），该字右半明显从“矢”，《类纂》摹为从大，非是。

0255 《类纂》摹作（《合》22410），疑作形，与《字表》摹写亦稍有不同。

0256 引《合》32390不见孖字，《类纂》可能笔误。（《合》32563），《类纂》隶作从子从大。按，该字左半所从未必是“子”。

0266 引《合》21417字作，应即爽字，与《类纂》225合并。《类纂》误摹作，隶作夾，该字头宜取消。

0270 屰字下引《合》2320字作，右半“亍”之下部残泐，这种写法的“逆”字《类纂》仅一见，疑右半不是笔画。

0274  《怀》1503，疑为“屰”字。

0276  《合》5297，字上部残，又《合》5295有字作，从上部残泐笔划看，疑是一字。如是，则应合并字头。

0283 字作《合》1615。按，该字应该为“大”字，《类纂》摹写失真。取消该字头。

0284 字作《合》9332，疑为“去”字。

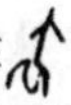

0285  《合》7770，字从戈从大从弓。《类纂》漏摹“戈”上一横笔。

0288 《合》20960，《类纂》摹为从戌从大。查原拓，戌与大形下部还有一形，作形。《类纂》恐有遗漏。字在卜辞中用为地名。

0291  《英》1759，同条卜辞有“祖乙”合文，为左右合书。疑该字为“祖寅”合文。辞例为“甲寅卜有祖乙”。

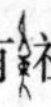

0293 字作《屯》1141，应即“鱼”字。《类纂》摹写有误。

0296 字作《合》4448，该字《类纂》摹为。仔细考察原拓，可见字左上弯笔中尚有一笔，且弯笔的粗细明显与右旁“夫”字上横笔的粗细不同。

0301 《合》19881，《类纂》摹为，该字上部还有笔画，疑为令字。《合》21892，该字很特别，疑为“令”字分书。《类纂》以为二字。

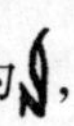

0304  《合》2431 正，《类纂》摹写有误，应作。

《合》6461 正，《类纂》漏摹右侧的两点。

0306  《合》8093，左旁“示”上有一点，《类纂》漏。《甲骨文编》有该形。

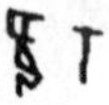

《合》1076 反甲，字从示从旡，不从兄。应该与其他“祝”字写法有所分别，或者单列字头。引《合》15279 字作，《类纂》摹写有误。

0310 引《合》29279 字作，左半上部不封口，《类纂》误。字与该字头下其他字写法不类，宜单列字头。

0314 㜕《合》18237，左上似应残去一“止”形，应据字头下他形补上。

0317 字作《合》14288，《类纂》漏摹右侧“丨”笔。

0324  《合》20772，刘钊先生以为“鬼日”合文。

0325  《怀》1516 下部残，从笔势上看未必是“从人带手形”的。《类纂》在释文中隶为“鬼”。

0327  《合》4522，《类纂》误以为《合》4521。

0328  《合》34283，字与他形不类，下部不从“卩”。

0329  《合》28146，疑为“比”或“比”合文。

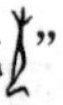

0330 引《合》20390 字作，《类纂》摹为，察原拓，似不应有下面的二弯笔。

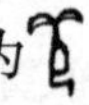

0332 引《合》346 字作，《类纂》误增上部“-”笔。

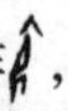

0336  《合》23605，应该并入贞人名“即”字头下。

0341 字从水从欠，《合》5559 字作，该字与《类纂》摹写有出入。

0342 引《合》4574 字作，《类纂》隶作闻，与该字头“从水从欠”之字不合。

0361 《英》187，字与该字头字作“伇”不类，宜单列字头。

0372 《合》18004，疑与《类纂》361字作（《英》187）同，或可合并字头。

0373 《合》36754，字左下应有一点，《类纂》漏摹。疑该字可隶作“粠”（類）。

0380 《合》9803，《类纂》著录号误为98032。

0381 《合》15355，该字右上所从不见“月”形，疑为玐字。

0390 《合》15819，与《类纂》387合并。

0391 引《合》6566反字作。按，该字左半上部有四点，《类纂》漏摹，字应作。

0400 字作《合》39434，疑为《类纂》30所引《屯》625字之异，都应该是“襄”字。

0401 《合》21423，《类纂》摹为，丢掉右半。《字表》亦误。

0402 《怀》161，疑《类纂》摹写有误。

0405 《合》16336，《类纂》误摹，应该与《类纂》328合并。

0422 《合》22340、《合》29870、《合》32301，《类纂》均将其置于“女”字头下，可疑。

0425 《合》945正，与《类纂》摹写有出入。“女”上一横笔似各有一点。《合》19802女形上也有相同的笔画。如是，则应把《合》945字单列出来。

《合》5460反、《合》6177臼、《合》7621反、《合》17540臼（《类纂》误书为17541臼）、《合》17541。

甲骨文该字数见，像人形的脖颈上多出一块东西。金文“王子婴次庐”的“婴”字所从女形写法与此相类，不过其上的“。”在颈后。刘钊先生以为金文写作此形的字是“瘿”字的表意初文。联系甲骨文诸字，猜想可能在甲骨文中就已经有“瘿”字存在了，而在金文中它又是作为一个偏旁来使用的。该五字不应该放在这个字头下，与《类纂》549合并。

又，《合》16846有字作[illegible]，《类纂》27字作[illegible]（《屯》463）、[illegible]（《英》97正）等形，不知与《类纂》425诸字是否为异体，志此存疑。

[illegible]《合》18056，该字上部所从不是一个圆，应该还有其他笔画，与其他字写法不类，《类纂》将其列在425字头下，不确。

[illegible]《合》22258，女形周围尚有四点，《类纂》漏摹。应该另立字头。或即女形头部没有圆圈，则该字并入《类纂》424。

0432 [illegible]《合》34543，《类纂》将其放在每字头下，不确。字应该是“妍”字，放在《类纂》434下。

[illegible]《合》27951，存疑。

[illegible]《合》32168，上部略残。《类纂》摹作[illegible]，上部从两个幵。此形不一定正确，甲骨文“妍”字有写作上部从一幵形的，如《合》32169、32170可证。

0435 [illegible]《合》3278，字下部残。该字所在辞例与《类纂》436诸字同，疑为《类纂》436字之异。

0442 [illegible]《合》9891，与该字头下他形不类，要分列字头，与《类纂》507、508诸字合并。

0444 字作[illegible]《合》2668。此据《合》2644字补左边“口”旁，《类纂》未补出。

0455 字作[illegible]《合》18065，《类纂》摹作[illegible]，摹写有误。

0460 [illegible]《合》14123，《类纂》摹写不准确。

[illegible]《合》22736，该字左边“女”旁笔画分辨不清，类纂漏掉三点。

[illegible]《合》14124，所从人旁内有一点。

[illegible]《合》18937，下从“倒子”泐甚，人上也有一笔。很明显，《类纂》不见。注：后面有从人从攵，在人上加点的字。

0463 《合》13716 正，所从“来”字下部不出头，为两歧，《类纂》摹为三歧。

0464 《合》2781，字应该是从女从来，不应该置于该字头下。

0468 《合》19136，该字与字头下其他“讯”字写法不同，从女不从口，应该放在《类纂》470“如”字下。

0470 《合》22322，疑该字为从“夕”作，或者与《类纂》469“讯”字下引《合》19136 字相同。

0480 《合》22014，该字左半所从与“黾”的写法差距很大，不应该放在这个字头下。

0484 《合》28264，字从“虎”从“女”从“木”作。引《合》28265 字作，从虎从女，不见“木”。

0487 《合》18041、《合》18042（女下略残），《类纂》隶作从女从夊，疑该字与《类纂》488“从女从各”之字同。

0492 娸 《英》2271，该字《类纂》正文与《字形总表》的摹写有出入，以正文为是。

0500 字作（《合》13868），另一形作（《合》10579），左旁不见“口”形，《类纂》误加。

0503 《合》36344、《合》35355，从女从木从土作，《类纂》误摹。

0508 《合》22405，该字“女”下有一弧线，《类纂》漏摹，应该与《类纂》509 合并。

0510 《合》2861，字右下应该有“土”旁，《类纂》漏摹。《类纂》以为“姓”字，非是。

0511 《合》26956。按：右下“土”上一笔不应该是笔画，很可能是在刻写（或墨拓）时带出来的，字应该作形，归在《类纂》510 字头下。同时该取消这个字头。

0523 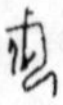 《合》22247，原拓不见“女”形的身体部分，《类纂》摹写不确。

0531  《合》8820 反。按：该字《类纂》摹写不准确，“囗”左上一圆圈为泐痕，不是笔画，疑字可隶作“囡”。

0532 《怀》432，左旁上部两手之间似无一竖笔，《类纂》摹写不准确。原拓作。

0535  《合》28235，《类纂》如是摹写。我认为右旁两笔下部应该是封口的，字作。

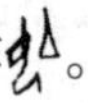

0549  、《合》190 正，写法与金文“婴”字所从相同，即像肿块的部分位于颈后。这些写法的字应该与《类纂》425 合并。

0550 引《合》1463 反甲字作，从女从令。《类纂》摹写有误。

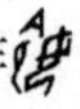

0558  《合》18054 反，上部略残，《类纂》摹写似乎不准确。

0567  《合》38761，按：该字右下略残，不过笔画依稀可见，右下所从当是“土”字，《类纂》漏摹下部一横。该字右上从木，与《类纂》511 写作从艹形的应为一字之异写。

0574 该字头下收（《合》21172）、（《合》21172）二字。一形应即“御”字，与《类纂》358 合并。二形从女从卜，与前一字不同，应该分列字头。陈剑读为“母卜”。

0580  《合》2784，应即“子”字。《类纂》漏摹一横笔。

0581  《合》14214，该字《类纂》摹写有误，“矢”头部分应有“。”。

0597  《合》28176，该字《类纂》摹写恐怕不准确，上部一短横不应该是笔划，字应该摹作，与《类纂》592 应该是同一个字。

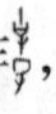

0604  《合》28872，该字左下残缺。疑下部所从是“大”形，《类纂》失之。疑字作形。

《合》3038，右半所从与旧释为“智”诸字所从明显不一样，《类纂》摹为“”，亦不准确。从辞例上亦无法判断其与“智”同。存疑。

0605 《英》146，该字从目从攵，应该放在《类纂》607字头下。

0613 《屯》2240，该字应该是“直”字，《类纂》放在“省”字头下，系误植。

0615 《合》940反，《类纂》摹写恐有误，应该作形，“目”下笔画应为泐痕。

《合》8232，该字《类纂》摹写不准确。下部所从应该是“目”的省写，而不是一横。

0616 《合》35303，从原拓看，该字右边尚残留很明显的一竖笔，怀疑是“攵”形所残，所以该字也有可能是《类纂》617号字。《类纂》617字左边正作从鹿头从三口形。

《英》2289，《类纂》摹写不准确。“鹿”字头上不是目形。字从鹿从四口从艹（一半），该字似应该单立字头。该字所在卜辞辞例与《类纂》617（《英》2290）字用法相同，志此存疑。

0618 《合》19060正，《类纂》列于“眉”字头下。从原拓看，下面有残存笔画。存疑。

0620 《合》28615，该字与《类纂》摹写有出入，《类纂》摹为，目下从三点。原拓眉下有明显的两笔，为人形。

《屯》240，《类纂》摹写不准确，左旁“水”字依稀可见，《类纂》漏摹。

0621 《合》15428，《类纂》摹写有误。

0624 《合》1868正，该字应该并入《类纂》621“乖”字头下。《类纂》误置。辞例为“勿~于祖丁”。

0625 《合》6787，目内似有一点，《类纂》漏摹。

《合》33389，《类纂》摹写有误。

《合》9810 反，《类纂》摹写有误。

0626 《合》18080，与字头下他形不类，宜单列字头。

0630 《合》18077，该字下部所从“人”上有一笔，《类纂》漏摹。

0643 引《合》28012 字作，与字头下他形不类，宜单列字头。姚萱女士以为“哭”字。

0663 《合》7020，疑字与《类纂》610 旧释为“面”之字合并。

0665 《合》18157，左下略残，《类纂》摹为从人，存疑。

0670 《屯》4583，仔细看原拓，“目”上只有一笔，该拓片泐痕甚重，也许是泐痕。《类纂》摹为，不确。该字头应该取消。

0676 《合》7063，《类纂》据《合集》上倒置的图版摹写，摹作，误。辞例为“来～”，与《类纂》664 字辞例为“来～人”相同。该字头应该取消，并入《类纂》664。

0677 《合》18142，左下《类纂》摹写不准确。

0678 《合》33832，《类纂》摹写丢掉上部一笔。

0687 引《合》1821 正字作、形。卜辞中似用作方国名。该字与甲骨文齵（从齿从禹）齿之齵表意相类。疑其造字本义应该与耳部的疾病有关，可惜没有相关的辞例可以证明。

0695 字作、等形，与《类纂》42 作、诸字，所从皆为“几”形。

0700 《类纂》“疾”字下有“疾自”条目（1178 页），其下除引《合》11506 外，另有《合》11006 正辞云：“贞……△……自疾”，《类纂》以为是鼻病之贞卜，非是。此为对贞之辞，完整的内容应为：

丙午卜，□贞：引□（疫）△自△。（△为不识的字、□为残缺之字）

贞：□△自（疫）。

这里的“自”显然用的不是本义。

0713 《类纂》引《合》6460反两见，查原拓不见。同条“雀”字亦不见于《合》6460反。《类纂》并误。

0715 《合》13633，该字王国维释作“涕”。温少峰以为是鼻子的疾病——鼻息肉。李宗焜认为“卜辞此字用为妇名，在辞例上无法验证”。疑此字为《类纂》714字，像涕液不止之形。

0716 《合》26089，《类纂》摹写有误，周围的点为泐痕。

0720 《合》6250，《类纂》摹写有误。

《合》13848，《类纂》摹写不准确。

《合》13849，该字上部有一横笔，《类纂》漏摹。

0721 《合》14950，《类纂》摹写不准确。

0727 《合》27639，字应该释作从必从言。

0731 《合》5281，“口”上有一短横，《类纂》漏摹。

《合》28203，该字上部似从“王”，《类纂》摹为从王。这种写法两见。

《合》38308，《类纂》误为38307。

0733 《合》8200，《类纂》存原篆，疑为“毌”字。

《合》16940，应该与上一字分列字头。

0734 《合》36492，疑为青字。

0735 《合》35472，该字《类纂》摹写为上部有一横笔，原拓不见。辞例为“~日无忧”。

0749 《合》4524，《类纂》摹写为与《类纂》749同。如是，则应该并入《类纂》748。似乎又不尽相同，存疑。

0752 《合》18390正、《合》18389。饶宗颐以为该字“蚰，……或（祏）之繁形”。李宗焜认为该字可能跟舌疾有关。二虫写法有变形。

0758 引《合》38717字作，《类纂》摹作“品”。从字形看，该字从止，非为从口作，很明显。

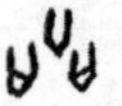

《怀》1377，原拓上部所从之“口”漏刻一笔。

0764  《合》13906，《类纂》摹写为，不准确。

0765 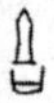 《合》21054、《怀》1518、《怀》1518，刘钊先生以为“吉”字。

0768 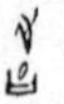 《合》4307反，字下部从由，《类纂》摹写稍有出入。

0770  《合》22115，《类纂》摹写为，不确。疑是“吉”字。

0771  《合》22050，疑字作，《类纂》摹写上部所从为划痕，该字从王从人从口。又《类纂》摹为从刀，应该是从人。

0775 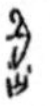 《合》32934，《类纂》摹写不准确。

0776  《合》29682，疑为陈剑释作“皆”字倒书。

0780  《合》20064，该字与《类纂》778 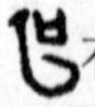 有可能是一字。

0784  《合》19216，《类纂》摹写有误。引《合》19217  ，疑字左旁残去女形。

0787  《合》18101，疑为桑字。

0793  《合》9410臼，下从口略残。《类纂》摹写有误。该字应该并入《类纂》749下。

0794  《英》1926，《字表》以为吹字，疑为《类纂》785从夗从口之字。

0800  《合》13692，该字《类纂》摹写与原拓有出入，辞例为“疾趾”。

0801  《合》20375，原拓如是作。《类纂》摹为从二趾，以为“步”字，此种写法的“步”字仅一见。按，右下一个不是“趾”形，而是“口”。

《怀》338，《类纂》摹写有误。

0802 《合》21124，《类纂》摹写有误，少了下部一个“趾”形。

0805 引《合》3679字作，该字下部从“坎”不从“口”，《类纂》误。引《合》3829“出”字是否从口不能确定。

《合》7308，《类纂》摹为从“口”，不确。该字所从“坎”上有一道泐痕，很明显，容易使人误认为是“口”上一笔。

0808 《合》36388，《类纂》摹作“各”，原拓似作，左边有明显的两笔。

0810 字头下有三个字（《合》32039、《屯》1512、《英》2450）与《类纂》812写法相同，均从（宀）从止。从辞例看，《合》5190字所在辞例为“王~……”与《合》5189字所在辞例“……王~”相同，《合》5190字作从，而《合》5189字作从。疑《类纂》810与《类纂》812为一字之异写。

0816 《合》4003，颇疑字作，“丙”内尚有一“口”形，《类纂》未摹出。

《合》31181，字上部有泐痕，疑为“商”字。

0818 引《合》27589，字作，字下没有一横，《类纂》误。

0820 《合》36851，字从（亘）。《类纂》摹作从，不确。

0822 《合》3521正，《类纂》误书为《合》3251正。检同版“穡”字头著录号亦误书作3251正。同版“妣壬”同。且“妣壬”字头下《合》3521正和3251正著录号并见，应该删除《合》3251正辞条。

0827 《合》6856，《类纂》摹写有误。

《怀》962，该字写法很特殊，由原来的左右结构变为上下结构。下部从“趾”形，《类纂》摹写少了一笔，作，原拓作，厘然可见。

0829 《合》13693，疾（足?）或（膝?）《合》13694下残。《合》13695正乙，该字可能是《合》13693的倒书。

这几个字与甲骨文“足”字写法不同，应该分别看。其上的指事符号有人认为是指示一种腿部疾病，即“疖肿”。有人认为是指事“膝”关节部位，应该是“膝”字。异体有《类纂》152 （《合》13670）字。

0834 《合》22322、《合》22323、《合》22324，《类纂》摹写有误。这三个字所在辞例相同，为“无~”。以上应该是子组卜辞“求”字的写法，与其他字分列。

0835 《合》19957 正，该字应该是“敖”，字上部从“艹”，不从“趾”。辞例为“辛未王令勿伐~咸……”

《合》20558，字上没有一横，《类纂》误加。按：该字不当为“先”字，应该是“敖”字。辞例残，“……敖征”。在《合》5738、5767、6834 正上，“敖”字与“先”字并见，二者判然有别。

0836 《英》1926，跟其他字写法不类，上部不从“趾”。

0837 《合》21505，《类纂》摹作，不确。止上一笔分书的情况不乏其例，如（《合》967）可证。

《合》22330，《类纂》摹作，不确。

《英》392 正，该字应该在《类纂》838 字头下，《类纂》误置。

《屯》2301，下部从“立”，抑或是《类纂》838 字下部所从之形变。

0838 《怀》1495，《类纂》摹作从倒趾从人，非是。该字左半从“又”，不从倒趾形。

0844 《合》28795，该字止上多一饰笔，《类纂》不见。

《合》28888，该字从止从犬，《类纂》隶作“逐”，且存疑。辞例为“……王其田 有大~”。

0855 《合》8401，《类纂》摹作从止从用从土。原拓上所谓的“用”字的横笔不甚清晰。

0858 引《合》15864 字作，豆形下有一横，怀疑是饰笔，《类纂》不见。

《合》32814，该字上部如是作，《类纂》摹作二止。

0860  《合》24356，该字写法与《类纂》863字不类，应为《类纂》862字上部所从。缺下部“山”形。

0869  《合》15483正、《合》15484，从“尊”作，刘钊先生以为“退”字异体。应该归在《类纂》871字头下。

0875  《合》22394，“止”下有一饰笔，《类纂》漏摹。

0878  《合》13906，《类纂》摹作，不确。

0895  《合》35235，辞例为“弗~”。疑与《类纂》814字有关。

0902 《合》27009，疑字从襄从止作。

0914  《合》22043，字从“木”，不从“屮”。《类纂》误摹。

0916  《合》22215，字左半下部尚有一笔，《类纂》漏摹。

0929  《合》1616正，当为从玉从又，与《类纂》930字合并。

0932  《合》2940，该版“朮”字仅一见，《类纂》误重。

0933  《合》9504正，该字《类纂》摹写不准确，非作形。

0936 引《合》22300字作，该字从廾从天作。《类纂》将“天”字下部摹作，不确。《类纂》936的两个字头宜取消。

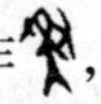

0937  《合》17101，疑字左旁为必字。

0944 引《合》6664正字作1.、2.形。《类纂》摹写不准确，“口”形里面不只是一“又”形，“又”上尚有笔画，《类纂》漏摹。同版还有二字，作3.、4.形，《类纂》漏摹。1、2应该是3、4的省写。

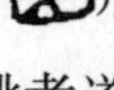

《甲骨文字诂林》姚孝遂先生的按语说此字为“当为灾咎之义”。从文例上看，无可怀疑。但是《类纂》摹作从口从又，其意义从字形上就无法窥知了。而从形看，这种意义就比较明显了。《摹释总集》把这几个字均摹作“齿”，把1摹作从口从又，非是。李宗焜先生认为该字可能是父乙降下齿痛而必须拔牙的灾咎。辞例为“唯父乙降~”。

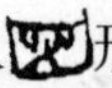

0947 《合》13916，《类纂》摹作，该字右上角还有一些笔画，《类

纂》漏摹。

0972  《合》20113，从玉从又，与《类纂》929 一同并入《类纂》930。

0977  《屯》3566，疑为从虎从又。

0978  《合》22352，《类纂》摹写有误。

0981  《合》22369，上部框内所从为“卜”，不是“。”，类纂误摹作。

0982 引《合》39433 字作，《类纂》隶作从束从又。“束”下尚有一“止”形，《类纂》漏摹。

0983  《合》21969，《类纂》摹写失真。

0987  《合》27628，《类纂》989 字作（《合》31181），《字表》以为《类纂》989 加“北”声。

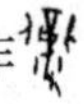

1002  《屯》2259，《类纂》摹作从女从攵。右旁“攵”不清晰，疑不是笔划。

1006 《屯》2100，字从网从牛，不见右旁“攵”。

1007  《合》27752，该字右上有泐痕，疑还有笔画。

1008  《合》30014，拓片泐甚，与《类纂》摹写有出入。

1026  《合》10924，该字上部从“爪”不从“又”，《类纂》误摹。

1037 《合》30761，右下残，不能确定是“又”还是“爪”。《类纂》摹作“爪”。疑是“又”，有先例。

1038  《合》20602，该字上部残断，疑该字从“行”，上部还有两笔。《类纂》不见。摹作，这种写法仅一见，甚为可疑。

1041  《合》30339，《类纂》著录号为 30329，误。

1042 《合》32934，存疑。

1044 《合》15925，《类纂》著录号误为15922。

《合》38225，该字左半尚有“卜”形，《类纂》漏摹。

1054 该字头下写作形者，应该与《类纂》1625合并。其下所从当即“䨱（所从下部）”字，参见刘钊先生《古文字构形学》①。

1057 《英》2274，《类纂》摹作形，摹写有误。字上部为三笔，下面“八”上还各有一笔。比较花园庄、《屯》2232字。

1057 《合》17988，《类纂》遗漏该字头，无编号。

1060 《合》14390，该字《类纂》摹写恐不确，《合集》此字不甚清晰，要查原出处。

1061 《合》18764，字左上尚有一“又”，《类纂》漏摹。《字表》并误。

1063 《英》1978，《类纂》摹写有误。与类纂1026、1059合并。

1074 字作《合》36482。《类纂》引《合》36483不见该字，恐误列辞例。

1082 《合》21252，字从木从廾。《类纂》摹作从中从廾，作。

1093 《合》3286正，《类纂》摹作。按：该字下面明显可见“-”笔画，《类纂》漏摹，所列字头亦该取消。

《合》35231，该字左旁尚有一“又”，《类纂》漏摹。

1097 《合》297辞例是“……羌三百……”。该三百为分书。字形应该是“白”，用为“百”，《类纂》将其摹作，不确。上面一横应该是泐痕。在《类纂》296中，也有相同的辞例：“三百羌于……”，其中“三百”亦分书，“百”字明明白白写作“白”。

1099 《合》33094，字里面有两竖，《类纂》漏一竖。

① 刘钊. 古文字构形学［M］. 福州：福建人民出版社，2006：80.

1112 𠂇《合》13045，《类纂》摹写少了一横笔，作𠂇，不确。

1114 𠂇《合》15150，该片残甚。左右偏旁有距离，疑为二字，“耳囟”。

1118 𠂇《合》22124，《类纂》以为是“言”字。该字与《合》22072字比较，仅仅少了上面一笔，也应该是“示”字。

𠂇《合》30764，《类纂》夺上面一笔。

1122 𠂇《合》2166，此字上部所从甚为可疑。从辞例上亦不能判断是柰字。

𠂇、𠂇《合》21832。该字两见，从拓片上明显可见“木”旁下部斜出一笔，两字位置不同，但是写法是一样的，应该不是泐痕。所谓的“木”字跟木字写法也不一样。正确的写法应该是𠂇。《合》21661字上部也有斜出的一笔。

1138 𠂇《合》33871，《类纂》如是摹写。查原拓，上部三点的右边一点实乃“至”上一笔，应该是两点。又，左右似各有一点，作𠂇形。

1139 𠂇《合》20631，从辞例上无法判定其为“昜”字。

1148 《类纂》摹作𠂇（《合》32815），疑应作𠂇。

1154 引《合》12807字作𠂇，《类纂》摹作𠂇，不确。

1157 《类纂》摹作𠂇，不确。疑下部从网作。

1183 𠂇《合》20943，从“雨”从“口”作，疑为“靁”字省体。

1186 𠂇《合》20914，字下面有三个点，《类纂》漏摹两个。

𠂇《合》21023，字下有三个点，《类纂》漏摹两个，作𠂇。

1188 引《合》564反字作𠂇，从雨从于，《类纂》如是摹写。细看原拓，“于”字内侧似有两点，应作𠂇形。

𠂇《合》1961臼，《类纂》漏摹“于”上两点。

1190 《合》8859 反，《类纂》漏摹“雨”上一饰笔。

1193 《合》30444，《类纂》如是摹写。查原拓，字下部所从左右两侧应该各有一点，作形，疑与《类纂》1192 字为同一字之异写。(《类纂》1192 字作）应该合并字头。

1212 《合》33233，《类纂》漏摹装饰点。

1215 《合》3396，《类纂》《字表》摹写并误。

1227 《合》28189，《类纂》如是摹写。从卜辞的行款上看，我认为可能是“去火”二字。如是，则该字头应该取消。

1239 引《合》8955 字作，《类纂》摹作，非是。

1245 《合》7996 乙，《类纂》著录号错误。

1271 炎，《合》36509，与《类纂》摹写有出入。

1272 《合》28314，该字上部从“子”，“子”上竖笔与下从“山”形之竖笔不在一条线上，《类纂》摹写恐误。该字从子从山。又，《类纂》1253 引《合》7978 有该字，应该并入。辞例同。

1273 《合》7859 正，字上应该有两点，作形。

《合》10405 正，著录号错误。

1287 《合》3935，《类纂》如是摹写，与原拓有出入，应该作。

《合》7067 正，《类纂》误摹作，漏上面两笔。这是用电脑处理字形优于手摹的典型例子。

1294 《合》31274，字上部稍残，与《类纂》摹写有出入。

1298 《合》948，《类纂》如是摹写，并且隶作“陽”，恐非是。上部不从日，下面所从疑是辛，作形。《字表》又收有《合》14855 字形。按：《合》948 乃《合》14855 之残断，字形重出，《字表》不察，误以为二字。

1312 《合》27996，《类纂》如是摹写。显遗旁，字应作。《类纂》所列字头应该取消。

1313 《合》10163，字上部略残，只一见，无其他字形可资比照，《类纂》摹写有误。

1323 《合》36903，疑右旁不是笔画，字当作。

1326 《合》36956，与《类纂》摹写有出入。

1329 《合》30438，《类纂》漏摹几个点。

1353 《合》224，《类纂》如是摹写，恐非是。疑字作，与《类纂》1351同。

1358 《合》30614，《类纂》摹写不准确。《字表》亦不确。

1375 《合》8358，“水”旁漏摹两点。

1378 《怀》705，与《类纂》摹写有出入。《类纂》以为右侧尚有笔划，恐非应该是泐痕。该字或许应与《类纂》1352合并（滰）。

1393 《合》27456正，《类纂》漏摹一“艹”形。

1401 《屯》4357，《类纂》摹作，恐非。字不从“艹”，辞例为“……戍王其田鸡其■~擒”。“~”或指擒的方式。

1407 《合》36575，《类纂》摹写可疑。

1413 《合》118，《字表》有误。

1416 、《屯》778，《类纂·字形总表》失收该字头。裘先生认为既可以读作“埶（设）罝”合文，也可以作为单字用为“设罝”的专字。

1423 字作《合》15889，《类纂》存疑。

《合》11001，《类纂》如是摹写，怀疑字作形，下所从为爪形，与《合》15889同。

1432 《合》368，字从林从矢，《类纂》摹写有误，作形。

1437 《合》6073，《类纂》摹写有误。

1445 《合》37494，《类纂》摹写不准确。

1453 《屯》2701，《类纂》摹写有误。不能定夺。

1471 《合》36809，《类纂》误以为是一个字，应该割裂开。疑作形。应单列字头。

1473 《合》37363，《类纂》摹作从木从"艹"形，疑中间部分为木形，只不过上下断裂而已。

1480 《合》32986，《类纂》如是摹写，非是。细查电子版，在笔画断裂处隐约可见断续的笔画，应是舞字无疑，作形。《类纂》1478字头当取消。

1482 《合》35308，《类纂》摹写有出入，应作形。

（原文部分发表于《渤海大学学报》2011年第3期，有改动）

新甲骨文词汇工具书编撰刍议

一、国内外关于甲骨文词汇研究的现状述评

商代甲骨文是我国目前已发现的最早的成熟的文字体系，卜辞内容反映了商代社会的方方面面，是宝贵的历史文化遗产。很多学者利用这批材料对商代词汇进行了研究，关于甲骨文词汇的研究主要包括以下几个方面：

（一）甲骨文字汇集释性的纂著

"集释"即汇集各家之说于一编，这方面最具影响的有李孝定编的《甲骨文字集释》、松丸道雄与高嶋谦一合编的《甲骨文字字释综览》和于省吾主编的《甲骨文字诂林》。《甲骨文字集释》正编14卷，补遗1卷，存疑1卷，待考1卷，按照《说文解字》顺序分列各部。编纂体例为每个字头下先列篆文，其次列出甲骨文字的各种异体，再列出各家考释意见，注明出处，最后加上

作者的按语。这部书基本上汇集了20世纪60年代以前的研究成果，在编纂体例上发凡起例，多为后世仿效。《甲骨文字字释综览》最明显的特点是吸收了很多海外甲骨学者的意见，研究成果主要汇集了1989年以前的甲骨文字考释。《甲骨文字诂林》在编纂体例上一仍《甲骨文字集释》，集录了1989年以前90年间甲骨文字考释的主要成果，并且编者把所收入的资料按发表的时间先后依次排列，又与《殷墟甲骨刻辞类纂》相配合，体例相同，比较便于读者使用。

（二）甲骨文字典和词典工具书的编纂

甲骨文字典及词典类工具书，以甲骨文的字、词用法或语义为编纂内容。有崔恒昇的《简明甲骨文词典》、徐中舒的《甲骨文字典》、张玉金的《甲骨文虚词词典》、孟世凯的《甲骨学小词典》等，都各具特色。这里主要谈谈《甲骨文字典》。《甲骨文字典》是一部大型的甲骨工具书，徐中舒主编，于1979年10月着手，1988年由四川辞书出版社出版发行。该书在编纂上借鉴了《甲骨文编》和《甲骨文字集释》的长处，于每个字头下列举代表性的字形，既有字形解释，又有释义，还举出具体的辞例，极便于初学。在释字上能吸收学术界的一些成果，同时也有作者自己的见解，基本能够反映当时甲骨文的研究水平，在学术界影响很大。

（三）甲骨文词汇的理论研究

关于甲骨文词汇的研究，学术界主要是从词汇学的角度对其进行理论性的探讨，可以分为专题研究和综合研究两个方面。专题研究主要有赵诚的《甲骨文词义系统探索》《甲骨文动词探索（1）》，陈年福的《甲骨文动词词汇研究》，巫称喜的《甲骨文名词词汇研究》，陈炜湛的《甲骨文同义词研究》，陈伟武的《甲骨文反义词研究》，林政华的《甲骨文成语集释》，吕源的《殷墟甲骨文建筑词汇初步研究》等。综合研究有王绍新的《甲骨刻辞时代的词汇》，向熹的《从甲骨文看商代词汇》，黄健中的《试论甲骨刻辞的词汇研究》等。以上研究可以说为甲骨文词汇研究拉开了序幕，也为我们了解古代汉语词汇发展的早期阶段提供了参考。

甲骨文词汇研究是和人们对甲骨文字的认识水平密切联系的，在一定程度上，上述各种研究反映着一个时期的甲骨文的研究水平，都或多或少地给学习者带来了便利。但是，时代在发展，人们的认识水平在不断提高，甲骨文的考释成果不断涌现，其中的问题也就不断地显现出来。例如，像《甲骨文字集释》《甲骨文字诂林》这样集释性的工具书，虽然广罗各家之说，但材料芜杂，难免失于精当，又成书在20世纪80年代，不能很好地反映学术界最新的研究成果，这些都给阅读增加了很多麻烦。《甲骨文字典》自1988年问世以来，先后有一些学者对其进行了较为系统地评述，给予肯定的同时也指出不少不足，例如，《甲骨文字典》未录合文、未编附录、未能充分利用海外的甲骨资料、没有音序索引；释字和分析字形错误较多，对学术界成果吸收得不够，所摹字形多有讹误，收字遗漏较多，在释义上缺释义项现象极为常见；等等。而这些工具书的不足都直接关系甲骨文词汇的理论研究，在一定程度上决定着甲骨文词汇的研究水平。

二、编撰新甲骨文词汇工具书的意义

任何研究甲骨词汇学的学者，都要特别关注甲骨文字考释的成果，这是整理和研究甲骨文词汇意义的基础。正确的词义研究，必须建立在正确的文字考释基础上。关于甲骨文字考释，历代学者都做出了不少的努力，尤其是近些年来，大量出土文献的发现，使得人们认识古文字的水平大大提高，呈现出一些新的考释成果，这些成果已经体现在最新的甲骨文字工具书——《新甲骨文编》里了。根据我们的比较，《新甲骨文编》正编的字头数约为2350,《甲骨文编》正编的字头数为1723；《新甲骨文编》正编见于《说文》的字数约为1170,《甲骨文编》正编见于《说文》的字数为941。这些数字的变化正体现了甲骨文字考释上的进步和人们认识水平的提高。相比之下，甲骨文词汇的相关研究却还停留在20世纪80年代以前的水平上，远远不能满足人们的需要，一些错误的说解甚至会误导读者。因此，重新编写一部甲骨文词汇工具书，是非常必要和迫切的。正如有些学者所说的："《甲骨文编》自20世纪50年代增订之后，就一直没有再版，从材料、材料的出处、字样处理、释字等各个方面早已无法适应日益发展的古文字学的需要，亟须重编。"①

我们拟在前辈学者研究的基础上，广泛吸收学术界最新的研究成果，从具体的卜辞辞例出发，从词汇学的角度考察甲骨文字的词汇意义，尽可能全面地找出多义词的各个义项，力求使字义解释完备，没有遗漏。从另一个角

---

① 李守奎. 古文字字编类著作的回顾与展望［J］. 吉林大学社会科学学报，2008（1）：125.

度看，由于是系统整理甲骨文词义，尤其是我们将从卜辞的辞例上对其意义一一加以考察和研究，这还将有助于我们对一些甲骨文字的重新认识和重新解释，有助于甲骨的分类分组，提高资料的科学性，有利于研究的进行。甲骨文词汇研究是汉语词汇研究的源头，我们的研究必将有助于真实地揭示商代词汇的原貌，推动甲骨语言学的研究。同时，作为一部最新的甲骨文词汇工具书，将更加方便于人们的使用和普及甲骨文知识。

三、编撰新甲骨文词汇工具书的具体构思

（一）研究的内容和体例

甲骨文资料宏富，且大多残断，编撰以字形为单位的检索工具书是很有必要的。《甲骨文编》的面世，给人们带来了极大的便利。但是，因为该书成书时代早，无论从研究资料、引用学术界新成果还是编排方法上等都显得落后了，不堪使用。重新编写一部甲骨文编，一直是学术界的迫切要求。经过我们的努力，《新甲骨文编》终于于 2009 年 8 月出版了。《新甲骨文编》之“新”主要体现在以下几个方面：一是引用学术界最新的研究成果；二是广收最新的甲骨资料；三是改变过去临摹字形的做法，采用电脑切割字形后加以黑白翻转。《新甲骨文编》是目前所见最能反映当代甲骨文认识水平的著作，释字水准达到一个新的高度。甲骨文词汇研究是以甲骨文字的考释成果为基础的，《新甲骨文编》的问世，使得甲骨文词汇工具书的重新编撰提上了日程。

我们拟研究的主要内容是甲骨文词汇意义的整理和研究。工作依托于最新的甲骨文工具书——《新甲骨文编》，亦即《新甲骨文编》的后续研究。甲骨文是我国目前已发现的最早的可系统记录语言的文字，甲骨文里基本上一个字就表示一个词，所以我们这里说的甲骨文的词汇意义，也基本就是甲骨文单字的意义。成果最终形式是专著，正文由正编、合文、附录三部分组成。正编按照《说文解字》一书的顺序排列，书后附检字表。正编字形收集采取在综览每一字全部字形基础上精选有代表性的字形，并按照类组先后分列其下，采用《合集》的著录号。解字上充分吸收学术界研究成果，对不能确定的解释也要做到择善而从，并兼有编者自身的见解。在释义上广泛关注以往的研究，做笔记、资料长编，力求使字义解释完备，没有遗漏，并于每个义项下出列相应的辞例。改变过去临摹字形的做法，不光字头部分采用电

脑切割字形，引用辞例部分也同此。

（二）研究的思路和方法

我们研究的基本思路是先进行广泛的资料搜集工作，力争“竭泽而渔”，全面掌握第一手原始材料，为进一步全面、系统、深入地整理和研究甲骨文的词汇意义奠定坚实的文本基础。以甲骨文字形和字义为线索，参考《甲骨文字诂林》《甲骨文字集释》以及最近一些年的古文字考释成果，结合具体的卜辞辞例，做笔记、资料长编。具体说，以《新甲骨文编》所收字形和字头编排为基础，每个字头下选取有代表性字形，按照类组先后排列；以字形分析所得意义为根据，参考卜辞实际用例，梳理出各个义项，举出卜辞辞例附于其后。在辞例认读上，对比《殷墟甲骨刻辞摹释总集》和《甲骨文合集释文》，尤其关注两者的不同之处，反复探讨，决定取舍。

我们主要是对甲骨文词汇意义的整理和研究，所以涉及古文字学、词汇学、文献学等相关学科的方法与成果。甲骨文字的正确释读与考释，得益于古文字考释的方法；词汇意义的划分为本义、引申义、假借义等都充分借鉴了词汇学的方法和成果。对甲骨文词汇意义的全面整理和研究，继承传统朴学扎扎实实、实事求是的特点，穷尽式地搜集、占有研究资料，对众说纷纭的问题尽量做到择善而从，对不能把握的问题做阙疑处理，不强作解人。这些相关学科的研究成果与方法，在研究过程中往往是综合使用的，并非单纯依靠某一方法或资料就可以解决。

（三）研究的创新之处

研究材料庞杂，涉及面广，工作量大，有一定难度，有些问题众说纷纭，难以取舍，更需要我们进行大量的基础工作，包括广泛地阅读已有的研究成果，例如，《甲骨文字诂林》《甲骨文字集释》和学术界最新的研究成果，反复对比，认真思考；大量的甲骨文辞例，对比《殷墟甲骨刻辞摹释总集》和《甲骨文合集释文》，需要制作大量的资料卡片和笔记长编。

与以往的甲骨文词汇工具书相比，我们觉得有以下几方面的创新：一是引用学术界最新的研究成果，解字释义上既能博采众长，又参以己见补充说明。二是增加补充最新的花园庄东地甲骨资料和散见于海外的甲骨文资料。三是体例编排上，就字形而言，在综览全部字形基础上选取典型字形，按照类组先后排列；旧著录号一律改作《合集》的编号；另外，补充合文、附录等相关部分，使编排更加完整。4. 改变过去临摹字形的做法，采用电脑切割字形后加以黑白翻转。引用辞例部分同样采用这种做法。希望通过我们的努力，为学术界献上一份最新的甲骨学词汇纂释的工具书。

（原文发表于《辽宁医学院学报》2011年第2期，有改动）

《殷墟甲骨文字表》勘正释例

《殷墟甲骨文字表》（以下简称《字表》）是台湾学者李宗焜先生的博士学位论文。《字表》在制定过程中广泛参考了《甲骨文编》、《殷墟卜辞综类》（以下简称《综类》）、《殷墟甲骨刻辞类纂》（以下简称《类纂》）等三种重要的甲骨工具书，在采收单字上比以往的著录书更为科学、全面，并且是正疏失多处。但是，我们也发现了一些《字表》在字形摹写或者字头分合上的错误和处理不当，其中字形勘误部分已经发表在《中国文字研究》第十三辑上，本文主要就字头分合以及一些技术性的问题加以讨论，敬请方家学者指正。

一、因失察而误增字头

《字表》在收字上广泛参考《甲骨文编》《综类》《类纂》等，有很多不见于《类纂》的甲骨文字，《字表》均据前举二书一一补出。同时也指出了《类纂》误增的字头数有一百多，漏收的单字近千余。但据我们考察，有一些字实际上是见于《类纂》的，作者不察，仍据旧著录收入，并且将其单列字头，造成了很多误增字头。

0059① （《合》5450）字，《字表》据《综类》137-4补出，且与《综类》均单列字头。该字《类纂》收于333号“若”字头下，以为“若”字异体，可信。该字又见于《合补》4152。又，《合补》4152与《合》5450重出。

0102 （《合》13089）字，《字表》据《甲骨文编》3556号补出，单

① 此号系李书字头编号，下同。

列字头，序号0102。按：《类纂》0061号“及”字下《合》33383、《英》641等字写法与此同，该字应该并入《类纂》61号字头下。《字表》失之。

0103 （《合》21414）字，《字表》据《综类》28-1补出，单列字头。按：该字《类纂》收于61号“及”字头下，不误。姚萱女士以为“及”字繁体，可从。

0258 （《合》17994）字，《字表》据《甲骨文编》4704（《京津》4943）补出。刘钊先生以为“夭”字异体，应该并入《类纂》260夭字头下。另，《甲骨文编》3296号字作从彳从，引字见《粹》1320即《合》17994，二者重出，《甲骨文编》从彳从之字应取消。

0337 该字见于《类纂》337号字头。《字表》据《甲骨文编》4516号补出，并从《甲骨文编》摹作（《合》19851）①，单列字头。按：《殷墟甲骨刻辞摹释总集》以为二字，甚确。应该是“允饗”二字。辞例为“祖乙允饗”。该字头取消。

0836 字作（《合》13693），见《类纂》829“足”字，辞例为“疾”。《字表》不察，据《甲骨文编》3244号补出，并单列字头，非是。

1313 该字头包含《类纂》3314、1476、3200三个字头。其中引《类纂》1476字头下列二形，并且说明2形“见《后》1.14.11”。按：《后》1.14. 11对应的《合》号即29284。《字表》所引的2形其实就是《类纂》3200所引的《合》29284号字，《字表》重出。

1568 （《合》27313）字见《类纂》1531。《合》27313字所在辞例与《类纂》1531下引《合》30415辞例相同。《字表》不察，据《甲骨文编》3008补出，单列字头。

3279 应即量字。《字表》引《类纂》2973与《甲骨文编》4131。其中后者即《合》31823字，《类纂》2973号收录，《字表》失察。

3301 官字。《字表》引《类纂》3008与《综类》509-3。其中后者即《合》34158字，《类纂》3008号收录，《字表》失察。

---

① 该字从“允”，甚明。字表摹写失真，恐是致误的原因。

二、字头分合处理不统一

0311 《类纂》305 邑字与《类纂》363、421 写作形的字合并字头，此从裘锡圭先生说。《字表》失察。

0390 《类纂》400 字作（《合》39434），类似写法的字还见《类纂》30 号所引《屯》625形，刘钊先生以为是“襄”字异体，与《类纂》30 号合并，可信。

0459 讯字，见《类纂》469。《字表》将（《合》36389）字单列字头，编号为 0460。按：此字应即“讯”字繁体，《类纂》将其与等形放在一起，是正确的。

0547 （《合》21172），姚萱女士以为“母卜”合文。

0721 字不见于《类纂》，《字表》据《甲骨文编》4158 补出。字作（《合》4078），应即“胄”字，应该与《类纂》734 合并。《字表》将其分列，失之。

0876 退字。《字表》包含《类纂》871、872、969 三个字头。《类纂》869“复”字下有二字作（《合》15483 正）、（《合》15484），字从“尊”形，刘钊先生指出应即“退”字异体，《字表》失引。在《字表》0877“复”字（《类纂》869）下也没有标示此二形体。

0896 字作（《合》37507）形，即“逢”字，应该与《类纂》2368 等形合并字头。

0957 与《字表》0958 合并字头，裘锡圭释作采，读为“扬”。

0980 字作（《合》22369），《字表》与《类纂》并误。

1112 《字表》引《类纂》91，字下收二形。1 作（《英》2674 正），2 作（《合》18979）。裘锡圭先生已经指出 1 形即“抵御”之“御”的专字，应该与《类纂》352 合并。又有从鱼声的御字，作（《合》28011）。

1222 字不见《类纂》。《字表》据《甲骨文编》814 补出。字分别作

（《合》20779）和（《合》22987）形，疑应该分列字头。

1258 字作（《合》13011），中间从“共”，为两竖笔，《字表》摹作两点，不准确。

1263 （《合》13010），刘钊先生释作“霰”，至确。《字表》失引，仍从旧说释为“霖”。

1291 （《合》3396），字从土从用，“土”形独立于“用”字的内侧。《字表》摹作，不确。《屯》650有字作，裘锡圭先生以为是“壅”字的省写，疑《合》3396字亦为“壅”字省体。与《类纂》3339等合并字头。

1351 《类纂》1253与1272收字所在辞例相同，应该合并字头，《字表》将其分列于1351、1352号。

1390 《字表》引《类纂》1291号下有两个字，分别作（《合》36937）、（《合》36938）。其中《合》36937字右下明显不从“丙”，疑为“辰”字，与另一形写法不同，二字应该分列字头，《字表》误合。《合》36937字在卜辞中用为人名，《合》36938字在卜辞中用为地名。

2664 应即戠字。《字表》引《类纂》2415作、等形。《类纂》2385字作（《合》30721），裘锡圭先生以为是“戠”字古体。《类纂》2415、2385合并字头，《字表》分列。

2758 《字表》引《类纂》2504字作、等形。又，《类纂》2508字头下有一形作（《合》8282），2504诸形所从当即字之省。《类纂》2504与2508应该合并字头。《字表》失之。

2820 《字表》引《类纂》643字作，从目从矢。还有一形作（《合》28012），从目从大，应该单列字头。《字表》失之。字又见于《花东》290，姚萱女士以为即哭字。

2923 《字表》据《甲骨文编》补出（《合》811）、（《合》29987）二形。字与《类纂》2646下引（《合》2050）写法近似，疑此二字亦为“益”字，与《类纂》2646合并。

2955 《字表》引《类纂》2676字作形，刘钊先生以为加“鱼”声的“壶”字，与《类纂》2732合并，可信。《字表》失引。

3284 字作（《英》1886），刘钊先生以为童字，与《类纂》2513合并。《字表》单列。

3331 字作（《屯》776），见《类纂》3042。陈剑以为“追”字异体，当与《类纂》3004合并字头。

三、技术性错误

0417 《字表》该字头包括《类纂》428、429、443。其中《类纂》429下收字为，与《字表》收字不同。《字表》误书。

0660 （《合》36943），可隶作聑，不见于《类纂》。《字表》据《甲骨文编》1400号补出。著录号《字表》误书为0140。

0858 《字表》0858与0859分别引《类纂》847与《甲骨文编》0713号，二出处应该互倒。

1397 《字表》包含《类纂》1298与《综类》179-1两部分。按：《类纂》1298引《合集》号为948，《综类》179-1对应的《合集》号为14855，《合》948为《合》14855之残断（见图1-5、图1-6），该字系重出，《字表》失察。该字作，《类纂》误摹为“陽”字，陈剑先生释为隵。

1402 《字表》引《类纂》1308号“川”字出处为《屯》2126，应该是《屯》2161。

1541 字不见于《类纂》，《字表》引《甲骨文编》3235号误为3258。

1710 《字表》引《甲骨文编》3389号有误，引字与《字表》不一致。

1721 《字表》引《甲骨文编》4653号误为4563。

（原文发表于《汉字文化》2011年第2期，有改动）

释跟“丩”有关诸字

一、释“丩”

甲骨文丩字写作（《合》8594反）、（《合》6170反）、（《合》31018反）等形。关于丩字的构意有以下几种说法。《说文解字》：“丩，相纠缭也。一曰：瓜瓠结丩起。象形。凡丩之属皆从丩。”《甲骨文字诂林》引孙海波先生说：“，像丩缭形”，“传世古带钩，其形丩缭，与此近似。意者丩即带钩之象形字，引申之凡物之相丩缭者皆曰丩”。赵诚先生说：“甲骨文的，像两物相互纠结，有缠绕、纠缠之意，卜辞即用此义，为动词。如‘王肘隹有害’，‘乎丩肘’（乙28440），为王的肘有疾，呼用物缠绕其肘。用物缠肘，似为治疗。”（《古文字发展过程中的内部调整》，《古文字研究》第十辑。）《甲骨文字诂林》姚孝遂先生按语同意赵说，但是于字形未加说明[①]。裘锡圭先生说：“字形以两条曲线相勾连示意。‘纠’本是由‘丩’分化出来的一个字（《说文》：‘纠，绳三合也。’）。后来‘丩’字废弃不用，由‘纠’字取代了它的职务。”[②] 何琳仪先生《战国古文字典》：“像两绳纠结之形，纠之初文。”[③] 郝士宏先生认为：“结合‘丩’的字义系统，以及字形的特点，似乎理解为‘结绳’，要妥当一些。由‘结绳’引申而有纠结之义，又引申为纠缠。”[④] 综上，“丩”字有缠绕义，是毋庸置疑的，但是具体关于“丩”字的构意，却未达一间。弄清楚“丩”字的构形，有助于对相关“亅”“句”诸字的解释。

甲骨文字的构形，让我们想到了《说文》的“亅”字。《说文》卷十二：“亅，钩逆者谓之亅。象形。”段注：“钩者，曲金也。……象钩自下逆上

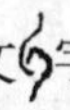

---

① 于省吾. 甲骨文字诂林［M］. 北京：中华书局，1996：3411号.

② 裘锡圭. 文字学概要［M］. 北京：商务印书馆，1992：111.

③ 何琳仪. 战国古文字典［M］. 北京：中华书局，1998：163.

④ 郝士宏. 古文字同源分化研究［M］. 合肥：安徽大学出版社，2008：191.

之形。”[1] 王筠《说文解字句读》：“钩则钩耳，谓之逆者，盖倒须钩也，钓鱼用之。”[2] 小篆写作形，即如段、王所说“像倒钩之形。”甲骨文字可以解析为和两个部分，从汉字形体演变来看，我们认为《说文》所说像逆钩之形的“”，正是来源于甲骨文“”字所从“”的倒写。甲骨文字构意像一正一倒两个钩子相纠绕之形，因而可以引申为纠缭、缠绕义。以此为基础，我们下文要讨论的跟“丩”有关的“𠄌”“句”字的构意都可以佐证我们的观点。卜辞除“乎丩肘”用的是引申义“缠绕”义，其余都用作人名。

二、释“𠄌”

《说文·亅部》下有“𠄌”字，小篆作形。谓：“𠄌，钩识也。从反亅，读若罬。”（小徐本作窡）段注：“钩识者，用钩表识其处也。褚先生补《滑稽传》：‘东方朔上书，凡用三千奏牍。人主从上方读之，止，则乙其处。二月乃尽。’此非甲乙字，乃正𠄌字也。今人读书有勾勒即此。”[3] 研究简帛符号的学者，很多都把它跟简帛所见符号“𠄌”联系起来，并且指出《说文》的“亅”和“𠄌”只是符号，不当入于字书。例如，张显成先生说：“许氏《说文》是中国历史上第一部字典，这部字典就已将这些符号收入了，自然说明我国的标点符号自古有之。原来由于未见到简帛文献，人们曾对《说文》所收这些符号的客观性表示怀疑，现在看来，是无须疑义的。当然，许慎将这些符号当作文字来看，是不合适的（这已是苛求古人了）。”[4]

“𠄌”是亅的变体表意字，亅本像钩子之形，故“𠄌”可被用作钩识的标记，与后世单纯的标点符号不同。在古文字资料中，“𠄌”字作为钩识符号使用，主要有两种功能。一是表识，写作“乚”或“∨”[5]。例如，陕西华县发现的秦两诏铜钧权上的秦二世诏文上发现刻有“乚”形钩识符号。包山简、九店楚简、上海博物馆藏战国楚竹书中已经普遍使用“乚”作为表识符

① 段玉裁. 说文解字注［M］. 上海：上海古籍出版社，1981：633.
② 王筠. 说文解字句读［M］. 北京：中华书局，1998：506.
③ 段玉裁. 说文解字注［M］. 上海：上海古籍出版社，1981：633.
④ 张显成. 简帛文献学通论［M］. 北京：中华书局，2004：212.
⑤ 程鹏万. 简牍帛书格式研究［D］. 长春：吉林大学，2006：114.

号。二是用作终结号，表示文意结束，写作“𠄌”。例如，上海博物馆藏战国楚竹书《性情论》39—40页：“……人不慎，（斯）又（有）过，信矣𠄌。”《老子甲本》最末一简（39简：“也。攻述身退，天之道也𠄌。”）《战国楚竹简汇编·江陵望山一号楚墓竹简疾病杂事札记》8：“又（有）大咎，以遂阻𠄌。”①

刘钊先生指出：“简省分化，是指一个文字形体的一部分借用为另一个形体，同时接受‘母字’读音作为记录语言的符号。或者说是一个文字的形体截取下来部分构形因素来充当另一个文字形体的一种文字分化现象。……分化出的新字无所谓‘本形本义’，其形体只是‘母字’的一部分，其读音则来源自‘母字’。”② 古文字中没有见到单独使用的“𠄌”字，我们认为，作为钩识符号使用的“𠃊”“𠄌”，其实是“丩”或“句”的简省分化字符，后来即《说文》收录的“𠄌”字。

丩或句所从的“𠄌”在笔势上可以分成“”或“”两类。其中“𠃊”来源于“”形：

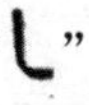

（货系46）

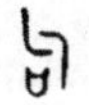

（三年瘨壶）（姑□句鑃）（永盂）③（玺汇1068）（陶汇6·85）（玺汇340）（货系415）④

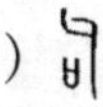

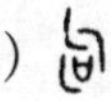

“𠄌”来源于“”形：

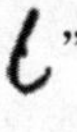

（徐□尹鼎）（夌作父癸觶）⑤（《考古》1973.1）（《先秦货币文编》566）（包山简260）（陶汇3·94）（《先秦货币文编》566）

---

① 张显成. 简帛文献学通论［M］. 北京：中华书局，2004：200.

② 刘钊. 古文字构形学［M］. 福州：福建人民出版社，2006：118.

③ 容庚. 金文编［M］. 北京：中华书局，1985：132.

④ 本文所录战国文字字形见汤余惠的《战国文字编》。汤余惠. 战国文字编［M］. 福州：福建人民出版社，2001：131. 吴良宝. 先秦货币文字编［M］. 福州：福建人民出版社，2006：35.

⑤ 本文所录金文“丩”字字形来源于严志斌的《四版〈金文编校补〉》。严志斌. 四版《金文编》校补［M］. 长春：吉林大学出版社，2001：21.

（㝨□公鼎）（铸客鼎）（铸客鼎）（铸客匜）（太句脰官玺）

（玺汇 4130）

值得一提的是，金文《永盂》铭文中“句”字作“”，左下部多出“”一笔。陈邦怀先生说：“此铭在宋句下加‘’的意思，是因为由此以上九行文字都是记锡田的事……周金文中有钩识符号的，这还是第一次发现。”① 吴良宝先生不以为然，他说：“这一说法被许多人肯定加以引用，其实可信程度不高。所谓的‘’很可能是‘句’字的一个形体构件，并非用来分段的钩识符号。在整个西周与春秋时期，数量众多的金文中只有这一例孤立的‘钩识符号’，本身就是一个反常现象。从标点符号发展史的角度来看，这也是不大可能的。”② 吴氏否定“”是钩识符号，但是他说：“所谓的‘’很可能是‘句’字的一个形体构件”，我们很受启发。“”字或可看作“”字上累加“”的繁化，说明我们前面所论“丩”字可以分化为和两个构件的说法是可信的。

三、释“句”

《说文解字》：“句，曲也。从口、丩声。凡句之属皆从句。”从古文字资料看，句字为在“丩”上加“口”的分化字。③ 甲骨文有字写作（《合》9378），仅一见。字书多录“”（句）形，实际夺左侧“”形，《甲骨文字典》以“”连读为一个词条。《新甲骨文编》未录“句”字，只收了“”④。这样看来，实际上甲骨文里只有“丩”字，没有“句”字，“句”

① 陈邦怀. 永盂考略［J］. 文物，1972（11）：58.

② 吴良宝. 漫谈先秦时期的标点符号［M］//吉林大学古籍整理研究所建所十五周年纪念文集. 长春：吉林大学出版社，1998：187.

③ 也有学者认为是“句”字省简“口”分化出“丩”，如张世超先生《金文形义通解》。张世超. 金文形义通解［M］. 京都：中文出版社，1996.

④ 刘钊，洪飏，等. 新甲骨文编［M］. 福州：福建人民出版社，2009：127.

字始出现在西周金文和战国文字里。又，战国文字从“句”得声之字每省口从丩作，如（配儿钩鑃）等，是其确证。[①]

或以为句是“丩、口”皆声的双声字。朱骏声在《说文通训定声》中说：“句，从丩口声，当读如今言钩，俗作勾。”[②] 马叙伦说：“句当入丩部，此丩之转注字，口、丩旁纽双声，兼叠韵。”[③] 何琳仪先生说：“口为分化符号兼音符，故丩由幽部分化为句则入侯部。口，见纽幽部；句，见纽侯部；幽侯旁转。”[④] 王力先生《同源字典》以叩、敂、扣同源。《说文解字》：“敂，击也。读若扣。”《周礼·地官·司关》：“凡四方之宾客，敂关则为之告。”《广雅·释诂三》：“敂，击也。”《列子·汤问》：“叩石垦壤。”《释文》：“叩，击也。”《荀子·法行》：“扣之，其声清扬而远闻。”注：“扣，与叩同。”王力先生说：“在叩击的意义上，‘叩、敂、扣’实同一词。”[⑤] 扣、叩为皆从“口”声的形声字，似乎可以作为“敂”所从之“句”亦从“口”声的旁证。

关于“句”字的读音，很早就有学者讨论过。如段注：“凡曲折之物，侈为倨，敛为句。”“凡地名有句字者皆谓山川纡曲，如句容、句章……”又，“凡章句之句亦取稽留可钩乙之意”，“古者总如钩，后人句曲音钩，章句音屦，又改句曲字为勾，此浅俗之分。古侯切，古音也。又九遇切，今音也”[⑥]。很明确地指出“句”古有“曲”和“钩识”两种意义，一开始都读“钩”音，后来“曲”义读“钩”音，表章句义读“屦”音。那么这种分化是什么时候开始的呢？

董楚平先生说：“先秦时期，句字只有一种读音，都属见母侯韵，中古时期（约从魏晋开始），句字出现两种读音，即从侯韵中分化出鱼韵，犹今勾连的勾（gōu）与语句的句（jù）。句字从口，与语句之句在字义上较亲近，于是人们渐渐把句子让给语句、章句之句（jù），本来从口的‘句连’之句（gōu），改写为勾。”[⑦] 杨宝忠先生认为“句”有“屦”音，当是“由于词义

---

① 何琳仪. 战国古文字典［M］. 北京：中华书局，1998：340.

② 朱骏声. 说文通训定声［M］. 武汉：武汉古籍书店，1983：349.

③ 马叙伦. 说文解字六书疏证（卷五）［M］. 上海：上海书店，1985.

④ 何琳仪. 战国古文字典［M］. 北京：中华书局，1998：341.

⑤ 王力. 同源字典［M］. 北京：商务印书馆，1999：185.

⑥ 段玉裁. 说文解字注［M］. 上海：上海古籍出版社，1981：88.

⑦ 董楚平. 浅谈“勾践”与“句践”的纠纷问题［J］. 中国语文，1999（6）：448.

分化和用法的不同”，是“音随意转”。他说：“大约到了东汉，‘句’字分化出‘屦’音，表示章句之‘句’。起初句曲之‘句’、章句之‘句’皆作‘句’，隶变后又可写作‘勾’，犹‘员’字又作‘员’。唐、宋以后，‘句’字习惯上用作章句之‘句’，而句曲之句俗多作‘勾’。”①

在简帛文书简上常可见钩校符，李均明先生说：“凡署有钩校符者，皆表示钩校已经进行。帐实、帐帐校对的结果虽然大多以符号表示，有时亦署以有明确意义的文字，或符号二者并用……钩校符中，𠄌、乙类表示某人或物见存，而卩多表示某行为已施行，侧重点虽不同，其实质皆表示某帐（或其他文书）已经核对。”②

李文提到的钩校符号“乙”作、等形，程鹏万先生说：“暂且释为‘乙’”③，表明不能确定就是“乙”字。我们猜测其实它也是“𠄌”字，写法与楚简“句”所从很相似，例如，上博简句字作等形，只是钩校符号“乙”比“句”字所从的“”要舒展一些。

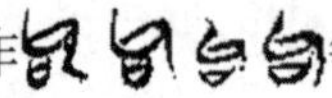

文书简里还另有起到钩校作用的文字，如“句”和“已”。如见于仰天湖 M25 竹简 13 和 25，部分简的下端书写“句（）”或“已”，其下一般不再书写文字。所谓的“已”字作、，何琳仪先生说：“，可能是‘已’字，表示一简之结束，相当于句号的作用。”④ 谭步云先生认为：“殆丩字，与单纯的标点符号有根本区别。用于一简之末，它的出现，宣告了标点符号文字化的开始。……丩，句字所从，当即句字初文。”⑤ 楚简中“已”字作、形，从笔势上略有不同。尤其是形，似乎可以和古文字中的“丩”字写法联系起来，其左下一笔尚明显可见钩曲之形。汉简中还见到所谓的“卩”字，写作、形，都跟结束意义有关，诸家考释也都是以此为前提进行的⑥。目前，我们还不能在字形上证明所谓的“已”和“卩”

① 杨宝忠．“勾”字出现的时间及相关问题［J］．中国语文，2001（3）：276.
② 李均明．古代简牍［M］．北京：文物出版社，2003：151.
③ 程鹏万．简牍帛书格式研究［M］．上海：上海古籍出版社，2017：125.
④ 何琳仪．战国文字通论（订补）［M］．南京：江苏教育出版社，2003：257.
⑤ 张显成．简帛文献学通论［M］．北京：中华书局，2004：200-201.
⑥ 李均明．古代简牍［M］．北京：文物出版社，2003：151.

就是“ㄐ”字，但是说明表示“结束”意义符号的文字化已经出现了，尤其是仰天湖简表“结束”意义的“句”字的出现。

黄侃《文心雕龙札记》释《章句》：“句之语源于ㇼ。”可谓有识。《玉篇》：“句，止也，言语章句也。”《集韵·遇韵》：“句，词绝也。”“句”因其表示章句之止而有“屦”音，属于“音随意变”现象，可以早到战国末期或西汉初年。

句从“ㄐ”作，ㄐ像钩子纠绕之形，故句有曲义，从句之字亦多有曲义。《说文》立“句”部，下辖“拘”“笱”“钩”三字。张舜徽先生在《说文解字导读》里说：“许书正例，据形系联，此三字不分入诸部者，盖欲示人以文字源于声音之理。”① 此外，还有跔、痀、病、軥、枸等字亦有“曲”义。② 附带说一下，从“句”声字还有“小”义，如王力先生《同源字典》以驹、狗、豿、犺同源，“犺”字不见于《说文》。《尔雅·释畜》：“牛，其子犊。”郭注：“今青州呼犊为犺。”《释文》：“犺，火口反。”郝懿行曰：“牛之子名犺，亦犹熊虎之子名为狗矣。”因为“句”跟“ㄐ”的构意有关，“ㄐ”像钩子缠绕之形，钩子是小的，所以从“句”之字也有“小”义。

（原文发表于《中国文字研究》第十六辑，2012年，有改动）

数字化背景下古文字工具书的编纂与出版
——以《新甲骨文编》为例

中国古文字学界向来就有编纂工具书的传统，包括字编、字典、索引类工具书和资料汇编等。所谓字编类工具书，是一种以图表的形式汇集古文字字形、表现释字成果、表达学术观点的工具书。这种形式的古文字著作起源于宋代的金石学研究，在我国可谓历史悠久，学术累积丰厚。自近代甲骨学兴起以来，甲骨文工具书的编纂就一直受到学者们的关注。从1914年罗振玉先生的《殷墟书契考释》一书问世至今，历时一个多世纪，涌现出了多部专

① 张舜徽. 说文解字导读［M］. 北京：中国国际广播出版社，2008：42.

② 《说文》从“句”声字共31个，我们将另文讨论。

业工具书。在今天数字化背景下，古文字字编类工具书的编纂体例、出版印刷中的用字、编纂中要注意的问题等，是学术界十分关注的话题。本文以作者全程参与的《新甲骨文编》的编纂为例，略谈一点这方面的感受。

一、编纂体例

甲骨文是我国已发现的最早的可系统记录语言的文字，其数量之多，字形之繁，困扰着古文字学习者的学习。甲骨文字编类工具书就是汇集甲骨文字字形、展示考释成果和反映学科最新进展的一个集合体。掌握字形的写法及其意义是理解卜辞内容的基础，因此，编纂以字形为单位的检索工具书是很有必要的。历来字书编纂通常包括三个部分，一是凡例；二是正文；三是检字表（索引）。这里我们主要谈一下正文的编纂。正文由正编、合文、附录三部分组成。正编是字编的主体，古往今来，一直都是按照《说文解字》（以下简称《说文》）一书顺序排列，即按照《说文》540 部首“据形系联、以类相从”。不见《说文解字》之字，则按其部首附于相应各部之后；合文部分专收合书字例；附录部分收录构形不明、隶定困难之字，以示存疑。正编通常的做法是先列该字的现代汉字字形，字头下方收录跟该字对应的甲骨文字字形。由于甲骨文资料浩繁，且大多残断，所以在字形收集上必须采取地毯式方式，尤其是对于那些出现频次较低的字，应该尽量不遗漏。对于高频字，例如，贞问的“贞”字，我们粗略统计《殷墟甲骨刻辞类纂》一书里，出现次数有近万次，但是受编纂体例限制，不可能逐一收录，采取在综览全部字形基础上精选有代表性的字形。我们在编纂《新甲骨文编》的时候，首次对“贞”字字形处理近 100 个，最后筛选收录到成书里面 42 个。

以往的甲骨文工具书都是按照董作宾先生的“五期断代法”，把字形按照盘庚迁殷至商纣亡国 273 年的时间分为 5 个时期先后顺次排列。随着甲骨文研究成果的推进，类组的分类方法更科学，也被引进到《新甲骨文编》的编纂中。具体做法是把所有的字形按照类组先后分列字头下，每个字形下注标出处，将旧著录号都换成如《甲骨文合集》等一般古文字研究者比较容易查到的编号，方便使用。

长期以来，字编类工具书在字形处理上都采用临摹字形的做法。如 1934 年出版的《甲骨文编》和 1965 年修订出版的《甲骨文编》。临摹字形有很多弊端，一是甲骨拓片多有漫漶不清，不易识别；二是临摹常常附带有临摹者的主观判断，字形容易失真。在数字化背景下，可以充分利用电子软件，先用高清扫描仪将甲骨拓片扫描制成电子文档。利用专门的抓图软件（如 Photoshop，Snagit）在电子文档上切割字形，加以黑白翻转，除去与笔画无关的墨痕，最后呈现的是白底黑字。这种做法在一定程度上纠正了过去误摹或者误识的字形。我们利用这种方法对传统的甲骨文字形处理进行了校验，所获良多，可参看。

二、排印用字

2000 年颁布的《中华人民共和国国家通用语言文字法》面向现代社会各个领域，要求使用规范汉字。但是也规定了以下六种情况可以采用繁体字和异体字：文物古迹，姓氏中的异体字，书法、篆刻等艺术作品，题词和招牌的手书字，出版、教学、研究中需使用的，经国务院有关部门批准的特殊情况。这一规定为繁体字和异体字的学习和使用保留了一定的空间，基本能够满足各方面语文生活的需求。

古文字工具书是供研究之用和作为参考资料使用的工具书，有其专业的特殊性，应该尽量保留原本用字风格。具体如下：

（一）使用繁体字

从对《新甲骨文编》的统计结果来看，《新甲骨文编》正编字头数约为 2350 个，这其中能跟《说文》建立对应关系的、属于已识字的约为 1170 个。按照古文字的阅读习惯和古文字工具书的编纂需要，这部分字要用现代汉字隶写出来。由于繁体字更接近古代，能更好地表现字义，所以在隶写上应该使用繁体。例如，甲骨文“舊”字是写作从“萑”“臼”声的形声字，现代简化写作“旧”。出列字头的时候用繁体字形，能真实反映甲骨文的意义。如果用简化字“旧”，则音义尽失。

（二）保留异体字、古今字

古籍读物中存在大量的异体字。在古代，异体字并非错字、别字，是合法的，在现代规范汉字里都被规范掉了。古文字资料中也存在大量的异体字，在古文字字汇工具书的编纂上则应做客观保留，对异体字不必苛求统一。如“徒”字，《说文》有“辻”无“徒”字，二者互为异体。甲骨文“徒”写作从止、土声，与《说文》相合，用法与“徒”字无别。在出列字头的时候依照《说文》，列“辻”字头（卷二，90 页），而不用“徒”字。

“屰—逆”是一对古今字，前者是后者的古字。《新甲骨文编》卷二有“逆”字（92页），卷三有“屰”字（124页）。为真实再现甲骨文字形发展演变，保留古字“屰”，而没有合并到“逆”字头下。

（三）隶古定遵循原字写法

甲骨文里还有一些字，不见于《说文》和后世字书，但是通过偏旁分析的办法可以知道它所从的部首偏旁，这样的字我们采取隶古定的办法。隶古定一般都要遵循字的原来书写形态。如《新甲骨文编》卷一“玉”部下，除了“璧”“琮”等字见于《说文》，另有8个字不见于《说文》（22页）。众所周知，“玉”旁在现代规范汉字里一般都位于字的左侧作表意偏旁，与“王”发生混同。在对这8个字隶古定的时候，一并都写作从“玉”旁。

再如“射”字，甲骨文写作从弓从矢，隶定作“弜”，会射箭意，但是《说文》未见此字。《说文》“射”字写作“䠶”（卷五，323页），所以依据《说文》，在与“䠶”对应的地方列“弜”字，也不列“射”字头。

三、字的归部

《说文》首创部首编排法，将9353个字置于540个部首之中，使近万字有系统性，便于检索查看。古文字工具书的编纂大多数都沿袭《说文》的部首编排法。《新甲骨文编》的编排就是将已识字按照《说文》的顺序编排，但是常常会遇到一些特殊的情况，需要特别地加以处理。

（一）同形字的归部

有时候，甲骨文里某字隶定后的写法与《说文》某个字暗合，但其实是不同的两个字。例如，甲骨文多见“若”字，表示顺服义。《说文》里面并没有收该义项的“若”字，但是在《说文》卷一“艹”部下有“若”字，训为“择菜也”。典籍有与此相关的用法，如《国语·晋语》：“秦穆公曰：‘夫晋国之乱，吾谁使先若二公子而立之，以为朝夕之急。’”这里的“若”是选择的意思，是“择菜”义的引申。表示“顺服”义的“若”与“择菜也”的“若”二字同形。甲骨文“若”字本不从“艹”，写作从“艹”，乃金文割裂字形后由两手形变化而来。为检索便利，我们在编排的时候将甲骨文“若”至于“艹”部“若”的位置上，实乃权宜之计。

（二）异体字的归部

甲骨文里一字异体的情形特别普遍。从使用的角度看，实质是一个字。

因此在编排的时候，我们把异体字都收在一个字头下面。例如，表示雄性动物的“牡”字，甲骨文里有写作从“马”、从“豕”、从“羊”、从“牛”、从“鹿”等多个异体，用法相同，这些字都统一编在“牡”字头下（卷二，44页）。也有学者采取另外的处理方式，即在总字头“牡”下分列其各个异写字头，以示不同，也不失为一种很好的办法。

《说文》重文（异体，包括古文、籀文、或体等）以正文部首归部，不另编排。如瑱字，或体作䡴，瑱在玉部，而䡴没有出现在耳部；又如造字，古文作艁，造入辵部而舟部不见艁。甲骨文里遇有这种情况则依据《说文》的处理办法。

（三）会意字的归部

《说文》在分析会意字的时候使用“从×从×”或“从××”这样的术语。组成会意字的两个部分都表示该字的意义，在进行归部的时候放到哪个表意偏旁下是需要考虑的。一般情况下在表示意义的时候，一定有一个意义是主要的。按照术语分析来说，就是以第一个“从×”为准。如“牧”字，《说文》“养牛人也。从攴从牛”。故牧入攴部。当然《说文》处理也有不合适的地方，如“休”字，《说文》“息止也，从人依木”，休息为人的动作行为，当以人为主，而《说文》入木部；枭，《说文》“雄鸟也”，当入鸟部，而《说文》入木部，殊为不当。在《新甲骨文编》会意字的归部上，尽力避免了这类问题。

四、应该注意的问题

（一）漫漶不清的字的处理

甲骨文由于年久、材质等原因，字迹多漫漶不清。对于该类字的处理采取两种办法，一是该字头下字形很多，从漫漶的字形判断，其不具有典型性，则直接忽略；二是本来字头下收字就很少，则尽量保留该字形。视其漫漶程度，如果黑白翻转后笔势尚存，则用作图软件加以修饰复原。如《新甲骨文编》卷四“睫”字头下倒数第四个字形（218页），依据常规字形写法判断，字形左下实残“大”形，则顺着笔势以虚线条补出。如果分辨不出笔势，则直接截取图片，不再加以黑白翻转，以存原貌，如卷四“皆”字头下第四个字（226页）。

（二）不见于《说文》的已识字的处理

有的时候，甲骨文里的某个字不见于《说文》，或者说是《说文》漏收。对于这样的字如何编排呢？例如，《说文》以“朋”为“凤”之古文，附于“凤”的解说中，未列单独的“朋”字。“朋”字在甲骨文里写作像“串贝”形，古代以“朋”作为“货贝”的单位，基于此，我们附“朋”于“贝”部之后（卷六，360 页）。再如，《说文》无“弅”字，但是却有从“弅”的“朕”字（卷八，486 页），因此是《说文》漏收“弅”字无疑。甲骨文“弅”字形下部从两手形，故将该字置于从“廾”的字后面（卷三，149 页），体现的是“据形系联”的原则。

（三）依据字形检索时需要注意的问题

《说文》的编排原则是“据形系联、以类相从”，但是有些部首的编排存在问题，例如，之部、出部等。“之”和“出”古文字写法都从“止”，但是在战国文字里，“止”形与“中”形发生混同，许慎依据变化了的字形将其置于第六卷“木”部后，而从“止”的走、步、正、辵、彳、行等动符都在第二卷里，显然是不合适的。再如，拘、笱、钩等字的归部，它们都是典型的形声字，按照编排原则，应该分别隶属其表意偏旁“手”“竹”“金”部，但是《说文》却置于“句”部下。原因是许慎认为其所从的“句”表示意义，这三个字在意义上有联系，都有“弯曲”义。这种编排反映了许慎朴素的“声中有义”的语言学思想，但是从字书编排角度上看却有自乱其例之嫌。

一部理想的古文字工具书，既是资料的汇编，又包含着大量的科研成果，集学术性和应用性于一体。在编纂方法上要与时俱进，才能适应日益发展的古文字学科的需要，尤其是在数字化背景下充分利用高科技的技术手段，对古文字材料深挖细琢，古文字工具书的编纂才能更加方便实用，嘉惠学林。《新甲骨文编》的编纂正是体现着这样的理念，因此广为学术界认可和重视。

（原文发表于《辽宁师范大学学报》2016 年第 1 期，有改动）

古文字“刀”“匕”混同
——兼说旧释“从宜从刀”之字

古文字中存在形近混同的现象，“刀”“匕”形近，作为偏旁有发生混同的情况。

一、古文字“刀”“匕”形近及其作为偏旁混同的情况

“刀”字甲骨文作等形，金文作（子刀父辛方鼎），篆书作。《说文解字》：“刀，兵也。象形。凡刀之属皆从刀。”桂馥《说文解字义证》：“兵也者，《急就篇》：‘矛、铤、镶、盾、刃、刀、钩。’颜注：‘刀，大小众刀也。’”王筠《说文句读》：“《周礼》五兵无刀，《考工记》以郑之刀与斤、削、剑并数，并不尽是兵器，疑或鸞刀之类。”《诗经·大雅·公刘》：“何以舟之？维玉及瑶，鞞琫容刀。”毛传：“容刀，言有武事也。”《庄子·养生主》：“良庖岁更刀，割也。”

“匕”字甲骨文作等形，金文作等形。《说文解字》：“匕，相与比叙也。从反人。亦所以用比取饭。一名柶。”《说文解字·木部》：“柶，礼有柶。柶，匕也。”段注《说文》：“匕即今之饭匙也。”可知“匕”字意思有二：一是并列、挨着，是“人”字的反写；二是表示羹匙。王筠在《说文释例》中说：“匕字两形各异，许君误合之。比叙之匕从反人，柶则象形。断不能反人而为柶也。”是意识到“从反人”的“匕”和“一名柶”的“匕”来源不同。洪飏、郭仕超等①均撰文认为“匕”的来源有两个，一为考妣之匕，一为匕匙之匕。② 本文讨论的主要涉及其“匕匙”之意。《说文·匕部》：“匙，匕也。”朱骏声《说文通训定声》：“匙，匕也。”《玉篇·匕部》：“匕，匙也。”是“匕”与“匙”互为训释。

“刀”和“匕”都是象形字，二者在音义上虽然有差别，但是由于其甲

---

① 洪飏，王添羽.《说文》“匕”部字及含有“匕”部件字研究［J］. 长春师范大学学报，2012（04）：52.

② 郭仕超，雷缙碚. 说“匕”的两个来源及甲骨文从“匕”之字［J］. 大连民族学院学报，2015（6）：594.

骨文和金文的写法相近，故作为偏旁时有混同的情况。以众所熟知的“牝”字及其异体“羓”为例：

牝字从“匕”作：

又从“刀”作：

羓字从“匕”作：

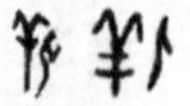

又从“刀”作：

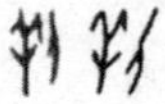

牝是从牛（羊）匕声的形声字，写作从“刀”的是“匕”讹为“刀”。

甲骨文诸字，《新甲骨文编》初版将其作为异体置于“牝”字头下（47页）。王子杨先生指出“豕”旁所从应该是“刀”，与《新甲骨文编》初版268页之“刹”字合并①。“刹”字下收录字形如，其中（《花东》60）像以手持刀形，而（《花东》358）所从的“刀”形与“匕”形则不分。林沄先生《喜读〈新甲骨文编〉》曾建议这些字形都放入“牝”字条下。陈剑先生将诸字并改释为“剥”②，后为《新甲骨文编》增订本所采纳③。

陈剑先生在其宏文《甲骨金文旧释“𩱧”之字及相关诸字新释》④中，谈到了“𩱧”“”“𠛬”等字，均与本文讨论问题相关，为清楚说明，下面择其要录之于下。

第一，甲骨金文旧释“𩱧”之字，异体甚多。陈剑先生将其分为七类。为方便说明，移录与本文相关的字形如下：

A. 索爵（《殷周金文集成》❸14.9091）　师𠭯簋（8.4311）

B. 鼄妇姑鼎（4.2137）长子卣（《考古》2000年第9期第18页图一三）员方鼎（5.2695）贊母鬲（3.0611）鲁内小臣厎生鼎

① 王子杨. 甲骨文字形类组差异性研究［M］. 上海：中西书局，2013.

② 陈剑. 金文“彖”字考释［M］//甲骨金文考释论集. 北京：线装书局，2007：266.

③ 刘钊，洪飏，等. 新甲骨文编［M］. 福州：福建人民出版社，2014：277.

④ 陈剑. 甲骨金文旧释“𩱧”之字及相关诸字新释［M］//出土文献与古文字研究（第二辑）. 上海：复旦大学出版社，2008：13-47.

(4.2354) 师酉父鼎(《考古》1996 年第 11 期 978 页图一：2、刘雨、卢岩《近出殷周金文集录》2.300) 、周厉王㝬簋(8.4317) 师望簋(9.4354.1，增从手形)

D. 𪔂、䵼： 《合集》38243 《合集》37549 曆方鼎(5.2614) 鲁侯獄鬲(3.0648) 阑监引鼎(4.2367)

G. 𪔁： 《合集》27226 《合集》32603 《合集》30995 《合集》9419 正(《甲编》2102) 段簋(8.4208) 寓鼎(5.2756)

上述 A、B、D、G 组字形均包含“刀(匕)”部件。学者或隶定作“䵼”，或作“𪔂”，主要的不同就是从“刀”还是从“匕”。这种不同，一方面说明学者认知的不同，一方面也反映出“刀”与“匕”的混同情况。

第二，西周金文中用为“肆”和“逸、佚”之字，作如下之形：

H. 西周金文有关诸字： 卯簋盖“𦞅”(8.4327) 多友鼎“𦞅”(5.2835) 、 繁卣“𦙶”(10.5430.1、10.5430.2) 师㝨簋“𢾊”(8.4311) 、 向𦘍簋“𦘍”(7.4033、7.4034) 、 、 叔䖒方尊(11.5962)、方彝(16.9888.1、16.9888.2)“䖒” 大盂鼎“䖒”(5.2837)

K. 戎佩(?)玉人卣(10.5324) 戎佩(?)玉人尊(11.5916) 麃父卣(10.5348；11.5930 麃父尊铭文同，其中此字走形太甚，不录)

H 类和 K 类里都有从“刀”或从“匕”之字。H 类字形或隶定为“𦘍”，或隶定为“𦙶”，跟“䵼”字类似，同样反映出“刀”“匕”混同的情况。正如陈剑先生文中所说：

> 研究者分析“䵼”字字形时，多以“鼎”“匕”相配为说，据“匕”形立论，前文所举诸家之说已经看到不少例子。也有不少研究者据“刀”立论，如孙诒让云金文诸䵼字“依字当从‘鼎’从‘醬’省声，释‘𦚏’为古文‘醬’字，谓“依诸字偏旁推之，古文醬字疑当从‘肉’从‘刀’。盖以刀剉肉做醯醬，故从刀。”

可见，“刀”“匕”混同确实是存在的。

除上举例子外，还可见“刀”“匕”混同的情况。如，《说文解字》：“匘，头髓也。从匕。匕，相匕著也。巛象发，囟象匘形。”长沙马王堆汉墓帛书《五十二病方》作“[glyph]”，汉印写作“[glyph]”①。可见《说文》的解释不可信，“匘”当是变形音化从“刀”声，是“匕”“刀”形近出现混同。

二、“匕”“俎”的搭配及旧释“訄”之字的讨论

“俎”字甲骨文作[glyph]，金文作[glyph]（三年瘐壶），篆书作[glyph]（《睡虎地秦简文字编》法二七）。《说文解字》：“俎，礼俎也。从半肉在且上。”段玉裁注：“谓《礼》经之俎也，仌为半肉字。”唐玄应《一切经音义》卷五：“俎亦四脚小槃也。”

“俎”的形制结构[glyph]（《汉语大字典》）。《资治通鉴·汉成帝绥和元年》：“为其俎豆。”胡三省注：“俎，祭器，如几。盛牲体者也。”伍士谦云：“按《殷周青铜器通论》图版四殷饕餮蝉纹俎，象两足之几，俎而为矩形，侧视之正为[glyph]或[glyph]形。俎字之仌，当即[glyph]之[glyph]之讹变，此象形字也。”金文[glyph]字，左边像俎足，右边像俎面，[glyph]为侧视之俎形。古代家具研究专家黄永健认为，“俎属于承载具部类，为几、案、台、桌的早期雏形。”《聊斋志异·小谢》：“俄顷，粥熟，争以匕、箸、陶碗置几上。”所以“俎”可以做盛食器。

匕匙之匕是取食器。甲骨文中有[glyph]（屯1111）字，从匕从鬯，从字形上看像以匙取香鬯。还有从匕从鬲之字，如[glyph]（《合集》31036）[glyph]（《怀》1402）；从匕从鼎之字，如[glyph]（《屯》2345）[glyph]（《合集》32603）[glyph]（《合集》9419）。另有在字形上加注“肉”旁的，如[glyph]（《合集》18529）[glyph]（《合集》38703）。诸字构意均像以“匕”从器皿中舀取食物之形。《易经·震》：“不丧匕鬯”，注：“匕所以载鼎实。”《仪礼·士昏礼》：“匕俎从设”，郑玄注：“匕所以别出牲体也。”匕的这种用途已为考古发现所证实。陕西永寿好畤河村发现的铜匕，出土时即在鼎内；安徽寿县蔡侯墓出土的七件升鼎，各附有一铜匕，此外同墓出土的八件鬲，每鬲各附一匕；湖北随州擂鼓墩曾侯乙墓

① 刘钊．古文字构形学［M］．福州：福建人民出版社，2006.

出土的诸升鼎一小鬲，皆配置铜匕一①。

甲骨文另有写作诸字，过去隶定为“𠛪”②，字像“操刀于俎案上割肉”之形，陈剑先生后改释为“肆”，他说：

> “劚/𠛪”与“𠟭”有可能最初系一字异体，但很早就已经分化。……总之，无论如何，将“劚/𠛪”一系字与“𠟭”一系字合证，对于“𠟭”及“䵼”等字释读为“肆”是有力的支持。③

又进一步讨论了这些字的读音。他说：

> 研究者其实早已将“𦞠”一系字跟“䵼”一系字联系起来考虑了……现在我们面对上文所举丰富的证据，就不应该再抱着释“䵼”为“𩱧”的传统旧说的成见，怀疑“𦞠（肆）”“𦞠（肆）”和“𠡍（逸、佚）”诸字之释了，而应该反过来考虑，将所谓“𩱧”字往与“肆、逸、佚”诸字读音相同或相近的方向改释。
>
> ……
>
> 我认为，从前文所论以“𠟭”字为声旁的“𦞠”字，结合后文对“劚/𠛪”“𠚪”的论述，可知“𠟭”本是独立成字的，并非“䵼”字的简化；“䵼”字中“鼎”是形声字的意符，未必与“𠟭”构成图形式的表意字。“𠟭”字中的“刀”“肉”与“爿（俎）”三个偏旁应该同时考虑，三者结合构成一幅整体的图画，就像以刀在俎上割肉之形。再结合其读音考虑，可知“𠟭”就是古书中表示“分割牲体”义的“解肆”之“肆”的本字。

我们以为，陈剑先生文章讨论的含有“匕”或“刀”的各个字形，似乎都可以看作从“匕”，从“刀”形的应该是“匕”形的讹混，表示“以匕取肉”或“以匕取肉置于俎上”。“匕”是取食器，“俎”是盛食器，利用这种组合造出或这样的会意字，一点儿都不意外。《诗经·小雅·大

① 朱凤翰．古代中国青铜器［M］．天津：南开大学出版社，1995：87.

② 刘钊，洪飏，等.《新甲骨文编》［M］. 福州：福建人民出版社，2009：268；增订版，2014：277.

③ 陈剑．甲骨金文旧释“𩱧”之字及相关诸字新释［M］//出土文献与古文字研究（第二辑）．上海：复旦大学出版社，2008：44.

东》："有饛簋飧，有捄棘匕。"朱熹注："棘匕，以棘为匕，所以载鼎肉而升之于俎也。"段玉裁《说文解字注》："《仪礼·少牢·馈食礼》：雍人摡鼎、匕、俎于雍爨，廪人摡甑、甗、匕与敦于廪爨。"郑玄注：雍人掌割亨之事者，廪人掌米人之藏者。按：雍人所用匕，以别出牲体载于俎。《仪礼·公食大夫礼》："雍人以俎入陈于鼎南，旅人南面加匕于鼎，退。"《说文解字》："鼎，三足两耳，和五味之宝器也。"《玉篇·鼎部》："鼎，器也，所以熟食者。""鼎"是象形字，本义为烹煮用的食器。从朱注和段注中均可知，"鼎""匕""俎"是配套使用的，反映到字形上，当然可以是或诸字。

陈剑先生说"䰞"字以"㓾"为声符，"膋"字从"㓾"省声。我们认为"㓾"字和"皀"字中所从的"刀"形应该是"匕"的讹写，在这里，它既是义符，也是共同的声符，所以可以与文献中的"肆""逸（佚）"诸字对应起来。然而它们虽然韵同，但声母远隔，似乎不太容易用通转解释清楚。从《说文》对"匕"的解释让我们寻到了蛛丝马迹。《说文》："匕……亦所以用比取饭。一名柶。"《说文》的"一名"是指"物有别名"①，与《说文》"一曰"相关用法相同。段玉裁《说文解字注》："言一曰者，有二例。一是兼采别说，一是同物二名。"②《说文·木部》："柶，匕也。"据此，我们知道"匕"又称为"柶"，是同物异名，当然从"柶，匕也"的训释看，也不排除匕、柶读音相近的可能。而"柶"与"肆""逸（佚）"读音非常近，"柶"与"肆"上古音都在心母质部，古音相同。"逸（佚）"上古音在喻母质部，与"柶"古音韵部相同，上古喻母字与知组声系字关系密切，如从"埶"得声的"势"，从"台"得声之字有"始"，有"诒"；从"兑"得声之字有"悦"，有"说"等。知组声母与精组声母分别位于等韵图的"二三等"上和"一四等"上，正相互补，所以"柶"与"逸（佚）"读音也很近。

文献中"匕""俎"连言或者同时出现比较常见。如：

> 《仪礼·士昏礼》："举鼎。入陈于阼阶南。西面北上。匕俎从设。北面载。执而俟。匕者逆退。"
>
> 《仪礼·士虞礼》："陈三鼎于门外之右。北面北上设扃鼏匕俎在西塾之西。羞燔俎。"

① 申红义.《说文解字》"一曰"考析［D］. 西安：陕西师范大学，2003：11.

② 段玉裁. 说文解字注［M］. 上海：上海古籍出版社，1981：26.

《仪礼·有司彻》："雍人授次宾疏匕与俎。受于鼎西。左手执俎。左廉缩之却右手执匕枋。缩于俎上。以东面受于羊鼎之西。司马在羊鼎之东。二手执桃匕枋。以挹湆注于疏匕。若是者三。"

《武威汉简·甲本有司》："雍人授次宾疏匕与俎。受于鼎西，左手执俎左廉，宿，右手执匕枋，宿于俎上，以东面受于羊鼎之西。司马在羊鼎之东，二手执桃匕枋扱汁，注于疏朼，答是三。"

而"刀俎"一词在古代文献中较为常见，但用例时间均较晚：

1. 大行不顾细谨，大礼不辞小让，如今人方为刀俎，我为鱼肉，何辞为？（《史记·卷七·项羽本纪》）

2. 天将曙，告英雄将士，糖弹杀人胜刀俎。（韩瀚《山河曲·西北坡》）

3. 三公之位，我知其贵于刀俎之肆矣；万钟之禄，我知其贵于屠羊之利矣。（《韩诗外传》卷八）

4. 难道轰轰烈烈的大丈夫，平白地受人刀俎么！（遯庐《童子军·谋劫》）

5. 付余年于血泪之内，九死而一生；出遗孤于刀俎之中，再世而一息。（钱谦益《继母吴氏加赠淑人制》）

6. 二陵风雨时来绕，历代衣冠何处寻！衰病余生刀俎寄，还欣短鬓尚萧森。[《明季南略》卷之十五粤纪（续）]

7. 峻刑戮之术，制民如牛羊，临之以刀俎，故曰不仁之至也。（《法言义疏》六）

8. 遂令三韩之氓，命悬刀俎，寻戈肆愤，朝夕相仍。（《旧唐书》列传第一百四十九）

9. 以独力而思讨贼，昭宣帝刀俎之余肉，无能辅矣。（《读通鉴论》卷二十七昭宣帝）

10. 日在苦中，安之若饴。至饮食细故，非刀俎物命，便不可下箸。（《池北偶谈》卷十·谈献六）

11. 非不乐也。及其用时。鼎镬在前。刀俎在后。当此之时。虽欲还就孤楼。（《先秦汉魏晋南北朝诗》汉诗卷十一）

第1例《史记·项羽本纪》是所见"刀俎"连言中最早的用例。"刀俎"

一词在《大词典》中共收录三个义项，第一个是刀和砧板，宰割的工具，如例1、2、3；第二个是宰割，如例4；第三个是比喻意义，比喻极危险的境地，如例5。

三、“刀”“匕”的形义关系及词义系统

“匕”是一个象形字，是古代的一种长柄浅勺、勺端稍锐的取食器具，如图（《汉语大字典》）。“刀”的形制结构，如图（殷墟妇好墓）。《汉语大词典》“匕”字下收录词语7例，其中与刀有关的有一例“匕首”，其余“匕鬯”“匕鬯不惊”“匕筴”“匕筯”“匕箸”“匕爨”6例均与饮食用具有关。“匕首”一词《汉语大词典》释为“短剑”，刀的一种。《史记·刺客列传》：“桓公与庄工既盟于坛上，曹沫执匕首劫齐桓公。”司马贞《索隐》：“刘氏云‘短剑也’。”《盐铁论》：“以为长尺八寸，其头类匕，故云‘匕首’也。”

《汉语大词典》“刀”字下收录词语126例，除了记录专有名词（如汉代少数民族有此姓、古代钱币名）或量词（纸张的计量单位）以及通假（通“舠”、通“鯛”、通“刁”）外，其他由“刀”组成的词语大都表示和本义相关的意义。如“刀几”“刀叉”“刀俎”“刀匕”等表示切肉用的工具刀。其中“刀匕”连言，表示刀和匙等食具。《礼记·檀弓下》：“蒉也，宰夫也，非刀匕是共，又敢与知防，是以饮之也。”陆游《菖蒲》诗之一：“仙人教我服，刀匕蠲百疾。”鲁迅《故事新编·非攻》：“公输般独自喝着酒，看见客人不大动刀匕，过意不去，只好劝他吃辣椒。”

由于“刀”“匕”形近，义也关联，早期文献所见“匕俎”的搭配形式与字形正相吻合，故“𠚱”字可以看成“从匕从俎”的组合。“俎”是盛食器，自然也可以作为案板用于切割食物，《庄子·逍遥游》：“庖人虽不治庖，尸祝不越樽俎而代之矣。”成玄英疏：“俎，肉器也。”《汉语大字典》“俎”字下收录词语11例。除去1例成语外，其中有5例和礼器义有关，如“俎几”“俎机”“俎拒”“俎豆”“俎簋”。3例和食物义相关，如“俎醢”“俎实”“俎羞”。最后1例是“俎上肉”，与“刀俎”义中的砧板义相关，并且这种意义更加普遍，使用频次也高，所以后世“刀俎”连用代替“匕俎”，并流传下来。

（原文发表于《简帛》第十九辑，2019年，有改动）

“绝学”不绝于耳

——从近十年国家社科基金选题看甲骨文研究进展

自1899年殷墟甲骨文发现以来，100多年时间里，经过无数学者呕心沥血，我国甲骨文研究成果斐然。随着现代科技的发展，高新技术手段的运用，站在先辈学者的肩膀上，后辈学者继往开来、推陈出新，为古老的甲骨学研究注入了新的生命力。纵观近十年国家社科基金甲骨文立项选题，盛况可见一斑。甲骨“绝学”枝繁叶茂，正焕发新机。国家社科基金项目选题发布主要以国家哲学社会科学研究五年规划要点和年度课题指南的方式进行，具有导向性、权威性、示范性作用。鉴于此，本文以项目选题为样本，以2009—2019年近十年国家社科基金在甲骨文方面的立项为研究对象，通过对这些选题分类梳理，总结近十年我国甲骨学领域研究情况，并对未来研究进行展望。

近十年来甲骨文研究相关的国家社科基金立项选题53项。总体而言，相关立项研究从数量上看增幅平和，稳中有升。从研究内容上看，主要从以下几个方面开展研究。

第一，甲骨现藏著录的整理与研究。在近十年国家社科基金甲骨文有关项目的立项中，有6项项目选题与甲骨现藏著录研究有关，分别是“北京大学藏甲骨整理、保护与研究”“国家图书馆藏甲骨整理与研究”“金璋的甲骨收藏与研究”“旅顺博物馆藏殷墟甲骨文的整理与研究”“山东博物馆珍藏甲骨文的整理与研究”“故宫博物院藏殷墟甲骨文整理与研究”。

此类对公私所藏甲骨的整理，是甲骨学研究的基础工作，同时也是奠基之举。这些甲骨现藏研究整合现有甲骨文文物资料，清点博物馆馆藏、私人所藏甲骨，进行一系列的甲骨拓片、照片、摹本，进而展开分期断代、缀合考释等深入研究。所整理的甲骨很多未收录在现已出版的甲骨著录中，部分尚属首次出现，可以与已公布的甲骨著录形成对比，对于甲骨校重、辨伪有着重要意义。这些甲骨现藏研究多由博物院、高校、研究所发起，具有综合性强、整理系统、收录完备的特点。

第二，甲骨文工具书的编纂。近十年有关甲骨文的立项选题中，有7项与工具书的编撰有关，分别是“甲骨文合集三编”“《甲骨文引得》编纂及其数据库建设”“甲骨学大辞典”“甲骨文词汇纂释研究”“《甲骨文字编》修订与增补”“《甲骨文字诂林》补编”“商代甲骨法文读本”。

其中值得一提的是，“商代甲骨法文读本”是由上海人民出版社发起的中华学术外译项目，此前在 2017 年，上海人民出版社就出版了《商代甲骨中英读本》，选取 120 片甲骨刻辞介绍，重点关注甲骨文认读，取得了良好的反响，此次推出采用中法文双语的《商代甲骨法文读本》，既是接续之译作，也是中国古老文明在国际传播的有力推广，有助于中华文明走出国门，走向世界。

此外，在这些工具书编写项目中，也有对已有文献的补充修订选题，如“《甲骨文字编》修订与增补”“《甲骨文字诂林》补编”。《甲骨文字编》由李宗焜先生编纂，中华书局于 2012 年出版，摹录了所能见到的几乎所有甲骨字形，共计 46635 文，该书全面丰富，摹写精确，代表了当时甲骨文研究的最高水平。2018 年，李宗焜先生牵头再补此书。《甲骨文字诂林》一书，由于省吾先生主编，中华书局于 1996 年出版，是深受学界认可并频繁使用的大型甲骨学工具书。2010 年，何景成先生发起对《甲骨文字诂林》的补编，并已出版面世。

这些针对经典专著、大型工具书开展的补编修订工作，一方面辑录近年来新增的甲骨文发现、考释的优秀研究成果；另一方面也对原书可能存在的错漏遗失进行修正，力争翔实有据，与时俱进，在旧有留存的基础上更臻完善，收录近年甲骨学领域研究成果，为甲骨学及相关学科的研究者提供能反映当前学界研究成果的工具书，以供学术研究参考。

第三，甲骨文字考释与整理研究。十年间甲骨文有关立项中，多是与甲骨文字考释有关的立项选题。“甲骨学的最基本的工作之一还是考释文字。考释文字从一开始就是研究甲骨学最基本的工作，到现在仍然是最基本的工作。”此言不虚。这些项目重视辨析甲骨文字体字形、研究文字结构性质，进行字词纂释。其中，研究甲骨文字形字体如“甲骨文字形义的整理与研究”“甲骨文字形义关系及字符系统研究”“甲骨文字形的配准识别研究”“甲骨文基础字形整理研究”“利用神经网络进行甲骨卜辞字体分类的初步研究”“殷墟甲骨文与战国文字结构性质的比较研究”“殷墟甲骨文字汇释辨证”“甲骨字释的整理与研究”“《旅顺博物馆所藏甲骨》语言文字研究”，有助于甲骨文释读的深入开展。

第四，甲骨缀合、文例和分组分类研究。在甲骨文研究中，缀合、辨伪、校重和释文修订均属于基础研究领域，近十年通过国家社科基金的立项选题可以看出，学界不断致力于这些甲骨文基础研究领域的探索，从不同角度出发，在甲骨缀合研究方面，有“甲骨缀合理论的整理与研究”“基于字体分类的甲骨卜辞缀合研究”“甲骨缀合类纂及数据库建设”多个项目。在文例研究方面，有“殷墟花园庄东地甲骨文例研究”。

除此之外，这些立项选题中多进行“甲骨分组分类研究”，这也是近年来甲骨学研究呈现的一种趋势，以组类为单位，既可以进行精细分析，也可以与他组他类做横向的比较探究，代表项目有“类组断代理论视野下的商代甲骨文虚词研究”“历组甲骨文字体类型研究”“殷墟甲骨出组、何组、黄组的比较研究”“基于组类差异的甲骨文字词关系研究”“殷墟甲骨文分类与系联整理研究”。

第五，甲骨文殷商历史等的研究。在殷商历史研究方面，甲骨学与多类相关学科协同研究，从已发现的甲骨文中探寻殷商时期先民们的生活痕迹和殷商社会的风土人情。在53项甲骨文相关研究立项选题中，有10项与殷商历史有关，多以甲骨文文字材料中蕴含的历史信息为研究对象，抽丝剥茧加以分析，并与现有史料对照，从而获得对殷商社会的更多认识。其中研究天文如“百年来甲骨文天文历法研究”，研究体育如“殷墟甲骨文体育刻辞整理与研究”，研究占卜如“商代甲骨占卜流程与卜法制度研究”“殷墟甲骨钻凿布局研究”，研究刑罚如“殷墟甲骨文刑罚类卜辞整理与研究”，研究美学如“商代甲骨文与儒家核心审美观念的起源及中华文明早期形象建构研究”，研究军事如“甲骨军事刻辞的分期分类排谱、整理与研究”，研究殷商地名如“分类断代与环境变迁背景下殷墟甲骨文地名遗产再研究”等。这些项目虽然所涉学科不同，所用方法不一，但均与甲骨文研究息息相关。

第六，甲骨文数据库建设。在对近十年国家社科基金甲骨文相关立项选题的整理过程中可以看到，多个甲骨文数据库的建设选题赫然在列。在53项选题中，有6项与甲骨文数据库建设有关，分别是“殷墟甲骨文译注与语法分析及数据库建设”“甲骨文材料整理及图文数据库建设”“殷墟甲骨拓本大系数据库建设”“殷墟甲骨文形态研究与数据库建设”“甲骨缀合类纂及数据库建设”“《甲骨文引得》编纂及其数据库建设”。

甲骨文数据库建设项目的存在不仅体现了科技手段应用对甲骨学研究的

积极影响，也意味着有可能形成更为开放的网络资源获取平台，能够最大限度地便利研究学者们查阅资料，检索图文，可以说是继出版纸质版甲骨著录之外的云端尝试。近年来学界在甲骨文数据库方面的探索建设，使得现有文物、文献资料去碎片性，更为数据化、集中化，通过资源整合提升数据文献利用率。

综观近十年的甲骨文立项研究逐渐呈现出专项化、系统化、精细化的特点，无论是缀合、辨伪、校重还是分期断代、文字考释，都反映出在甲骨文研究的某一领域内的不断钻深攻坚，探源出新，既解决旧有研究中遗留问题，也不断提出新问题，探索新思路。由点及面，由浅入深，各类甲骨文基础研究领域的不断纵深推进带来了甲骨学研究的繁荣盛景。具体表现为以下特点：

第一，甲骨文的研究不断在深入做细，相关专题研究越来越多。如以甲骨收藏地为单位进行的研究，包括旅顺博物馆、重庆三峡博物馆、山东博物馆、天津博物馆、国家图书馆等，都是在已有的研究上从照片、拓片、摹本、释文上深挖细掘。如以类组为专题的研究，有关于宾组卜辞、历组卜辞、黄组卜辞、子组卜辞的研究等。

第二，甲骨文的研究体现出学科交叉。甲骨学的研究涉及语言、文字、考古、历史、体育、美育等多个学科。例如，在殷商历史研究方面，甲骨学与多学科联动合作，研究内容涉及殷商社会方方面面，凭借现有丰富的甲骨文文献资源，援引考古材料作为证据，既得以印证学界对殷商社会风貌的诸多猜想，也使人们对上古时期先民的生活有了更加明确的认识。

第三，甲骨文的研究应用计算机新技术手段。计算机技术运用于甲骨文的研究，包括进行图像处理、甲骨缀合，利用人工智能识别甲骨文字，进行数据库建设，形成开放的网络资源平台。甲骨学与其他学科的联动研究热度不减，现代科技手段更为甲骨文研究助力良多，无论是甲骨文自动识别系统的设计还是各类数据库的建设，网络云端已经成为继纸本外新的甲骨文资料整合平台。伴随甲骨文自动化、科学化检索平台的出现，学术界不仅能更为方便地获取相关学术研究资源，而且能从更为广泛和深入的视角开辟甲骨文研究的新领域，进而嘉慧学林。

自 1899 年殷墟甲骨文发现以来，120 年的时间里，无数学者为甲骨研究呕心沥血，成果斐然。而随着现代科技的发展，高科技手段的运用，后人站在先辈学者的肩膀上，为古老的甲骨学研究注入了新的生命力。

通过愈发深入的研究和生动的学术传播，我们能更加清晰地认识到，甲骨学和诸多学科都有着密不可分的联系，这种联系不仅内在的体现为学术研究之间的互动，更体现在学术价值的社会运用之上。从现实看，今天的甲骨学研究，已经不再属于寂寥的“绝学”，在众多学科交叉、学术方法交汇、学术价值交融中，甲骨学研究呈现出繁荣局面。可以想见在未来，甲骨文这一印证着古老而神秘领域的研究逐渐回暖，必定佳作频出。

（原文发表于《中国社会科学报》2020 年 10 月 13 日，有改动）

第二章 简帛文献研究

古文献“敢”表“能”义续说

王力先生在《汉语语法史》第十七章“能愿式的发展”里将能愿式分为“可能式”与“意志式”两种。在“意志式”里专门介绍了“敢”字的用法：

（1）用作助动词，表示有胆量做某一件事。

（2）用于反语，等于“岂敢”。

（3）用作谦词，表示冒昧之义。①

《古汉语常用字字典》“敢”字下注释与此差别不大。②《说文解字》：“敢，进取也。”与“敢”字在文献中有敢于、有胆量正义相当。进一步虚化为表敬副词，有斗胆、冒昧的意思。这些已然成为定论。

此外，“敢”字还有“能够”“可以”的意思。最早注意到这个现象的是裴学海。他在《古书虚字集释》“敢”字下谓“敢犹能也”③。并列举先秦及秦汉时期7条书证，其中有3条异文：

《战国策·魏策》：“楚虽有富大之名，其实空虚；其卒虽众多，然而轻走易北，不敢坚战。”《史记·张仪列传》“敢”作“能”。

《史记·项羽本纪》：“沛公不先破关中，公岂敢入乎？”《汉书·高帝纪》

---

① 王力．汉语语法史［M］．北京：商务印书馆，2000：253.

② 《古汉语常用字字典》95页“敢”字下解释：“1. 勇敢。2. 谦词，有冒昧的意思。3. 副词，用于反问，有岂敢的意思。”

③ 裴学海．古书虚字集释：卷五［M］．北京：中华书局，2004：330.

作“公巨能入乎?”

《淮南子·原道训》:“以其无争于万物也，故莫敢与之争。”《群书治要》引“敢”作“能”。《老子》:“夫唯不争，故天下莫能与之争。”

证据可靠，所言极是。后来有王锳先生的《古汉语中“敢”表“能”义例说》[①]、纪国泰先生的《浅议古文献中“敢”字可以训“能”》[②] 等文章相继讨论过。

王文列举书证有:

慎无敢失火。(《墨子·号令》)

太宰因戒使者:“无敢告人吾所问于女!”(《韩非子·内储说上》)

春二月，毋敢伐材木山林及雍隄水。(《睡虎地秦墓竹简·秦律十八种·田律》)

纪文主要是对《史记》相关字句的解读，如:

于是项伯复夜去，至军中，具以沛公言报项王因言曰:“沛公不先破关中，公岂敢入乎?今人有大功而击之，不义也，不如因善遇之。”项王许诺。(《史记·项羽本纪》)

认为这里的“敢”字不能理解为“表意志之助词”，而应该理解为“表可能的助动词”，即“能够”的意思。项伯这句话的意思是“如果没有沛公首先西征入关的配合，你哪里能够像现在这样顺利地完成北伐救赵的使命而进入关中呢?”

《汉语大字典》“敢”字下没有收“能、可以”的义项。《汉语大词典》“敢”字下第 6 个义项是“肯、愿意”，所举书证为晋·陶潜《荣木》诗:“脂我名车，策我名骥，千里虽遥，孰敢不至。”(卷 5，470 页) 虽没有直接说“敢”有“能”义，但是按照王力先生关于能愿式的划分上归入“意志式”应该没有问题，理解为“能”义，但是所举书证为晋代，又失之太晚。

其实“敢”有“能”义，最早的书证可以早到商周时期。

早在 1999 年，汤余惠先生对金文中“敢”字的用法进行了全面梳理[③]，指出金文里“敢”字除了表示敢于、胆敢和用作表敬副词外，还有“可以”

① 王锳．古汉语中“敢”表“能”义例说 [J]．古汉语研究，1995 (4): 21.

② 纪国泰．浅议古文献中“敢”字可以训“能”[J]．西华大学学报，2006 (3): 3.

③ 汤余惠．金文中的“敢”和“毋敢”[M] //中国古文字研究 (第一辑)．长春：吉林大学出版社，1999: 54.

"能够"的意思，而且多构成"毋敢""毋敢不"否定句式。如：

汝毋敢弗帅先王作明井（型）用。(牧簋)

孙孙子子毋敢望（忘）伯休。(县改簋)

汝毋敢不善于乃政。(虎簋)

还进一步指出《尚书》一书里亦可见"敢"字的这种用法。如《尚书·费誓》：

马牛其风，臣妾逋逃，勿敢越逐。

无敢伤牿，牿之伤，汝则有常刑。

峙乃糗粮，无敢不逮，汝则有大刑。

我惟筑，无敢不供。

峙乃刍茭，无敢不多，汝则有大刑。

《尚书》是与西周金文同时期的文献，在语言风格上有很多相似之处。根据我们的检索，《尚书》中"敢"字共出现55次，能够解释为"可以""能够"的，我们发现除了汤文提到的"无敢""勿敢"外，还应该有以下情况：

罔敢知吉，非先王不相我后人。(《尚书·西伯戡黎》)

尔时罔敢易法。(《尚书·大诰》)

越百姓里居，罔敢湎于酒。(《尚书·酒诰》)

殷王亦罔敢失帝。(《尚书·多士》)

文王罔敢知于兹。(《尚书·立政》)

尔身克正，罔敢弗正。(《尚书·君牙》)

文献"罔"字通常训为"无"。如：

《管子·轻重十四》俞樾注"吾岁罔"，云："'吾岁罔'者，即吾岁无也。罔、无一声之转。《尚书·汤誓》'罔有攸赦'，《西伯戡黎》'罔敢知吉'，《微子》'乃罔恒获'，《金縢》'王其罔害'，《史记》并易以'无'字，是其证。"《文选·卷三》："于时蒸民，罔敢或贰。"注："于，於也。蒸，众也。罔，无也。言是时众民无敢有二心於莽者。"

值得一提的是，《尚书·大诰》"尔时罔敢易法"一句与《尚书·莽诰》"而不得易定"相对应。据李春桃先生考证，该"定"字应该是"法"字之误①，可信。这样看来，"罔敢"与"不得"对应，正是"不可以、不能够"的意思。

① 李春桃．《尚书·大诰》"尔时罔敢易法"解诂［J］．史学集刊，2013（3）：3.

出土战国文献“敢”字的这种用法则不多见。这主要跟其记载内容多为古书或佚书有关。而在睡虎地秦墓竹简里则有数例。睡简“毋敢”或“勿敢”并见（毋敢14见，勿敢4见）。如：

《睡简·秦律十八种》：

春二月，毋敢伐材木山林及雍（壅）堤水。不夏月，毋敢夜草为灰，取生荔、麛□（卵）鷇，毋□□□□□□□毒鱼鳖，置阱罔（网），到七月而纵之。唯不幸死而伐绾（棺）享（椁）者，是不用时。邑之新（近）皂及它禁苑者，麛时毋敢将犬以之田。

百姓犬入禁苑中而不追兽及捕兽者，勿敢杀；其追兽及捕兽者，杀之。

百姓居田舍者毋敢（酤）酉（酒），田啬夫、部佐谨禁御之，有不从令者。

有罪。田律。

勿敢异。

勿敢留，留者以律论之。

勿敢行，行者有罪。

《睡简·法律答问》：

毋敢履锦履。

勿敢擅强质。

在汉简中零星可见，如：

毋敢大斩伐……毋敢多畋渔。（《银雀山汉简·晏子》）

左右及父母兄弟毋敢议于成。（《银雀山汉简·守法守令》）

使百官多恭畏，毋敢惰行。（《银雀山汉简·守法守令》）

父居蜀，母为凤鸟蓐，毋敢上下寻，凤贯而心。（《马王堆帛书·五十二病方》）

敢用作“可以”“能够”义是有条件的。在金文里，“敢”字所在的文句，均属周王或上级官长对作器者的策命或训诫之辞，并不是作器者自言自己将如何如何。睡虎地秦墓竹简内容为法律文书，告诫、规范人们应该做什么、不应该做什么，与金文使用的语言环境相似。“敢”字的这种用法在后世文献中并不常见。在现代汉语普通话中只保留在一些成语中，如“不敢恭维”“不敢苟同”等，此外“敢”字的这种用法还保留在一些方言中。

从与“敢”搭配使用的否定副词看，主要是“毋”和“勿”①。学术界一

① 传世文献写作“无”或“罔”的，都可以视作通“毋”。

般把“不、弗”“毋、勿”分在一起。古代汉语里的“毋”和“勿”一样，是禁止之辞，一般用在劝诫、阻遏他人某种行为的语句中。这种用法由来已久，例如，陈梦家先生《殷虚卜辞综述》把“勿、毋”分为一组，认为：“有命令祈望之义，命令祈望是有对方的，希望对方‘不要做什么’。它们与‘弗’‘不’之‘不是什么’是有分别的。”[①] 张玉金先生《甲骨文虚词词典》归纳了“毋”的三种用法，第三种用法“犹‘勿’也，表示禁止可译为‘不要’”[②]。王力先生主编《古代汉语》则明确了“不、弗”和“毋、勿”的区别[③]。“敢”字训为“可以”“能够”意义常常出现在表示训诫、禁止的语境中，这与其搭配使用的否定副词是一致的，正可以反证古汉语“毋、勿”用法与“不、弗”的区别不混。

（原文发表于《汉字文化》2014年第4期，有改动）

《上博八·颜渊问于孔子》“敬有△”试解

裘锡圭先生在《考古发现的秦汉文字资料对于校读古籍的重要性》一文中就考古发现的古代文字资料与传世古籍的关系总结了大致四种情况，其中第二种情况是：

> 二者虽非一书但有密切的关系，或者其中一种出自另一种，或者二者同出一源。二者仅有个别段落或文句属于这种关系的，以及二者同记一事的，可以附入此类。[④]

又在《中国古典学重建中应该注意的问题》中说：

> 在释读简帛佚籍时，必须随时翻看有关古书，必须不怕麻烦地利用

① 陈梦家．殷虚卜辞综述［M］．北京：科学出版社，1956：127.
② 张玉金．甲骨文虚词词典［M］．北京：中华书局，1994：217.
③ 王力．古代汉语［M］．北京：中华书局，1997：262.
④ 裘锡圭．考古发现的秦汉文字资料对于校读古籍的重要性［M］//中国出土古文献十讲．上海：复旦大学出版社，2004：96.

索引书籍和计算机做大量的检索工作，尽最大努力去寻找传世古书中可以跟简文对照的语句。①

《上海博物馆藏战国楚竹书（八）》中的《颜渊问于孔子》篇，是一篇儒家佚籍，经整理者初步整理，复旦和吉大古文字联合读书会的重新编联，已基本可以通读，但是在个别词句的理解上还有未安。

简文所记为颜渊向孔子请教“内事”“内教”与“至明”三个问题，为对话体，风格与《论语》近似，相关内容不见记载，但是个别文句见于传世古书，所以参照《论语》等儒家经籍有助于对简文的理解。在比较全面阅读《论语》的基础上，我们尝试着对简文“敬有△”做出解释。为方便理解，录部分简文如下（释文采用宽式）：

□。颜渊问于孔子曰：“敢问君子之内事也有道乎?”孔子曰：“有。”颜渊：“敢问何如?”孔子曰：“敬有[illegible]（用△代替）而【先】有司，老老而慈幼，豫绞而收贫，禄不足则请，有余则辞。敬有[illegible]，所以为乐也；先【又（有）】司，所以得情；老老而慈幼，所以处仁也；豫绞而收贫，所以取亲也；禄不足则请，有余则辞，所以[illegible]信也。盖君子之内事也如此矣。”

这段话主要是孔子回答颜渊“内事之道”。先总说，然后是逐项解释。

简文“内事”一词见于传世典籍：

凡内事有达于外官者，世妇掌之。(《周礼·春官宗伯》)

外事以刚日，内事以柔日。(《礼记·曲礼上》)

君天下曰天子，朝诸侯，分职授政任功，曰予一人。践阼，临祭祀。内事曰孝王某；外事曰嗣王某。(《礼记·曲礼下》)

“内事”指宗庙祭祀。② 在该简文的相关研究中，除陈伟先生把“内事”

---

① 裘锡圭．中国古典学重建中应该注意的问题［M］//中国出土古文献十讲．上海：复旦大学出版社，2004：8.

② 王梦鸥．礼记今注今译［M］．北京：新世界出版社，2011：23，31.

读为“入仕”①，其余皆认为指宗庙祭祀、朝廷宫内之事②。“敬”字整理者、读书会皆隶定为“敬”，且如字读，正确可从。另外有“儆”“羞”“柔”“苟”③ 等说，此不论。

传世典籍和出土文献中屡见“先有司”的说法，如《论语·子路》：“仲弓为季氏宰，问政。子曰：‘先有司，赦小过，举贤才。’”《上海博物馆藏战国楚竹书三·仲弓》：“老老慈幼，先有司，举贤才，宥过赦罪。”《论语集释》引王肃曰：“先有司，言为政当先任有司，而后责其事。”相继有学者依据既有的辞例“宥过赦罪”“赦小过”等将简文△字释为“祸”，读为“过”，读此句为“敬宥过”；此外还有读“敬有禋”“苟有荒”④ 的。下面谈一点我们对“敬有△”的认识。

“敬”字是先秦儒家经籍中的高频字，仅在《论语》里就出现22次，用法比较多。有跟宗庙祭祀有关的，如敬天地、敬鬼神；跟人有关的，如敬君王、敬父母等；还有跟事有关的，如敬事；等等。其中跟宗庙祭祀有关的，列举如下：

子张曰：“士见危致命，见得思义，祭思敬，丧思哀，其可已矣。”子张曰：“执德不弘，信道不笃，焉能为有？焉能为亡？”（《论语·子张》）

樊迟问知。子曰：“务民之义，敬鬼神而远之，可谓知矣。”问仁。曰：“仁者先难而后获，可谓仁矣。”（《论语·雍也》）

子曰：“道千乘之国：敬事而信，节用而爱人，使民以时。”（《论语·学而》）

---

① 陈伟.《颜渊问于孔子》内事、内教二章校读［J/OL］. 武汉大学简帛研究中心网站，2011-07-22.

② 马承源. 上海博物馆藏战国楚竹书（八）［M］. 上海：上海古籍出版社，2011：140.

③ 陈伟先生读为“儆”。陈伟.《颜渊问于孔子》内事、内教二章校读［J/OL］. 武汉大学简帛研究中心网站，2011-07-22. 苏建洲、单育辰先生读为“羞”。单育辰. 佔毕随录之十五［J/OL］. 复旦大学出土文献与古文字研究中心网站，2011-07-22. 黄杰先生读为“柔”。苏说、黄说皆见其在读书会文后之回复，见复旦吉大古文字读书会. 上博八《颜渊问于孔子》校读［J/OL］. 复旦大学出土文献与古文字研究中心网站，2011-07-17. 黄人二先生读为“苟”。说见黄人二. 读《上海博物馆藏战国楚竹书（八）·颜渊问于孔子》书后［J/OL］. 武汉大学简帛研究中心网站，2011-07-26.

④ 说见黄人二. 读《上海博物馆藏战国楚竹书（八）·颜渊问于孔子》书后［J/OL］. 武汉大学简帛研究中心网站，2011-07-26.

又《论语·八佾》：

祭如在，祭神如神在。子曰："吾不与祭，如不祭。"

《论语集注》引程子曰："祭，祭先祖也。祭神，祭外神也。祭先主于孝，祭神主于敬。"大意是如果孔子不能亲临祭祀，让别人代替，别人不敬，还不如不祭。

《论语·学而》：

曾子曰："慎终追远，民德归厚矣。"

《论语集注》卷一："慎终者，丧尽其礼。追远者，祭尽其诚。"孔安国注解释为"祭尽其敬"。这些都是说祭祀的时候要充满敬意。

"敬"和"仁""义"等一样，是儒家所提倡的行为准则。从文献记载看，古人对"内事"要"敬"，还强调对"祭祀""祭礼"要"敬有余"，如：

> 子路曰："吾闻诸夫子：丧礼，与其哀不足而礼有余也，不若礼不足而哀有余也；祭礼，与其敬不足而礼有余也，不若礼不足而敬有余也。"（《礼记·檀弓上》）
>
> 林放问礼之本。子曰："大哉问！礼，与其奢也，宁俭；丧，与其易也，宁戚。"（《论语·八佾》）宋代朱熹《论语集注》卷二引范氏（范祖禹）说："夫祭与其敬不足而礼有余也，不若礼不足而敬有余也；丧与其哀不足而礼有余也，不若礼不足而哀有余也。"

据此，我们推测简文"敬有△"可以读为"敬有余"。"敬有余""先有司"分别是"内事之道"的不同的两个方面，要充满敬意，也要先做好自己。从文本本身来看，简文"禄不足则请，有余则辞"，其中"有余"或即"敬有余"之省。简文这种省略的情况不稀见，同篇"先有司"作"【先】有司"，又作"先【又（有）】司"，可证。"禄"对"敬"，"不足"对"有余"，"请"对"辞"，是非常严格的对仗关系。传世典籍有与简文大致相同的内容：

> 子曰："事君，敬其事而后其食。"（《论语·卫灵公》）

敬其事，即敬事，古代常用语。事君，要先把事情办好，然后再谈俸禄问题。①

简文“敬有△”，△字整理者隶定为“征”，读为“正”；读书会谓此说待考。我们根据相关辞例和内容推测“△”字应该读为“余”，但是该写法与同篇明确无疑的“余”字（字下加撇为饰笔）写法不类。检楚简文字“余”或从“余”之字，无一作此者。或者“△”为“余”字之讹写。同篇简文讹写情况也不稀见，读书会就疑或为“明”之讹写。“得青□”当读为“得情”，“青”下“□”系误衍。② 总之，“△”字的字形问题最终尚不能落实，还需要进一步的材料发现和研究。

（原文发表于《吉林大学古籍所建所三十周年纪念文集》，2014 年，有改动）

《管子集校》之文献价值例说
——从“形讹”“借字”说起

一、“形讹”“借字”与《管子集校》总说

古籍在传抄过程中，因“形讹”或者“借字”导致误读的情况时有发生，如果不能正确处理，就会严重影响我们对文本的理解。这一点，前贤有很精辟的论说。王引之在《经义述闻》“通说”下十二条之“形讹”条说：“经典之字，往往形近而讹，仍之则义不可通，改之则怡然理顺。”在“经文假借”条说：“……至于经典古字，声近而通，则有不限于无字之假借者。往往本字见存，而古本则不用本字而用同声之字。学者改本字读之，则怡然理顺；依借字解之，则以文害辞。”③ 所言甚是。

《管子集校》是《管子》的校释本，成书于 1954 年。汇集了郭沫若、许

① 李零．丧家狗——我读《论语》[M]．太原：山西人民出版社，2007：282.

② 复旦吉大古文字读书会．上博八《颜渊问于孔子》校读[J/OL]．复旦大学出土文献与古文字研究中心网站，2011-07-17.

③ 王引之．经义述闻[M]．南京：江苏古籍出版社，2000：778，756.

维遹、闻一多等学者精研《管子》的很多成果，为后人研究《管子》思想和进一步校勘《管子》提供了重要参考。据《管子集校·叙录》记载，郭氏除比照不同版本校勘外，每句而下，即罗列诸家之说，或重新校订，综合了文字学、音韵学、训诂学等多学科知识。我们在学习过程中发现很多有价值的校勘成果或者为书中首见，或者可为已有的研究提供有力的证据和支持。

下面仅从古籍校读中常遇到的“形讹”和“借字”两个方面，对《管子集校》一书的校勘成果的文献价值举例说明。

二、《管子集校》里的“形讹”举例

裘锡圭先生在《古文献中读为“设”的“埶”及其与“执”互讹之例》[①]与《再谈古文献以“埶”表“设”》[②]两篇文章里，指出传世的汉以前的古籍和出土简帛文献中，有不少读为“设”的“埶”字，而且有些这样的“埶”字已被误读为“势”或讹作形近的“执”字。裘文提到的古籍有《荀子》《逸周书》《韩非子》《淮南子》《礼记》《新书》，以及《汉书》《庄子》《盐铁论》等。

我们发现，在《管子集校》里学者们也注意到了“埶”与“执”互讹这方面的问题。如《管子·任法》：

“夫尊君卑臣，非计亲也，以执胜也。”

《管子集校》引许维遹说：“作‘埶’字是也。后《解》作‘势’，《说苑·君道篇》袭此文，作‘以埶使之也’，是其明证。”引戴望说：“宋元本‘埶’字正文及《注》皆作‘执’。”郭氏从之[③]。认为《管子》“执”是“埶”字之误，这里用为“势”。

又《管子·七主七臣》：

“故记曰无实则无势，失辔则马焉制。”

《管子集校》引张文虎曰：“据下文‘失辔则马焉制’，疑此‘势’字当

---

① 裘锡圭. 古文献中读为“设”的“埶”及其与“执”互讹之例［M］//裘锡圭学术文集·语言文字与古文献卷. 上海：复旦大学出版社，2012：451-460.

② 裘锡圭. 再谈古文献以“埶”表“设”［M］//裘锡圭学术文集·语言文字与古文献卷. 上海：复旦大学出版社，2012：484-495.

③ 郭沫若. 管子集校［M］//郭沫若文集·历史编（第三册）. 北京：人民出版社，1984：153. 但也有不同观点，如《管子集校》引安井衡说：“古本‘势’作‘埶’，旧《注》云‘但令君执其胜’，是其本作‘执’。今本讹为‘埶’耳，《解》亦云‘故明主操必胜之术’，是以‘操’解‘执’，明原本作‘执’矣。”

作‘执’，盖形近讹‘埶’，传写又加‘力’耳。”①

又《管子·侈靡》：

“执故义道，畏变也。”

《管子集校》引何如璋云：“执当作‘埶’。”张佩纶认为“执故”即《孟子》之求故。郭沫若案语：“执乃‘蓺’之误，《论语》‘诗书执礼’本或作‘诗书蓺礼’，其比也。”② 按，依郭说，执乃“埶”之误，“埶”读为“蓺”。

再举一例。

文献中从“月”与从“耳”之字有互讹的情况。王引之《经义述闻》“形讹”条指出“刖与刵相似而误为刵”“閒与明相似而误为明”。③《管子集校》里可多见“闻”“间”互混的情况。如《管子·大匡》：

竖曼曰：“夫君以怒遂祸，不畏恶亲。闻容昏生，无丑也。”

该句颇多歧解。《管子集校》引戴望曰：“恶亲，指鲁言。闻容，当为閒咎，字之误。《广雅·释诂》：閒，加也。昏读为泯；生，读为姓，《广雅》曰：丑，耻也。言君以怒成二国之祸，不畏鲁之加咎，由其灭姓，无耻之甚。”④

郑良树《竹简帛书论文集·〈春秋事语〉校释》引王叔岷曰：“容为咎讹，良是；闻非误字，闻犹问也，闻咎即问咎。下文‘鲁人告齐曰’云云，正所谓问咎也。昏生，疑本作昏主，主、生形近，又涉上下文彭生字而误也。”⑤

马王堆帛书《春秋事语》“鲁桓公与文姜会齐侯于乐”章，与《管子·大匡》这段话可以形成对读，并可以用来校正《大匡》篇的错误。

《春秋事语》“鲁桓公与文姜会齐侯于乐”章：

“君以怒遂祸，不畏恶也。亲间容昏，生无匿（慝）也。”

---

① 郭沫若认为不应该改，是“势”字，与“制”押韵。管子集校［M］//郭沫若文集·历史编（第三册）. 北京：人民出版社，1984：207.

② 郭沫若. 管子集校［M］//郭沫若文集·历史编（第二册）. 北京：人民出版社，1984：372.

③ 王引之. 经义述闻［M］. 南京：江苏古籍出版社，2000：778.

④ 郭沫若. 管子集校［M］//郭沫若文集·历史编（第一册）. 北京：人民出版社，1984：429.

⑤ 郑良树. 竹简帛书论文集［M］. 北京：中华书局，1982：45.

《管子》的断句当从《春秋事语》，断为“夫君以怒遂祸，不畏恶，亲闻容昏，生无丑也。”① 其中的“闻”当为“间閒”字之形近误字。

又如《管子·任法》：

“然故谌杵习士闻识博学之人不可乱也。”

《管子集校》引孙诒让云：“《注》说迂曲难通，此‘閒’当为‘嫺’之假借，《说文·女部》云‘嫺，雅也’。字又作‘闲’，《荀子·修身篇》云‘多闻曰博，少闻曰浅，多见曰闲，少见曰陋’。彼以博闲并举，与此‘閒识博学’并举，亦可互证。……《汉书·司马相如传》亦作‘閒’。‘閒识’与‘博学辩说’正相对。下文‘闻’，即‘閒’字之误，王校转改‘閒’为‘闻’，傎矣。”②

又《管子·轻重》：

“则空闻有以相给资。”

《管子集校》引王念孙说：“‘空闻’当依宋本作‘空閒’，谓以空閒之地给贫民。”③

又《管子·君臣上》：

“虽有明君，百步之外听而不闻间之堵墙而不见也。”

《管子集校》郭沫若按语：“宋本、赵本如是。古本、刘本夺‘间’字。朱本‘间之堵墙’作‘环堵之墙’。疑以朱本为是，‘间’即‘闻’之误衍，校书者因有所窜改也。”④

三、《管子集校》里的“借字”举例

银雀山汉墓竹简里有“篡卒”一词，裘锡圭先生根据《晏子春秋》“选贤进能”之“选”，银雀山竹简作“篡”，把“篡卒”读为“选卒”，非常正确。关于“篡”和“选”相通假的文献依据，他说：

> “选”与“算”音近，古书中有相通之例（《论语·子路》：“何足算

---

① 裘锡圭．帛书《春秋事语》校读［M］//裘锡圭学术文集·简牍帛书卷．上海：复旦大学出版社，2012：401.

② 郭沫若．管子集校［M］//郭沫若文集·历史编（第二册）．北京：人民出版社，1984：87.

③ 同上注，510页。

④ 郭沫若．管子集校［M］//郭沫若文集·历史编（第二册）．北京：人民出版社，1984：161.

也”，《盐铁论》引作“何足选哉”）。从“食”“算”声的“籑”，或体作“馔”。武威汉墓所出简本《仪礼·特牲》43号简“选”字三见，今本皆作“籑”。“篹”从“算”声，所以也可以跟“选”相通。①

根据银雀山竹书用“篹”为“选”的现象，裘先生进一步指出古书里面的有些“募”字，其实是“篹”的形近误字。如《吴子·应变》“募吾材士”、同书《图国》“简募良材”“齐桓募士五万”以及《群书治要》所引《六韬·龙韬》“士卒不募而法鬼神”等句中的“募”，都是“篹”的误字，也应该读为“选”。②

《管子集校》里也有这方面的用例可以为之佐证。如《管子·势》：

“慕和其众，以修天地之从。”

《管子集校》引许维遹：“‘慕’当为‘纂’字之误，《诗·猗嗟》篇‘舞则选兮’，《释文》引《韩诗》‘选作纂’。二字声近义同。《史记·仲尼弟子列传》‘任不齐，字子选’，是选有齐义。《墨子·备城门篇》‘人众以选，吏民以和’，《墨子》分为二句，《管子》合为一句，其义亦同。”③

又《管子·心术下》：

“慕选者，所以等事也。”

俞樾《诸子平议》：“慕乃纂字之误。《诗·猗嗟》篇‘舞则选兮’，毛传训选为齐……韩诗作‘舞则纂兮’，盖选与纂声近而义通。此云‘纂选者，所以等事也’，正以纂、选之义并为齐也。”此说见裘锡圭先生《考古发现的秦汉文字资料对于校读古籍的重要性》一文。④

再举一例。

传世本《晏子春秋·内篇谏上》第二十二章：

公伐无罪之国，以怒明神，不易行以续蓄，进师以近过，非婴所知也。师若果进，军必有殃。

今本《晏子春秋》“近过”一词于义难通，故学者有将其读为“近祸”

---

① 裘锡圭. 文字学概要［M］. 北京：商务印书馆，2013：195.

② 裘锡圭. 考古发现的秦汉文字资料对于校读古籍的重要性［M］//裘锡圭学术文集·语言文字与古文献卷. 上海：复旦大学出版社，2012：347.

③ 郭沫若. 管子集校［M］//郭沫若文集·历史编（第三册）. 北京：人民出版社，1984：64.

④ 裘锡圭. 考古发现的秦汉文字资料对于校读古籍的重要性［M］//裘锡圭学术文集·语言文字与古文献卷. 上海：复旦大学出版社，2012：347-378.

者。吴则虞《晏子春秋集释》引陶鸿庆说："'近过'二字，文义难通。'过'当读为'祸'，《礼记·大学》：'过也'，朱氏骏声以为'祸'之假字。下云'师若果进，军必有殃'，即近祸之谓。"①

银雀山汉墓竹简《晏子》里有一段与此可以形成对读：

公伐无罪之国，以怒神明，不易行□□□，进师以战，祸非婴之所智也。师若果进，军必有灾。②

与"过"对应的地方正写作"祸"。

文献中"过"与"祸"互借的例子并不稀见。《战国策·赵策一》："而祸及于赵。"《战国策·魏策三》："是受智伯之祸也。"《战国策·燕策》："其祸必大矣。"马王堆汉墓《战国纵横家书》对应的"祸"字均写作"过"③。

《诗·商颂·殷武》："岁事来辟，勿予祸适。"王引之《经义述闻》卷七："祸读为过。《广雅》：'适，过，责也。'谪与适通。勿予过谪，言不施谴责也。《荀子·成相篇》说刑曰：'罪祸有律，莫得轻重。'即罪过字。《汉书·公孙弘传》'诸常与宏有隙，虽阳与善，后竟报其过。'《史记》'过作祸'。"④

《管子》里也有过与祸混用的例子。如《管子·四称》：

"君若有过，各奉其身。"

《管子集校》郭沫若按语："过当为祸。"⑤

又《管子·大匡》：

"使我君失亲戚之礼命，又力成吾君之祸。"

帛书《春秋事语》"鲁桓公与文姜会齐侯于乐"章作"又力成吾君之过。"张政烺认为《管子》"祸"当从帛书作"过"。⑥

（原文发表于《管子学刊》2016年第4期，有改动）

① 吴则虞．晏子春秋集释（上）［M］．北京：中华书局，1982：83．注一六。

② 银雀山汉墓竹简整理小组．银雀山汉墓竹简［一］［M］．北京：文物出版社，1985：90-91．简549-550。

③ 高亨．古字通假会典［M］．济南：齐鲁书社，1997：670．

④ 王引之．经义述闻［M］．南京：江苏古籍出版社，2000：176．

⑤ 郭沫若．管子集校［M］//郭沫若文集·历史编（第二册）．北京：人民出版社，1984：250．

⑥ 郑良树．竹简帛书论文集［M］．北京：中华书局，1982：44．

北大简《赵正书》“蒙容”解

北大藏西汉竹简《赵正书》是一篇基本保存完好的佚书，所辑录的内容部分见于《史记》的《秦始皇本纪》《李斯列传》和《蒙恬列传》，但内容不尽相同。《赵正书》的问世不仅弥补了史料记载的缺失，所出现的字词也丰富了汉语史的研究。其中“蒙容”一词，学术界未见对其进行释读，各大辞书亦不见收录。本文梳理了其在文献中的出现和使用情况，并从语法上进行分析，认为“蒙容”为形容词性联绵词，在文献中还有其他多种书写形式。

一、文献中所见“蒙容”的收录和使用情况

在出土文献中，“蒙容”仅见于北大简《赵正书》“乃吾蒙容之民”一句中，而可与北大简《赵正书》形成对读的《史记》里的《秦始皇本纪》《李斯列传》《蒙恬列传》等篇章并未见“蒙容”一词。

我们以“蒙容”为关键词，在汉籍和CCL语料库中进行检索，忽略重复，共得12例，分别是：

1. 会至中山，为蒙容普邻所杀。《魏书卷九五·列传第八三》

2. 陶恭祖本以材略见重于公，一朝以醉饮过失，不蒙容贷，远弃不毛，厚德不终，四方人士安所归望！《三国志卷八·魏书八·二公孙陶四张传第八》

3. 长门隔清夜，高堂蒙容色。《艺文类聚卷第一》

4. 臣等不才，辅政累年，罪戾山积，乃蒙容贷，不赐诛责。《宋史卷一百一十·志第六十三》

5. 悉令知枢密院事李棁持去，倘蒙容留，许以准折，尤所愿幸，一听裁决也。《北宋·大金吊伐录》

6. 不蒙容贷，远徙不毛，厚德不终。《永乐大典卷之一万二千四十四》

7. 仆冒昧登堂，猥蒙容见兰阶，得偿素愿。《青楼梦·第二十回》

8. 顷之，辅臣鲜克胜任，过蒙容养，苟备职员，致劳睿思，巨细经虑。《全唐文·卷四百七十五》

9. 我欲附天朝，惟恐不蒙容纳，然归附之意已决。《清实录·圣祖仁皇

帝实录》

10. 若蒙容纳。幸赐回书。《清实录·太宗文皇帝实录》

11. 既蒙容纳，已自不安。《清·施公案》

12. 乃政府徒蒙容忍之名。《民国演义》

上举 12 例中，按照用法可分为三类：第一，“蒙容”为单纯复音词，即联绵词，如例 7。我们认为其与《赵正书》的用法相同，将在论文的第二部分具体阐明；第二，“蒙容”为两个单音节词，如例 2~6、8~12；第三，“蒙容”为人名，如例 1。

“蒙容”作为两个单音节词独立使用的情况最为多见。如“不蒙容贷”“乃蒙容贷”“倘蒙容留”“过蒙容养”“不蒙容纳”“若蒙容纳”“既蒙容纳”“徒蒙容忍”“蒙容洗浴”，这些例子中的“蒙”均为动词，“受、承蒙”义。其前可加副词“不”“乃”“既”“徒”，连词“倘”“若”等。又“容贷”“容留”“容养”“容纳”“容忍”，此处“容”皆为“宽恕、收留”义。从与“容”字搭配的字例看，“容”字后多为动词，与“容”合用构成了一个动词性的联合短语，在句中充当宾语成分。“蒙”字后又可加人称代词“其”，指代上文中的动作施行者，如“不蒙其容贷”“既蒙其容纳”。因此，在这样的句子里，“蒙”字应属上读，“容”字应属下读。又依上下文结构，“蒙容”所在句式多数为四字形式，这与古汉语以单音节词为主相适应。因此，无论从句法层面还是语义层面，皆可肯定上述“蒙容”二字虽连用，但非一词。

第 3 例中，“蒙”字义为“覆盖”，“容色”为古代成语，《汉语大词典》解释为“容貌神色”，如《论语·乡党》：“享礼有容色，私观愉愉如也。”“蒙容色”与上一句“隔清夜”是严整的对仗关系，这里当指从容的神色。

二、从语法上看《赵正书》“蒙容”为一词

例 7“猥蒙容见兰阶”一句中，《汉语大字典》解释“猥，谦辞。含有辱意，旧用为自谦的套语。”《正字通·犬部》：“猥，凡自称猥者，卑辞也。”“兰阶”为处所名词，作动词“见”的补语，“见兰阶”亦作“见于兰阶”，“蒙容”用在“见”之前作状语。在古汉语中形容词作状语是汉语的重要特点之一，如《论语·述而》：“多闻，择其善者而从之，多见而识之，知之次也。”《左传·桓公十八年》：“寡君畏君之威，不敢宁局。”故全句为［主语+状语+动词+处所补语］结构形式。

《赵正书》"乃吾蒙容之民"一句中，"吾"作主语，"之"按王力先生《古代汉语》为介词，"放于定语和名词之间，把定语介绍给名词，有的略等于现代汉语的'的'"①。如《庄子·逍遥游》"其翼若垂天之云"，《庄子·养生主》"今臣之刀十九年矣"，故在"蒙容之民"中"蒙容"作为形容词来修饰"民"，全句构成"主语+形容词+名词"的主谓结构形式。

《青楼梦》"猥蒙容见兰阶"和《赵正书》"乃吾蒙容之民"中之"蒙容"与前面第一部分所论诸例用法明显不同。此处"蒙容"为一词，"蒙"与"容"分别作为复合词的两个词素已经凝固在一起，它们连用表达同一语义，一般不能随便拆开，中间也不能加入其他成分。"蒙容"是形容词性的联绵词，与其他句法成分组合皆符合汉语语法规范。若把此处"蒙容"视为两个单音节词，无论是在句法层面还是语义层面，都违背汉语语法规则，故《赵正书》及《青楼梦》中"蒙容"为单纯复音词。

三、"蒙容"的意义及其他书写形式

"联绵词"是由两个音节组成表示一个整体意义的语素，组成这一语素的两个音节只起着表音作用，不单独表义，故同一联绵词可以有多种不同的书写形式，如匍匐，《诗经·邶风·谷风》"匍匐救之"，李富孙《诗经异文释》："家语论礼引作扶伏。"王先谦《三家义集疏》："鲁、齐匍匐亦作扶服。"桂馥《说文义证·勹部》："匍匐，通作蒲伏。"马瑞辰《毛诗传笺通释》："又作蒲服。"王念孙《广雅疏证》："匍匐、蒲伏、扶伏、扶服，并字异而义同。"

其实，本文讨论的"蒙容"正是如此，亦有多种不同的书写形式：

（1）作"蒙茸""蒙戎""龙茸"。

在汉籍检索中，出现"蒙茸"的文献有323篇，"蒙戎"11篇，"龙茸"9篇。《汉语大词典》均有收录。

今本《诗经·邶风·旄丘》："狐裘蒙戎，匪车不东。"《毛诗诂训传》："蒙戎，以言乱也。"郑玄《毛诗传笺》："刺卫诸臣形貌蒙戎然，但为昏乱之行。"陆德明《经典释文》："蒙戎，乱貌。"朱熹《诗集传》："蒙戎，乱貌，言弊也。"不同版本的《诗经》或引文中"蒙戎"存在异文。如阜阳汉简《诗经》作"狐裘蒙茸"，《史记·晋世家》引《诗》亦作"狐裘蒙茸，一国

① 王力．古代汉语［M］．北京：中华书局，2012：461.

三公，吾谁适从。”裴骃《集解》引服虔曰：“蒙茸以言乱貌”。而《左传·僖公五年》作“狐裘龙茸”，杜预注：“龙茸，乱貌”。

胡平生、程燕分别对阜阳汉简《诗经》“蒙茸”作过解释，认为“蒙茸”“蒙戎”“龙茸”都是联绵词。其中“戎”通“茸”，上古音同属泥母东部，“蒙”通“龙”，上古音同属日母东部。高亨《古字通假会典》也说：“蒙戎，同龙茸，犹蓬松。”

但是也有学者可能不把这些词当作联绵词，如于茀引《说文》：“尨，犬之多毛者。”段注云：“引申为杂乱之称。‘尨茸’连言成词，以犬之多毛与艸之茸茸同状貌。”认为“尨茸”为正字，“蒙戎”为借字，二者连言成词，即将两个同义词以并列的方式组成一个复音节词语。向熹在《〈诗经〉里的复音词》中将“蒙戎”作为叠韵联绵词，并指出：“有些词虽然写成了不同的形式，但是语音上很接近，意义上也有相通之处，可能是由一个小词派生出来的同源词，前人泥于字形，对这些词的解释有时就不免错误。”① 故“蒙茸”“蒙戎”“龙茸”虽书写形式不同，其实它们都属于同一个联绵词的不同书写形式，都有“杂乱”义。

（2）作“厖茸”。

在汉籍检索中，含有“厖茸”的文献共4篇，其中有2例作“茸厖”，然《汉语大词典》未收录“厖茸”或“茸厖”。据《说文·厂部》：“厖，石大也。从厂尨聲。”汉隶或从“广”作“庬”，《尔雅·释诂上》：“厖，大也。”段注作：“石大也。石大其本义也。引申之为凡大之称。”又《说文通训定声》：“厖，假借为尨。”义为“长毛狗”，也泛指犬，故“厖”应为形声兼会意字，“尨”兼声符及义符。如《诗经·召南·野有死麕》：“无使尨也吠。”《释文》“尨”作“厖”。《太平御览》六九六引同；《左传·闵公二年》：“尨凉冬杀。”《国语·晋语一》“尨”作“厖”；又据《汉语大字典》释“厖”有“杂、乱”义，《书·周官》：“推贤让能，庶官乃和；不和，政厖。”孔安国传：“厖，乱也。”《文选·王褒〈四子讲德论〉》：“厖眉耆耇之老，咸爱惜朝夕，愿济须臾。”李善注：“厖，杂也。谓眉有白黑色。”故“厖”由“石头厚大的样子”引申泛指“大”，又通“尨”为“长毛狗”义引申为“杂、乱”义，而“尨”引申义亦为“杂、乱”义，故“尨”与“厖”音近

① 向熹.《诗经》里的复音词［M］//语言学论丛（第六辑）. 北京：商务印书馆，1980：27.

义同，“龙茸”亦可作“厖茸”。

作“濛茸”

在汉籍检索中，含有“濛茸”的文献共8篇，《汉语大词典》释“濛茸”为“迷茫貌”。唐无名氏《撷芳词》：“风摇荡，雨濛茸，翠条柔软花头重。”前蜀贯休《春末兰溪道中作》：“山花零落红与绯，汀烟濛茸江水肥。”《说文·水部》：“濛，微雨也，从水，蒙声。”《玉篇·水部》：“微雨貌。”故“濛”本义为细雨纷纷的样子。《诗经·豳风·东山》：“我来自东，零雨其濛。”《毛传》：“濛濛，雨貌。”郑玄：“我往之东山，既久劳矣，归又道遇雨濛濛然。”《鲁诗》将“濛”作“蒙”，《楚辞·七谏》王逸注引“濛”作“蒙”，王力《同源字典》作“蒙、濛”同源。故“蒙茸”可作“濛茸”；高亨《古字通假会典》作“厖”通“濛”，《史记·司马相如列传》：“湛恩濛涌。”《汉书·司马相如传》《文选·封禅文》“濛”作“厖”；故“濛”亦通“龙”，二字皆有“细小而丰茂”义。

古文字资料中可见“容”“戎”相通的情况，如马王堆汉墓帛书《六十四卦·同人》九三：“服（伏）容〔于〕莽，登（升）其高〔陵〕，三岁不兴。”通行本《易》“容”作“戎”，[①] 可证“容”与“戎”音近。又据上文，“戎”“茸”相通知，“容”“戎”“茸”同音。

从上述可知，“蒙容”亦可作“蒙茸”“蒙戎”“龙茸”“厖茸”“濛茸”，它们音近义同，皆为形容词性联绵词，从这些不同的书写形式可印证联绵词只取音节、字无定写的特点。

本文分别从三方面来考证北大汉简《赵正书》中“蒙容”为形容词性联绵词（单纯复音词），又通过对其多种不同书写形式的梳理，更确定“蒙容”的词性及词义。“蒙容”本义为“蓬松、杂乱的样子”，用于《赵正书》“吾衣（哀）令（怜）吾子之孤弱，及吾蒙容之民，死且不忘。其议所立”中为“杂乱、慌乱”义，非常顺适。

（原文发表于《中国文字研究》第二十五辑，2017年，有改动）

---

① 王辉．古文字通假字典［M］．北京：中华书局，2008：492.

简本《晏子》“进师以战”句辨

一

银雀山汉墓竹简《晏子》里有一段晏婴劝诫齐景公的话，整理者释文如下：

> 公伐无罪之国，以怒神明，不易行□□□，进师以战，祸非婴之所智（知）也。师若果进，军必有灾。①

传世本《晏子春秋·内篇谏上》第二十二章有相似的内容可以与之对读：

> 公伐无罪之国，以怒明神，不易行以续蓄，进师以近过，非婴所知也。师若果进，军必有殃。

两相比较，除“神明”作“明神”、“智”作“知”、“灾”作“殃”外，二者最大的不同在于“战”对“近”、“祸”对“过”，并且由此形成不同的句读。另外，简本“非婴之所知也”，今本作“非婴所知也”，比今本多出一个“之”字。

裘锡圭先生在《用出土文字资料检验清儒在语文学方面的一些具体见解》一文里指出，清代学者校读古书“屡用理校法，即在并无其他版本作根据、亦无见于他书的相同文句可作比较的情况下，仅据文理断定传本文字的错误”，并举例今本《晏子春秋》“谓于民”“意使令”于义难通，王念孙读为“和于民”“急使令”，后来又得到了简本《晏子》的证实②，确不可疑。

今本《晏子春秋》“近过”一词同样令人费解。吴则虞《晏子春秋集释》引陶鸿庆说：“‘近过’二字，文义难通。‘过’当读为‘祸’，《礼记·大学》：‘过也’，朱氏骏声以为‘祸’之假字。下云‘师若果进，军必有殃’，

① 银雀山汉墓竹简整理小组．银雀山汉墓竹简［二］［M］．北京：文物出版社，2010：90-91．简 549-550。

② 裘锡圭．用出土文字资料检验清儒在语文学方面的一些具体见解［M］//裘锡圭学术文集·语言文字与古文献卷．上海：复旦大学出版社，2012：304-305．

即近祸之谓。"[①] 按，文献中"过"与"祸"相通假的例子并不稀见：《战国策·赵策一》："而祸及于赵。"《战国策·魏策三》："是受智伯之祸也。"《战国策·燕策》："其祸必大矣。"马王堆汉墓帛书《战国纵横家书》与"祸"字对应的地方均写作"过"[②]。而简本《晏子》的发现，进一步落实了把今本的"近过"读为"近祸"是可信的。这是利用出土古文字材料校订传世古书的又一个典型的例子。

今本"进师以近祸，非婴所知也"，不难理解。与之对应的简本作"进师以战，祸非婴所知也"，似乎也讲得通。但是，二者句读不同，简本的"战"字与传本对应的地方写作"近"，它们是什么关系？究竟应该读成哪一个？"祸"字连上读还是属下读？这是需要解决的问题。

简本《晏子》整理者的意见是依简本，读为"战"，那么"祸"必属下读。李天虹先生支持该说，并认为传本的"近"字可能是"战"字的讹写，从字形上排比了古文字"戰"讹变为"斳"、再到"近"的过程。[③] 骈宇骞先生在《晏子春秋校释》"序言"里认为传本"以近"当从简本作"以战"，但在正文中却肯定了"近过"读为"近祸"[④]，前后矛盾。吉林大学蒋鲁敬《〈晏子〉集释》认为"简本'祸'似当属下读与今本异。"[⑤] 与整理者意见一致。

我们认为，传本"进师以近过，非婴所知也"之"过"字，当依简本读为"祸"，而简本的"战"字当依传本读为"近"，在断句上亦从今本，读为"进师以近祸，非婴所知也"。下面我们围绕该句话的用字以及断句等问题分别加以讨论。

二

先看一下"非婴所知也"与"非婴之所知也"两句。"非……所知也"在句式上是一个表示否定的判断句。判断句是以名词或名词性的词组作谓语，对主语做出判断，说明主语是什么或者不是什么。"非"字后面是主谓结构短语充

① 吴则虞．晏子春秋集释（上）[M]．北京：中华书局，1982：83．注一六。

② 高亨纂，董治安整理．古字通假会典［M］．济南：齐鲁书社，1997：670.

③ 李天虹．以简本《晏子春秋》校读传本一则［M］//简帛研究二〇一〇．桂林：广西师范大学出版社，2012.

④ 骈宇骞．晏子春秋校释［M］．北京：书目文献出版社，1988：4.

⑤ 蒋鲁敬．银雀山汉墓竹简《尉缭子》《晏子》《六韬》集释［D］．长春：吉林大学，2012：64.

当句子的谓语，而这个主谓结构短语是由【主语+所字结构】组成的。如：

> 非子所知也。《吴越春秋·夫差内传》第五
> 非吾所知也。《国语》卷十二
> 非仪所知也。《北史》卷十五

为明确该句式主谓结构短语的名词性词组性质，还有【主语+之+所字结构】的情况，助词“之”用在主谓之间取消句子独立性，使句子词组化[①]。如：

> 非使臣之所知也。《战国策》卷四
> 非婢子之所知也。《管子》第五十一
> 非子之所知也。《晏子春秋·内篇谏上》第一章

无论是【主语+所字结构】，还是【主语+之+所字结构】，都是主谓结构作谓语的形式，二者其实质是一回事。

可见，今本“非婴所知也”与简本“非婴之所知也”，并无不同。

在这样的句子里，作为句子的主语的，即谓语所判断的对象往往是前面叙述过的内容。这是由“所”字的特殊语法作用所决定的。王力先生《古代汉语》说：“‘所’也是一个特殊的指示代词，它通常用在及物动词的前面和动词组成一个名词性的词组，表示‘所……的人’‘所……的事物’。”[②] 在“所知”结构中，“所”字和及物动词“知”组成一个名词性的词组，表示“所知道的事物”。所以，“非婴所知也”是指“公伐无罪之国，以怒明神，不易行以续蓄，进师以近过”这件事。

在《晏子春秋·内篇谏下》第二卷里，亦见“非婴所知也”句。

> 晏子曰：“婴闻与君异。……而况夺其财而饥之，劳其力而疲之，常致其苦而严听其狱，痛诛其罪，非婴所知也。”

结合上下文语境，此处的“非婴所知也”，所否定的对象是指“夺其财而饥之，劳其力而疲之，常致其苦而严听其狱，痛诛其罪”。

---

① 王力先生把用于主谓之间的“之”定为介词，即把介词“之”插入主语和谓语之间，使它变成名词性仂语。王力．汉语史稿［M］．北京：中华书局，2004：457.

② 王力．古代汉语（第一册）［M］．北京：中华书局，2008：365.

有时候，为了突出判断的对象，使意义更为明确，还用“是”字或“此”字复指，放在“非”前。

> 此非君所知也。《韩非子·说难一》第三十六
> 是非汝所知也。《孟子》卷八

而不可能出现像简本“祸非婴所知也”、在“非”字前面加上“名词”这样的结构形式。经过检索，我们也没有发现一例这样的情况。所以，简本“祸非婴之所知也”之“祸”属下读，是不符合古代的阅读习惯的。

如此，简文“进师以战”的“战”字就需要重新考虑了。把它读为今本的“近”字，“近祸”连读，则文从字顺，晓畅无碍。

“近祸”为习语，古书屡见。

> 其过于厚者常获福，过于薄者常近祸。《抱朴子·内篇》第七
> 是故古之初为道者，莫不兼修医术，以救近祸焉。《抱朴子·内篇》第十五
> 臣诚知阿谀有福，深言近祸，岂敢隐心以避诛责乎！《后汉书》卷六十五

此外，还有与之语义相反的“远祸”，如：

> 今欲获福而远祸，未论行善，先须改过。《抱朴子·内篇》第七
> 宁幽隐以远祸兮，孰侵辱之可为？《楚辞》卷十四
> 明府必欲立功明义，全福远祸，不宜与之同也。《三国志》卷二十二

三

最后回到字形的讨论上。简本所谓的“战”字出现在第550简，简文有些模糊，但是字左侧从“單”清晰可见，《银雀山汉墓竹简》摹本（第83页）和释文（第90页）将其直接摹作“戰”（按：骈宇骞先生主编的《银雀山汉墓竹简文字编》第399页“战”字头下不见此字）。又同篇565号、566号简上各有一“靳”字，摹本都可见，但后者不见于《银雀山汉墓竹简文字编》。“靳”字简文里皆用为祈福的“祈”，二者音近，没有问题可以通假。

550号简所谓的“戰”字右侧模糊不辨，它究竟是什么字，我们推测有

以下几种可能：一是该字本就是斲字，《晏子》同篇里已经出现过。字既可以读为“祈”，当然也可以读为“近”，都从“斤”声。文献中可见“蕲”“祈”“近”相通的例子。例如《礼记·祭法》：“相近于坎壇。”郑注：“相近当为禳祈，声之误也。”《吕氏春秋·振乱》：“所以蕲有道行有义者，为其赏也。”高诱注：“蕲读曰祈。”[1]《管子·大匡》：“今君蕲封亡国，国尽若何？”另有古本“蕲”作“近”。郭沫若注：“蕲或作近者，乃祈字之讹。”[2]一是该字即“战（戰）”字，是斲字之讹写。前面列举李天虹先生文主此说，陈伟先生亦同[3]；一是“战”乃“斲”之异写。“斤”与“戈”都有砍伐义，所以在用作表意偏旁时可以互用。甲骨文“新”字大多数写作从“斤”，但是也有写作从“戈”的[4]，如（《屯南》1031）[5]，是其证。《银雀山汉墓竹简［二］》“论政论兵之类”第1003简“期战心分”之“战”写作[6]，右旁疑即从“斤”作。杨安《银雀山汉墓竹简文字编·续》也是将其收在“战”字头下的。[7]

（原文发表于《中国文字学报》第七辑，2017年）

银雀山汉墓竹简《晏子》“薦至”解

银雀山汉墓竹简本《晏子》分为十六篇，散见于今本八篇中的十八章，二者可形成对读。本文主要讨论简本的“薦至”和与之对应的今本的“荐

① 高亨纂，董治安整理．古字通假会典［M］．济南：齐鲁书社，1997：124.
② 郭沫若．管子集校（一）［M］//郭沫若全集·历史编（第五卷）．北京：人民出版社，1984：456.
③ 陈伟先生认为“祸”应连上读，简文“战”可能是“斲”字之误，并读为“祈祸”。说见李天虹先生《以简本〈晏子春秋〉校读传本一则》补记。
④ 此例蒙刘钊先生提示。
⑤ 刘钊，洪飏，等．新甲骨文编［M］．福州：福建人民出版社，2014：747.
⑥ 银雀山汉墓竹简整理小组．银雀山汉墓竹简［二］［M］．北京：文物出版社，2010：10．简1003。
⑦ 杨安．银雀山汉墓竹简文字编·续［D］．长春：吉林大学，2013：211.

罪”的释读问题。

简本：是以神民俱怨而山川收逯（祿）。司过薦至而祝宗蘄（祈）福，意逆乎？（第七篇【简565】）

今本：是以民神俱怨，而山川收祿。司过薦罪，而祝宗祈福，意者逆乎？（《内篇问上》第十章）

简文“薦至”與今本“薦罪”存在明显的异文。今本凌澄初本、四部丛刊本、四部备要本、经训堂本皆作“薦罪”，只有《群书治要》本作“荐至”。吴则虞《晏子春秋集释》引苏輿说：“《治要》作‘荐至’，疑误。”①再无解。

关于简本“薦至”，各家说法颇不统一。如李万寿认为“司过薦至”一句意为“司过举荐至善，祝宗祈祷求福”②。谭步云认为“司过”当即《包山楚简》所载神名“神祸”。“司过”即“司祸”，薦是“进”的意思。“司过薦至而祝宗祈福，意逆乎？”大意是：司祸之神就要降临，而祝宗却还祈福，这想法不是和现实矛盾吗？③ 蒋鲁敬把“至”读为“致”，并引《广雅·释诂一》：“荐，至也。”《玉篇·荐部》：“荐，进献也。”认为荐、至义近，当是同义连用。④

其实，简文“薦至”一词并非首见，还见于其他典籍。如《左传·襄公二十二年》：“以大国政令之无常，国家罢病。不虞薦至，无日不愓，岂敢忘职。大国若安定之，其朝夕在庭。”杨伯峻《春秋左传注》：“不虞谓忧患。”并引《汉书·终军传》注：“薦，屡也。”⑤《史记·历书》：“少皞氏之衰也，九黎乱德，民神杂扰，不可放物，祸灾荐至，莫尽其气。”《索隐》说：“荐，古‘薦’字，假借用耳。薦，集也。荐，集也。”后世文献亦可见“荐至”一词，如明代范濂《云间据目抄》卷四：“水旱频仍，饥馑荐至，号称殷富

① 吴则虞．晏子春秋集释［M］．北京：中华书局，1982：201.

② 见蒋鲁敬《银雀山汉墓竹简〈尉缭子〉〈晏子〉〈六韬〉集释》一文引李万寿《晏子春秋全译》中关于“司过薦至”一句的解释。蒋鲁敬．银雀山汉墓竹简《尉缭子》《晏子》《六韬》集释［D］．长春：吉林大学，2012：77.

③ 谭步云．银雀山汉简本《晏子春秋》补释［J］//古文字研究（第二十四辑）．北京：中华书局，2002：436-439.

④ 蒋鲁敬．银雀山汉墓竹简《尉缭子》《晏子》《六韬》集释［D］．长春：吉林大学，2012：77.

⑤ 杨伯峻．春秋左传注［M］．北京：中华书局，1990：1067.

者，以供输供役而十室九虚。”兹不烦举。《汉语大词典》收入“薦至”词条（按，《词典》不见“荐至”词条。）注释说：“接连而来。”①

“荐至”后世又写作“洊至”，南朝宋谢灵运《富春渚》诗：“洊至宜便习，兼山贵止托。”《续资治通鉴·元世祖至元二十八年》：“民怨而盗发，天怒而地震，水灾洊至。”康有为《上清帝第五书》：“工部主事康有为，为外衅危迫，分割洊至，急宜及时发愤，革旧图新，以少存国祚，呈请代奏事。”《说文》未收“洊”字，但有“瀳”字。《说文》：“瀳，水至也。從水薦声。”段玉裁《说文解字注》：“……《广韵》曰‘水荒曰洊’。洊者，瀳之異文。”瀳即“洊”字，《汉语大词典》：“洊至：再至，相继而至。”②

文献中又有“荐臻”一词。《诗·大雅·云汉》：“天降丧乱，饥馑荐臻。”《国语·楚语下》：“嘉生不降，无物以享，祸灾荐臻，莫尽其气。”《汉书·孔光传》：“如貌、言、视、听、思失，大中之道不立，则咎徵荐臻，六极屡降。”《墨子·尚同中》：“飘风苦雨，荐臻而至者，此天之降罚也。”孙诒让《墨子间诂》：“荐、薦同。《毛诗·大雅·节南山》传云：‘荐，重也。’《尔雅·释诂》云：‘臻，仍乃也。’仍与重义亦同。《易·坎》‘水荐至’，《释文》引京房‘荐’作‘臻’。”《说文》：“臻，至也。从至，秦声。”《诗经·邶风》：“遄臻于卫。”传：“臻，至也。”《国语·晋语二》：“丧乱并臻。”注：“臻，至也。”《汉语大词典》：“荐臻：接连地来到；一再遇到。”③

“荐臻”后来又写作“洊臻”。南朝陈徐陵《为陈武帝作相时与岭南酋豪书》：“自天数云否，朝祸洊臻，东夏崩腾，西京荡覆。”宋王谠《唐语林·补遗四》：“唐自安史以来，兵难洊臻。”清陈康祺《燕下乡脞录》卷六：“康熙八九年，水旱洊臻，公为分乡赈粥之法，全活无算。”《汉语大词典》于“洊臻”下注释：“再次来到，接连来到。”④

荐，通“洊”。《易·坎》：“水洊至，习坎。”王弼注：“不以坎为隔绝，相仍而至。”陆德明《经典释文》“京作臻，干作荐”。《尔雅·释言》郭注引“洊”作“荐”。⑤《诗·大雅》：“饥馑荐臻”。《集韵》：“荐，徂昆切，音存。或从水作洊。”段玉裁《说文解字注》：“……《周易》曰‘水洊至，习坎。’

---

① 罗竹风主编．汉语大词典（第9册）［M］．上海：汉语大词典出版社，1994：566.
② 罗竹风主编．汉语大词典（第5册）［M］．上海：汉语大词典出版社，1994：1138.
③ 罗竹风主编．汉语大词典（第9册）［M］．上海：汉语大词典出版社，1994：364.
④ 罗竹风主编．汉语大词典（第5册）［M］．上海：汉语大词典出版社，1994：1139.
⑤ 高亨纂，董治安整理．古字通假会典［M］．济南：齐鲁书社，1997：139.

洊，雷震。《释言》‘荐，再也’。荐同洊。”① “薦”亦通“洊”，《汉语大词典》在“薦至”“薦臻”下都标注“薦通洊”。②

《说文·廌部》：“薦，兽之所食草。”段注：“艹部曰：荐，草席也。与此义别，而古相假借。……凡注家云薦，进也者，皆荐之假借字。”③ 荐古音从母文部；薦古音精母元部，声纽发音部位相同，韵旁转，古音极近。文献通用，如《国语·楚语下》：“祸灾荐臻。”《史记·历书》“薦”作“荐”。《荀子·富国》：“天方薦瘥。”杨注：“薦或为荐。”《尔雅·释天》：“仍饥为薦。”《释文》：“薦李本作荐字。”《庄子·齐物论》：“麋鹿食薦。”《左传·襄公四年》刘炫注引“薦”作“荐”。④ 后世以“荐”为“薦”之简化字。

《说文·艹部》：“荐，薦席也。從艸，存声。”段注：“薦席为承藉，与所藉者为二。故《释言》云：荐、原，再也。”⑤ 此用法在文献中不稀见，如《左传·僖公十三年》：“晋荐饥，使乞籴于秦。”杜预注：“荐，重也。”又《定公四年》：“吴为封豕长蛇以荐食上国。”杜预注：“荐，数也。”孔颖达疏：“《释言》云：荐，再也。再亦数之义也。”《玉篇·艹部》：“荐，重也，数也，再也。”《汉语大词典》和《辞源》关于“荐”的释义顺序不同：《汉语大词典》“荐”下注释：1. 再、又，接连。引书证为《左传·襄公二十二年》：“以大国政令之无常，国家罢病，不虞荐至。”杜预注：“荐，仍也。”2. 草席，引《说文》：“荐，薦席也。”⑥ 而《辞源》关于“荐”的注释：1. 草席。2. 重，一再。3. 数，渐。⑦ 比较而言，《辞源》在义项排列上明显优于《汉语大词典》。

根据段注，“荐”之“再”“重”义当是其“薦席”本义之引申义，可信。因此，“荐至”“洊至”“荐臻”“洊臻”等都有“再至”“接连而来”之义。

简本“司过薦至而祝宗祈福”一句，过去或把“司过”理解为官名，这样“司过”与“祝宗”“薦至”与“祈福”两两相对，如前文提到的李万寿

① 段玉裁．说文解字注［M］．上海：上海古籍出版社，1981：551.
② 罗竹风主编．汉语大词典（第9册）［M］．上海：汉语大词典出版社，1994：566.
③ 段玉裁．说文解字注［M］．上海：上海古籍出版社，1981：469.
④ 高亨纂，董治安整理．古字通假会典［M］．济南：齐鲁书社，1997：139.
⑤ 段玉裁．说文解字注［M］．上海：上海古籍出版社，1981：42.
⑥ 罗竹风主编．汉语大词典（第9册）［M］．上海：汉语大词典出版社，1994：364.
⑦ 广东、广西、湖南、河南辞源修订组，商务印书馆编辑部．辞源（合订本）［M］．北京：商务印书馆，1995：1437.

将其翻译为“司过举荐至善，祝宗祈祷求福”，就体现出很严格的句式对仗。从古代汉语的表达习惯看，这种句式非常整齐，构式一致，似乎并无不可。但是如果回归文本通篇考虑，就会发现是不合适的。

本章开篇说景公身体不好，让祝宗把圭璧进献给天地之神以求福。晏子从一正一反两个方面阐述古者先君求福之道。

先来看正的方面：

古者先君之□福也，正政必合乎民，行必顺乎神，故节宫室，毋敢大斩伐，毋以服偪山林。节饮食，毋敢多畋鱼渔，以毋偪川泽。祝宗用事，辞罪而□□□□□（按，缺文可据同篇补出：不敢有祈求。今本《群书治要》也如是作。）也。是以神民俱顺而山川入球。

再看反的方面：

今君之正政反乎民，行孛悖乎神，大宫室而多斬伐，……□是以神民俱怨而山川收球。司过薦至而祝宗祈福，意逆乎？

“祝宗”是古代主管祭祀接神的官。《左传·定公四年》：“祝宗人史。”孔颖达疏：“祝宗，接神之官。”《左传·成公十七年》：“使其祝宗祈死。”杜预注：“主祭祀祈祷者。”收球，骈宇骞认为即纳禄，致福义①，可从。

由上可知，古代君主政令符合民心，行为顺应神意；宫室、饮食均有节制，以保护山林川泽资源。祝宗举行祭祀活动只是悔过而不敢求福，因此神民俱顺，山川致福。同篇下文说景公听从了晏子的建议，“革心易行”“于是□□□□□止海食之献，斩伐者□□□□者有数，居处饮食，节□勿羡”。采取了一系列的改革措施，就做到了“祝宗用事，辞罪而不敢有祈求也”。可见，晏子认为国君不能依靠祭祀求福，“祝宗祈福”是不被肯定的。而现在君主的做法恰恰与之相反，神民俱怨，山川收福，不再贡献财富，因此就会出现“司过薦至而祝宗祈福”违背意志的情况。

简本与今本“司过”并可读为“司祸”。典籍“过”“祸”可通用，如今本《晏子春秋·内篇谏上》第二十二章：“进师以近过，非婴所知也。”简本

① 骈宇骞．银雀山汉墓竹简《晏子春秋》校释［M］．北京：书目文献出版社，1988：37.

与之对应的地方作“近祸”，可证。另外，文献中还可见多处“过”读为“祸”的用例。①

楚简上有“司禍”一词，其中包山简 2 见、新蔡简 3 见②、江陵天星观简 2 见③。各家读法不一样，以包山简为例，就有如“司骨”（刘信芳）、“司禄”（汤余惠）、“司过”（李零）、“司祸”（吴郁芳、晏昌贵、黄尚明等）、“司灾”（汤璋平）等说法④。滕壬生《楚系简帛文字编》（增订版）卷一“禍”字条下将“司禍”读为“司祸”，并标注“神祇名”⑤，是正确的。此外，竹简上还有“司命”“地宇”“云君”“大水”“东城夫人”等，皆是楚人祭祷的鬼神。“司祸”就是掌管灾害的神。

综上，简文“司过薦至”当读为“司祸薦至”。“司过薦至而祝宗祈福，意逆乎?”意思是司祸之神接连而至，而祝宗（不悔过）还在事神祈福，这不是违背意志吗? 非常符合简文原意。回头看一下我们讨论的“薦至”一詞，其实并非生僻词，正是因为如此，人们按照对该词的习惯理解，如谭步云、蒋鲁敬等都把“薦”解释为“进，进献”；再如骈宇骞说竹简本“薦至”与今本“荐罪”之“荐”都是“举”的意思，认为二者意义都讲得通。⑥ 而忽略了“薦”还有“再、重”的用法。另外，没有从上下文进行全面观照解释词义，恐怕也是导致释读错误的原因。

我们在搜索《汉籍全文检索系统》时发现，“薦罪”一词仅在我们讨论的《晏子·内篇问上》第十章出现 1 次。古代注释学家以“进”訓“薦（荐）”⑦，如《仪礼·乡射礼》：“主人阼阶上拜送爵，宾少退，薦脯醢。”郑玄注：“薦，进。”《周礼·天官·庖人》：“与其薦羞之物。”注：“薦，亦进也。”《周礼·天官·边人》：“凡祭祀，共其边薦羞之实。”注：“薦羞，皆进也。”《吕氏春秋·季春》：“薦鮪于寝庙。”注：“进也。”《晏子春秋·内篇

① 高亨纂，董治安整理．古字通假会典［M］．济南：齐鲁书社，1997：670.

② 张新俊，张胜波．新蔡葛陵楚简文字编［M］．成都：巴蜀书社，2008：15.

③ 高明，涂白奎．古文字类编（增订本）［M］．上海：上海古籍出版社，2008：774.

④ 朱晓雪．包山楚简综述［M］．福州：福建人民出版社，2013：565.

⑤ 滕壬生．楚系简帛文字编［M］．武汉：湖北教育出版社，2008：36.

⑥ 骈宇骞．银雀山汉墓竹简《晏子春秋》校释［M］．北京：书目文献出版社，1988：38.

⑦ 金文有“薦”字，用为“进献”义。又，《邵王簋》有写作从廌从皿的“薦”字（《金文编》（第四版）卷十“薦”字头，第 679 页），于省吾先生在《双剑誃殷契骈枝》中认为该字为进献义之本字，后废，以“薦”表“薦進”义。说见李圃．古文字诂林［M］．上海：上海教育出版社，2004：507.

问上》第十章有"令祝宗薦之上下"，这里"薦"也是"进"的意思。"进"精母真部，"薦"精母元部，古音极近，没有问题可以相通。《礼记·祭义》："尝而薦之。"《大戴礼·曾子大孝》"薦"作"进"。《礼记·祭义》："薦其荐俎。"《孔子家语·公西赤问》："进则燕俎。"《列子·汤问》："穆王薦之。"张注："薦当作进。"[①] 如果把"薦罪"读为"进罪"，则于义难通，所以"罪"字很可能是误书。同篇两见"辞罪"一词，"薦罪"或许是受其影响，而在句式结构上又跟"祝宗祈福"一致，因而就写成了"司过薦罪"。《群书治要》本作"薦至"不误。

最后附带谈一谈至、致、臻、荐、洊、荐同源的问题。

王力《同源字典》以"至、致、臻"同源[②]，同说又见王云路等《汉语词汇核心义研究》[③]。《广韵》："至，到也。"《玉篇》："至，来也。"《说文》："致，送诣也。"《广雅·释诂一》："致，至也。"《礼记·中庸》："其次致曲。"注："致，至也。"《说文》："臻，至也。从至，秦声。"

又《广雅·释诂一》："荐，至也。"《说文》："洊，水至也。从水荐声。"《玉篇·水部》："瀳，水至也。洊，同瀳。""瀳"后简化作"洊"。㨨，《广韵》："㨨，又至也。"《集韵》："㨨，再至也。"明代陈子龙《释愁文》："烦枯㨨加，焦怼益侈。"

至，章母质部；致，端母质部；臻，庄母真部；荐，洊、㨨：从母文部；薦：精母元部。各字语音相近，有共同的核心义，因此具有同源关系。

（原文发表于《出土文献语言研究》第三辑，2020 年）

说"截"字

一、关于"截"和"截"字的解释与讨论

关于"截"和"截"两个字形，《说文》只有"截"字，无"截"字。

---

① 高亨纂，董治安整理．古字通假会典［M］．济南：齐鲁书社，1997：83.

② 王力．同源字典［M］．北京：商务印书馆，1999：416.

③ 王云路，等．汉语词汇核心义研究［M］．北京：北京大学出版社，2014：207.

《说文·戈部》："截，断也。从戈，雀声。"《尚书·秦誓》："惟截截善谝言。"《说文·言部》谝下引作"截截善谝言"。《玉篇·戈部》："截，亦作截。"朱骏声《说文通训定声》："截，字亦作截。"《汉语大字典》（1514页）："截，同'截'。"《汉语大词典》卷5："截，同'截'。"并引书证如《后汉书·窦宪传》："铄王师兮征荒裔，勦凶虐兮截海外。"又《荀爽传》："传曰'截趾适履，孰云其愚？何与斯人，追欲丧躯？'"①

近年相继有学者撰文，认为《说文》所收"截"字字形有误，分析为"从戈雀声"更是不可信。如黄盛璋先生在20世纪90年代，对《说文》把"截"字分析为"从戈雀声"分别从形、音、义三个方面提出了质疑。为使读者充分了解黄先生观点，现摘录黄文如下：

> （1）"截"为常用不可缺少之字，自先秦直到后世，传世书籍以及隶楷相沿至今全作截，无作"截"者。《诗·长发》"海外有截"，《常武》"截彼淮浦"，《国语·晋语》"不如截而行"，今传本皆作截，汉魏以来隶、楷、行书亦皆如是，如汉《石门颂》、王羲之发帖等。至于《说文》之"截"，根本未为隶、楷书所承。在典籍中也几乎不用。从字形上说，前无所本，后无所承，不能不令人怀疑。（2）其次，从音论，截古音在月部，《广韵》属入声屑韵，雀古音在药部，《广韵》属入声觉韵。段玉裁知其上古、中古音皆不合，只得曲解为"于双声合韵中求之"。然而，直到汉魏六朝，仍读截如札，如《周礼·大宗伯》郑玄注"札读为截"，《释名》"札，截也。"札在月部，与截同韵，而和雀声不同，更可断定《说文》截（截）从雀声不对。（3）如解截为会意，即以戈断截雀为二，则当以戈穿截雀头与身，分而为二，其字形结构应作"截"，其意始明。如仅从雀作截，则根本不明为斩截意，故于形、义亦皆不合。
>
> ……我以为小篆之"截"亦当从戈穿雀之头与身而过，隶定就是"截"，但至东汉写法笔划稍有讹失或混淆不清，许慎不明"截"字源流演变，以致误析为"从戈雀声"，不论从形、音、义考查都有问题。②

时隔二十年，刘洪涛先生在《甲骨金文"截"字补释——兼释〈诗经〉

① 罗竹风主编．汉语大词典（第5卷）［M］．上海：上海辞书出版社，1986：238.

② 黄盛璋．"戕"为"截"字初文形音义证［M］//吉林大学古文字研究室．于省吾教授百年诞辰纪念文集．长春：吉林大学出版社，1996：233-238.

中的"截"字》一文里对"截"字的小篆构形也进行了讨论。刘文如下：

> 《说文》"截"字小篆上部从"小"，但古文字"小"从没有隶变作"十"字形的，《说文》的篆形恐怕有误。根据李家浩先生的研究，《说文》小篆存在篡改和虚造的字形……"截"字篆文恐怕也是如此，汉代小学家已不知道它的构造，因"屮""小"二字形近，遂以为其字所从为"小"，于是就复原为从"戈"从"小"从"隹"，又误分析为从"戈"从"雀"。①

而从"截"到"截"的字形发展，也是众说纷纭。我们在"国学大师"网上检索到以下主要关于字形发展的说法：

《汉字源流字典》1683 页："截，会意兼形声字。篆文从戈断雀首会意，雀也兼表声。隶变后楷书写作截。俗作截。如今规范化用截。"

《字源》1108 页："从小篆到汉隶缺少中间环节。'截'乃'截'的隶定异体。石门颂'截'字作'截'。今'截'字通行而'截'字罕用。"（徐在国先生说）此说比较客观。

小篆 汉代《石门颂》

《汉字字源》："表示用戈断雀，隶变为截，本义是切断。"

《当代新说文解字》（56 页）："意思是用戈把小鸟砍成两段，由此产生半截和弄断的含义。"

综上，关于"截"字构形，有的讲成会意字，是不可信的。同样表示"断"义的"析""绝""伐"等，都是所从的"斤""刀""戈"等器具从物体上穿过，所以才有"切断""断"义。正如黄盛璋先生所说，"截"字所从之"戈"并未从雀身和头穿过，因而表意不明。诸说要么对"从戈雀声"避而不谈，要么提出质疑，从新发现的材料来看"截"字"从戈雀声"是没有问题的。从"截"字到"截"的字形发展，如径以"隶变"定论，失之简单。我们将在下文讨论以上问题。

二、"截"和"截"的字形发展

甲骨文里有"截"字：

---

① 刘洪涛．甲骨金文"截"字补释——兼释《诗经》中的"截"字［M］//出土文献（第九辑）．上海：中西书局，2016：34-40.

王其雚日出其截于日。(《屯南》2232)

“截”字原篆作：

《屯南》释作“截”。《新甲骨文编》置于“戈”部“截”字头下。① 甲骨文此字跟《说文》“从戈雀声”的“截”应该是一个字②。

在长沙走马楼三国吴简里，有大量的（23 例之多）表示“截断”义的“截”字都用“雀”来记录，例如：

雀左手 ［二六五一·壹］

年廿三雀右足［四三二八·壹］

民男子周托年卅二盲□□托妻大女汝年廿七雀卻（脚）□□□［一七八五·贰］

兄子男公乘蒴廿雀左手給子弟［二〇三四·贰］

……

整理者在“雀”后括注“截”，表明二者的通假关系。雀，上古音溪母药部；截，上古音从母月部。古音见系声母与精组声母读音很近，参看梅祖麟《跟见系字谐声的照三系字》一文③。上古药部字与月部字关系密切。

有学者考证甲骨文里的人名“雀”就是传世文献中的商代重臣“傅说”，在战国竹书中写作“仪鸢”“尃敓”“敊鵙”④。雀，溪母药部；悦，喻母月部；鸢，喻母元部，敓、鵙皆为月部字。古音药部、月部、元部关系很近，其说可信。

金文“夺”字多从“雀”作，如：

夺簋  夺壶⑤

① 刘钊，洪飏，等．新甲骨文编［M］．福州：福建人民出版社，2014：691.

② 或以为《屯南》2232 字与《说文》“截”字二者时代相隔较远，恐不能建立直接联系，二者大概只是异代同形而已。说见刘洪涛．甲骨金文“截”字补释——兼释《诗经》中的“截”字［J］//出土文献（第九辑）．上海：中西书局，2016：35. 注 3。

③ 梅祖麟．跟见系字谐声的照三系字［J］//中国语言学报（第一期）．北京：商务印书馆，1983：114-126.

④ 张卉．卜辞中的“雀”与文献中的“傅说”［J］．中原文物，2017（3）：124.

⑤ 容庚．金文编［M］．北京：中华书局，1985：259.

《战国古文字典》："夺，从又，从衣，从雀，会捕鸟之意，引申为捕取。"①《说文新证》："从雀在衣中，又（手）夺之。"② 其实，"雀"可以看作"夺"的声符。雀，溪母药部；夺，定母月部。

《郭店楚简·太一生水》："天道贵溺（弱），雀成者以益生者，伐于强，积于□。"裘锡圭先生在注释中将"雀"读为"削"③。雀，溪母药部；削，心母药部。按，此处"雀"也可以读为"截"，于音义皆合适。

所以，"截"（截）字从雀得声，没有问题。甲骨文"截"字至《说文》时代确实远隔，这中间经历怎么样的发展变化暂时还说不清，需要等待更多的材料的发现。但是从三国吴简以"雀"为"截"的用字习惯来看，"截"的字形发展，应该是经历了在假借字"雀"上加注表意偏旁"戈"产生分化字的过程，因其用作"截断"义比较普遍，所以变形音化作"截"。

像"截"字这样构形的字还有如"害"字。包山简里有一个从害从戈的字：

《包山简》95④

我们知道，伤害的"害"本来就是一个假借字，"[害戈]"即在假借字"害"上加注表意偏旁的分化字。

再比如，"救"字除写作从"攴"，战国文字里还有写作从"戈"的异体：

《包山简》247 中山方壶⑤

"[害戈]""[求戈]"都可以证明我们对"截"字的分析是可信的。

甲骨金文里写作等形的字，隶作"𢦔"，相当于后世的哪个字，历来众说纷纭，有释"捷"说⑥，有释"杀"说⑦，有读"翦"说⑧，还有的认为

---

① 何琳仪．战国古文字典——战国文字声系［M］．北京：中华书局，1998：932.

② 季旭昇．说文新证［M］．福州：福建人民出版社，2010：294.

③ 荆门市博物馆主编．郭店楚墓竹简·太一生水［M］．北京：文物出版社，1998. 注 15。

④ 汤余惠主编．战国文字编［M］．福州：福建人民出版社，2001：821.

⑤ 汤余惠主编．战国文字编［M］．福州：福建人民出版社，2001：819.

⑥ 管燮初．说𢦔［J］．中国语文，1978（3）．李学勤．再谈甲骨金文中的"𢦔"字［M］//湖南省博物馆馆刊（第六辑）．长沙：岳麓书社，2010.

⑦ 吴振武．"𢦔"字的形音义［M］//王宇信，宋镇豪主编．纪念殷墟甲骨文发现一百周年国际学术研讨会论文集．北京：社会科学文献出版社，2003.

⑧ 陈剑．甲骨金文"𢦔"字补释［M］//甲骨金文考释论集．北京：线装书局，2007.

是“象以戈斩断草木之形，是截断之‘截’的表意初文”①。

如果把“𢦏”释为“截”，就会使得甲骨文和《说文》的“截”字以及三国吴简里面以“雀”为“截”这些“截”字都没有了着落。从另外一个角度看，“截”字的认识似乎有助于把“𢦏”字释作“截”这一说法排除掉。

三、《诗经》里“截”字的意义

《说文》：“截，断也。”《广雅疏证》卷一上：“刵、劊、刓、剸、割、剺、刌、切、殊、绝、刜、斮、截、剸、刖、祝、斩、剿、刏、刎……断也。”《广雅疏证》卷四下：“剝、刵、割、剿，截也。”② “截”的本义是“断”，其在文献中的使用也是围绕着这个本义展开的，有“整齐”“整治”等意思，《诗经》里面的“截”字就是这种用法。

《诗经》里面“截”字共四见，分别是：

> 《诗经·大雅·常武》：“王奋厥武，如震如怒。进厥虎臣，阚如虓虎。铺敦淮濆，仍执醜虏。截彼淮浦，王师之所。”
>
> 《诗经·商颂·殷武》：“挞彼殷武，奋伐荆楚。深入其阻，裒荆之旅。有截其所，汤孙之绪。”
>
> 《诗经·商颂·长发》：“玄王桓拨，受小国是达，受大国是达。率履不越，遂视既发。相土烈烈，海外有截。”“武王载旆，有虔秉钺。如火烈烈，则莫我敢曷。苞有三蘖，莫遂莫达。九有有截，韦顾既伐，昆吾夏桀。”

刘洪涛先生据甲骨金文“截”字的释读，将《诗经》里面的几处截字并读为“捷”，战胜义。按之文义，实则不然。

“截彼淮浦，王师之所”一句，刘文训“所”为“宜”，“王师之所”理

---

① 黄盛璋、刘洪涛等先生释作“截”。黄说见黄盛璋．“𢦏”为“截”字初文形音义证［M］//吉林大学古文字研究室编．于省吾教授百年诞辰纪念文集．长春：吉林大学出版社，1996：233-238. 刘说见刘洪涛．甲骨金文“截”字补释——兼释《诗经》中的“截”字［M］//出土文献（第九辑）. 上海：中西书局，2016：34-40. 刘洪涛先生认为，“𢦏”字后来被“截”字吞并，不再使用，所以《说文》才误以为截断之“截”的本字是“截”。从“截”所从之“隹”跟截断无关来看，“截”表示截断很可能是假借用法。

② 王念孙．广雅疏证［M］. 上海：上海古籍出版社，1983：21、131.

解为“王师所宜有的功绩”，增字解经。诗文前面提到“铺敦淮濆，仍执醜虏”，已经是打败并俘获了敌人，战争取得了胜利，没有必要再说“截（捷）”，而把“截”训为“整治”，正合文义。“有截其所，汤孙之绪”一句同此。

《诗经·商颂·长发》“海外有截”“九有有截”，把“截”讲成“捷”也是不符合原文意思的，此不赘述。

这些“截”字依照传统的释读非常好，不烦改读。“截彼淮浦，王师之所”之“截”为整治义；“海外有截”之“截”为整齐义，[①] 文从字顺。

（原文发表于《中国文字学报》第十辑，2020 年）

清华简七《晋文公入于晋》释读一则

《晋文公入于晋》是《清华大学藏战国竹简（七）》里的一篇，主要讲晋文公结束流亡返国之后，整顿内政、董理刑狱、丰洁祭祀、务稼修洫、增设武备，城濮一战而霸，大得河东之诸侯。其中，简 1-2 有如下一句话：

命訟試（獄）敂（拘）執睪（釋）適賫（責）母（毋）有貟。

整理者断句为：

命訟試（獄）敂（拘）執睪（釋）適（折），賫（責）母（毋）有貟。

注释说：

折，训为“断”。《书·吕刑》：“非佞折狱，惟良折狱。”貟，读为“弇”，《说文》：“举也。”责毋有所举，犹《国语·晋语四》称晋文公

---

① 湖北辞书出版社、四川辞书出版社主编．汉语大字典［M］．武汉：崇文书局，1992：1513.

“弃责薄敛”，《左传》成公十八年晋悼公“施舍已责”，韦昭注：“除宿责也。”①

围绕上引简文，学术界展开了热烈地讨论，主要集中在以下三个方面，一是断句；二是简文“遆”的释读；三是简文“貣”的释读。具体如下：石小力先生将“遆”读为“遣”。② 冯胜君先生在“睪”字下断读。将“遆”读为“滞”，积聚、积压义。“貣”读为“塞”，义为偿还。“遆（滞）賷（责）母（毋）有貣（塞/赛）”的意思是积压已久的旧债，就不要再偿还了。③ 易泉先生将“遆”读为“滞”，“滞积”是指资财的久积，认为这里指狱案久积。“貣”读为“息”，训作止。④ 明珍先生认为“责”是“责令、督促”之义。将“貣”读为“私”。则毋有私，意思是督促执行“讼狱拘执释遣”时不要有私心或偏私。⑤ 王宁先生将“遆”读为“税”，义同“赦”“舍”。⑥“貣”读为“息”，即利息。读为晋文公初即位时为了邀买人心，命令国内放债的人只收回本金，不许收取利息。⑦ 金宇祥先生从冯胜君先生在“睪”字下断读。“遆”读为“愆”，“愆”训为过失，“责”训为谴责，“貣”字读为“塞”，偿还过失、抵罪之意。⑧ 简文意为命令赦宥讼狱所拘执的人，不用偿还过失和谴责。

以上讨论对于进一步理解简文原意提供了帮助，但仍有未安，我们尝试对简文进行如下释读。在断句上，同意整理者的意见，但“遆”释为“遣”，“貣”读为“质”。重新做释文如下：

命訟訞（獄）敂（拘）執睪（釋）遆（遣），賷（責）母（毋）有

① 李学勤主编．清华大学藏战国竹简（七）下册［M］．上海：中西书局，2017：102. 注［五］。

② 清华大学出土文献读书会．清华七整理报告补正［J/OL］．清华大学出土文献研究与保护中心网站，2017-04-23.

③ 冯胜君．清华七《晋文公入于晋》释读札记一则［J/OL］．复旦大学出土文献与古文字研究中心网站，2017-04-25.

④ 清华（七）《晋文公入于晋》初读［J/OL］．武汉大学简帛研究网站论坛，2017-04-25.

⑤ 清华（七）《晋文公入于晋》初读［J/OL］．武汉大学简帛研究网站论坛，2017-04-28.

⑥ 清华（七）《晋文公入于晋》初读［J/OL］．武汉大学简帛研究网站论坛，2017-04-29.

⑦ 清华（七）《晋文公入于晋》初读［J/OL］．武汉大学简帛研究网站论坛，2017-04-29.

⑧ 金宇祥．《清华七·晋文公入于晋》札记二则：愆责毋有塞、命搜修先君之乘［J/OL］．简帛网，2017-10-17.

貴（質）。

案，曾侯乙墓钟磬铭文中有与简文“遒”所从写法相近的字，裘锡圭、李家浩先生释为“畜”，认为即“昔”的异体。① 简文“遒”从“辵”从“啇”，与上博简《性情论》简 27 从“止”从“啇”字相同，并可释为“遣”，参看陈剑先生对郭店简《性自命出》中“身欲静而毋款”的释读。②《说文解字》：“遣，纵也。”石小力认为“遣”与“拘、执、释”为并列关系，都是讼狱裁决的结果。③ 可从。

整理者和多位先生都将简文与《国语》《左传》所记晋文公“弃责薄敛”、晋悼公“施舍已责”联系起来，所以简文“责”读为“债”。统治者惯以弃债收买民心，如《战国策·齐策》记冯谖为孟尝君筑就三窟，其中之一是在“薛地市义”，冯谖“矫命以债赐诸民”，替孟尝君收买民心。“貴”字不见于后世字书，从“贝”“由”声，上古音隶心母真部。质，从“贝”“所”声，上古音隶端母质部。上古音声母“古无舌上音，舌上读如舌头”，故“貴”与“质”声纽相同，韵部真、质阳入对转，所以二字读音非常近。古代真部字与质部字相通的例子④，如《易·系辞下》：“天地絪緼。”《集解》：“絪緼作壹壺。”《说文·壶部》引作“天地壹壺”。《楚辞·九思》：“思哽饐兮诘诎。”《考异》：“饐一作咽。”“质”本跟财物有关，《说文解字》：“质，以物相赘也。”《管子·山权数》：“请以宝为质于子，以假子之邑粟。”引申为用财物或人作保证以为抵押，如《战国策·赵策》：“于是为长安君约车百乘，质于齐，齐兵乃出。”简文“质”正用作此义。“毋有”是表示禁止或劝阻的副词性结构，可译为“不要”，⑤ 与简文首字“命”正相呼应。其后则是简文所反对的。“债（责）母（毋）有貴（质）”意思是不要让百姓抵押债务（百姓的债务不要偿还了）。

出土文献材料中有“责（债）”与“质”并见的情况。《睡虎地秦墓竹简·法律答问》：“百姓有责（债），勿敢擅强质。擅强质及和受质者，皆赀

① 裘锡圭，李家浩. 曾侯乙墓钟、磬铭文释文与考释［M］//曾侯乙墓·附录二. 北京：文物出版社，1989：553-554.

② 陈剑. 郭店简补释三篇［M］//战国竹书论集. 上海：上海古籍出版社，2013：42-56.

③ 清华大学出土文献读书会. 清华七整理报告补正［J/OL］. 清华大学出土文献研究与保护中心网站，2017-04-23.

④ 高亨纂，董治安整理. 古字通假会典［M］. 济南：齐鲁书社，1997：74-75.

⑤ 张玉金. 古今汉语虚词大辞典［M］. 沈阳：辽宁人民出版社，1996：740.

二甲。”其中的“敢”字义为“能够”“可以”，“勿敢”或作“毋敢”，是禁止之辞，一般用在劝诫、阻遏他人某种行为的语句中。① 简文意思是不可以擅自强制百姓抵债（强制百姓还债），与“债（责）母（毋）有貣（质）”意思相近。

后世有“质债”一词，但出现较晚，如：

诸妄以良人为奴婢，用质债者，各减自相卖罪三等；（《故唐律疏议》卷第二十六）

毁辱呵责驱出质债，为他所执。（《菩萨地持经》卷第八）

少小失父居甚贫穷，以母及姊弟持行质债。（《法苑珠林》卷第四十七）

荷任他债自身质债，父母不听。（《决定藏论》卷中）

以母及姊弟，持行质债，欲乞匃赎之。（《经律异相》卷第二十六）

《现代汉语词典》中未见收录。

（该文未发表）

秦简中“久”的词性和用法

秦简中“久”出现的频率高，用法丰富。词性上看，“久”具有动词、名词、副词、形容词四种词性。句法功能上看，“久”出现于多种句式中，体现出词语运用的灵活性。“久”字的运用体现了秦时的语言风格，使人们看到了传世文献中不常见的意义，丰富了传世文献的语料。

一、秦简中的动词“久”

“久”在秦简中用作动词表“烧灼”义，出现在以下几种语境中。

（一）出现于“久+宾语”形式中

1. 鄉亭嗇夫吏弗得，貲各一甲；丞、令、令史貲1410各一盾，馬齒盈四

① 洪飏．古文献“敢”表“能”义续说［J］．汉字文化，2014（4）：57-59.

以上當服車、狠（墾）田、就（僦）載者，令廄嗇夫丈齒令、丞前，久（灸）① 右肩，章曰：當乘。1398（《岳麓书院藏秦简四》）

2. 公器官□久，久之。（《睡虎地秦墓竹简·秦律十八种·工律》）

3. 16 叁犀角象齒，17 叁皮革橐（蠹）突，18 叁久刻職（識）物，19 叁倉庫禾粟，……（《睡虎地秦墓竹简·为吏之道》）

4. 鐵鐖□□□□0652 □久劾殹（也），令吏勿坐，而務求可以劾久䜭（職）者，劾久䜭（職）之。0524（《岳麓书院藏秦简四》）

5. 公甲兵各以其官名刻久之，其不可刻久者，以丹若鬃書之。102（《睡虎地秦墓竹简·秦律十八种·工律》）

此类只有以上 5 个例句②且宾语皆指物，除例 3 的宾语为泛指外，其余 4 例皆为具体的事物，分别是“牛的右肩”“官有器物”“官有武器”。例 1 中的“久”义为动词“烧灼”，以此在马的右肩上烙印作为标记。例 2-4 中的“久”同用为“烧灼”义。“久”的此类用法表明其意义范围扩大，对象也可以是所有的器物。例 3-5“久”与“刻”连用。例 5 整理者注释“刻久”为

① 整理者在“久”字后注为“灸”。《岳麓书院藏秦简四》凡例指出“（）对异体字、假借字括注通行字。”首先可以确定“久”和“灸”二者不是异体字；“久”上古音在之部，“灸”上古音在铎部，两字无法假借。刘钊．说秦简“右剽”一语并论历史上的官马标识制度［M］//出土文献与古文字研究（第四辑）．上海：上海古籍出版社，2011：343. 曾指出秦汉时期存在着严格的公物标识制度，其中对于官马、官牛的标识就是其中最典型的例子，并且他将“久”读为“灸”，指用烙马印往马身烙印这一种行为。方勇．读《岳麓书院藏秦简（四）》札记一则［J/OL］．简帛网，2016-03-25. 遵从刘说，认为该简“久”应读为“灸”。“灸”是“久”的分化字，因此用“灸”注“久”更合适不过。可从。今从方说改读为“灸”。后简 1365 同。整理者注为“炙”可能是由于笔误或印刷有误导致。

② “久+宾语”的形式还有两种，分别为“不可久者，以鬃久之。”（《睡·秦律十八种》）和“工久榦曰不可用”（《睡·秦律杂抄》）。“以鬃久之”中的“久”，裘锡圭．读简帛文字资料札记［M］//裘锡圭学术文集（简牍帛书卷）．上海：复旦大学出版社，2015：220-221。根据“公甲兵各以其官名刻久之，其不可刻久者，以丹若鬃書之。”（《秦律十八种》102 号简），认为其应是“书”字之误，并举出秦简中大量讹误的情况加以论证。“工久榦”中的“久”整理者认为其读为“记”；裘锡圭．读简帛文字资料札记［M］//裘锡圭学术文集（简牍帛书卷）．上海：复旦大学出版社，2015：220-221. 认为是“久”字讹误，“上一句说‘工擇榦’，这一句似也应说‘工擇榦’。大概由于上下文多‘久’字，就把‘擇’字也误写成了‘久’”。根据文意可知，简文中两个主人公是工和久者，工主要负责把“榦”做成要求的样子，而久者主要负责辨别“榦”是否可用，并加以标记。“久”本身有“标记”义，无需改读。裘说更符合贴近。因此笔者遵从裘锡圭的观点，不计入该节中。

刻上标记[①]，陈英杰认为"'久'在这里的意思是'刻'，'刻久'乃同义连文。'久'之'刻'义是从'烙刻'义引申而来的，意义由具体走向一般。"[②] 王三峡认为秦时为公家器物做标记有三种方式：一为"刻"，是在金属器物上做标记；二为"久"，多在木器以及活体动物上，用烙铁火印；三为以"丹"或"漆"书之，用于不适宜"久"或"刻"方式做标记的器物。[③] 从以上四个例句上看，不管是"久刻"还是"刻久"，"久"都应是动词。同时以上四个例句并没有明确显示出可以"久"的对象的材质一定是木器或活体动物，因此笔者赞同陈英杰观点，"久"与"刻"同义连文。

（二）"久"单独作谓语（无宾语）

6. 不當乘，竊久（灸）及詐偽令人久（灸），皆䙴（遷）之，沒入馬縣官。1365（《岳麓书院藏秦简四》）

7. 為徒隸員∟，黔首居貲續〈贖〉責（債）者，勿以為員。鐵椎（錐）鐵鋒（鋒）不可久刻，勿久刻。（《岳麓书院藏秦简四》）

8. 鐵鑯□□□□0652□久刻殹（也），令吏勿坐，而務求可以刻久䎺（職）者，刻久䎺（職）之。0524（《岳麓书院藏秦简四》）

9. 鑄0524為羣鐵器及它器賣黔首者，勿久刻。0521（《岳麓书院藏秦简四》）

10. 入叚（假）而102而毋（無）久及非其官之久也，皆沒入公，以齎律責之。工103（《睡虎地秦墓竹简·秦律十八种·工律》）

此类只有以上五个例句。例6加点的"久"受副词"竊"修饰。例7-9中加点的"久"与"刻"同构成同义连文。例10主语"其官"与动词"久"中间有"之"，取消句子独立性。

（三）出现于"久+者"形式中

11. 不可久者，以髼久之。104（《睡虎地秦墓竹简·秦律十八种·工律》）

12. 公甲兵各以其官名刻久之，其不可刻久者，以丹若髼書之。102

① 陈伟．秦简牍合集壹［M］．武汉：武汉大学出版社，2014：108.

② 陈英杰．读《睡虎地秦墓竹简》札记［M］//古文字研究（第二十四辑）．北京：中华书局，2002：428.

③ 王三峡．秦简"久刻职物"相关文字的解读［J］．江汉考古，2006（1）：87-90+64.

（《睡虎地秦墓竹简·秦律十八种·工律》）

13. 工久榦曰不可用，負久者，久者謁用之，而24貲工曰不可者二甲。（《睡虎地秦墓竹简·秦律杂抄》）

14. 鐵鑱0652久劾殹（也），令吏勿坐，而務求可以劾久職（職）者，劾久職（職）之。0524（《岳麓书院藏秦简四》）

15. 可而弗劾久職（職）者，貲官嗇夫、吏各一盾。0524（《岳麓书院藏秦简四》）

以上5个例句中“久”单用或与“刻”同义连文。例11-14例句加点“久”后面的者为代词，与“久”或“刻久”组成者字结构。与例15同类的还有2例。“久”后的“者”为助词，起停顿作用，引出后文“貲官嗇夫、吏各一盾”的说明解释。

综上，《汉语大词典》应在“久”字条下新增一项“烧灼”义，且在“久”字条下增加新词“久刻”，意为动词“烙刻，烧灼雕刻”。

二、秦简中的名词“久”

“久”在秦简中作名词表“印记、标记”义，出现在下列五种语境中。

（一）充当动词宾语

16. 縣、都官以七月糞公器不可繕者，有久識者靡蚩之。其金及鐵器入以為銅。（《睡虎地秦墓竹简·秦律十八种·金布律》）

17. 其或叚（假）公器，歸之，久必乃受之。敝而糞者，靡蚩其久。104（《睡虎地秦墓竹简·秦律十八种·工律》）

18. 諸佩入門衛木久者節（即）**毄**（繫），皆自言吏歸久∟，**毄**（繫）盈一日不自言吏歸久者皆耐∟，其奠辠當耐以上，0857+0871+0866駕（加）辠一等∟。（《岳麓书院藏秦简五》）

例16整理者读为记，记识指官有器物上的标志题识。久本身有印记、标记义，无需读为记。魏德胜认为“久识”同义名词连用①。与例17类似的例子还有3例，久皆作受事宾语。例18从文意可知，句中加点的三个久字同义，后两个久皆代指前一个“入門衛木久”。整理者在“諸佩入門衛木久”下注释为：见《龙岗秦简》五，“闌合符，及以傳書閱入之，及諸佩〈佩〉

① 魏德胜．睡虎地秦墓竹简语法研究［M］．北京：首都师范大学出版社，2000：29.

入司馬門久（?）。”整理者注：“佩，疑指佩戴标志。秦汉时官吏都佩有印信绶带，疑本简中的‘佩’为入关门后发的一种佩戴的标志物，如后世入宫时发给牙牌之类的。”① 看来，《睡虎地秦简》整理者似乎赞同《龙岗秦简》整理者的说法，将“佩”解释为名词。《张家山汉简》“亡书，符券，入门衛木久，塞门、城门之鑰，罰金各二兩。”其中“入门衛木久”与“亡书”“符券”“塞门、城门之鑰”并列，可见其应为一具体事物。因此，从句式上来看，“佩”应释为动词“佩戴”。“入门衛木久”与“入司馬門久”中，“久”前面的“入门衛”“入司马门”应表示“久”的用途，“木”表示“久”的材质。② 刘钊先生认为“为久久马”（《张家山汉简·津关令》简 507）中第一个“久”字用为名词，指用于烙马的烙印，此“久”字与《张家山汉简》的“入门衛木久”的“久”字用法相同，即战国和汉代的烙马印一类的玺印，并在下注释：《汉官六种》“卫尉”条下说：“卫尉主宫阙之内，卫士于垣下为庐，各有员部。〔凡〕居宫中者，皆施籍于门，案其姓名。若有医巫僦人当入者，本官长史为封启传，审其印信，然后内之。人未定，又有籍，皆复有符。符用木，长二寸，以当所属官名两字为铁印，亦太卿炙符，当出入者，案籍毕，复识齿符，识其物色，乃引内之也。”（中华书局 1990 年版，页 14）文中“炙符”之“炙”义为“烧灼”，与“灸”字用法相近。也有可能此“炙”字就是“灸”字之误③。于此，“久”为“印记、标记”义，这里的“久”应与《汉官六种》所说的“符”相似，可理解为凭证，通行证一类的事物，二者即释为“进入门卫的木质凭证”“进入司马门的凭证”。与此相类的还有 2 例，皆出现于“门+久”的形式中。

（二）充当介词宾语

19. 其叚（假）百姓甲兵，必書其久，受之以久。102（《睡虎地秦墓竹简·秦律十八种·工律》）

此类仅 1 例。与介词“以”搭配构成介词短语作状语，修饰“受”，义为“按照标记把武器收还上来”。

---

① 陈松长．岳麓书院藏秦简（五）［M］．上海：上海辞书出版社，2017：77.

② 黄浩波．《岳麓书院藏秦简（五）》所见“佩入门卫木久”解［J/OL］．简帛网，2018-03-10.

③ 刘钊．说秦简“右剽”一语并论历史上的官马标识制度［M］//出土文献与古文字研究（第四辑）．上海：上海古籍出版社，2011：343.

（三）充当主语

20. 其或叚（假）公器，歸之，久必乃受之。104（《睡虎地秦墓竹简·秦律十八种·工律》）

21. 工擇榦，榦可用而久以為不可用，貲二甲。24（《睡虎地秦墓竹简·秦律杂抄》）

22. 器者曰：器敝久恐靡者，遝其未靡，謁更其久。105（《睡虎地秦墓竹简·秦律十八种·工律》）

23. 其久靡不可智（知）者，令齎賞（償）。叚（假）器者，其事已及免，官輒105收其叚（假），弗亟收者有辠（罪）。（《睡虎地秦墓竹简·秦律十八种·工律》）

此类只此4例。此类可分为两种，一种例20、21，“久”为施事主语，“标记相符才可归还”“榦可用但标记显示不可用”；一种例22、23，“久”为受事主语，与“靡”搭配，标记磨损。

（四）充当修饰语

24. 亡久書、符券①、公璽、衡羸（纍），已坐以論，後自得所亡，論當除不當？不當。146（《睡虎地秦墓竹简·法律答问》）

此类仅此1例。整理者将久读为“记”，认为记书指地方政权对下级指示的文书。②裘锡圭认为秦时公家器物多有“久識”，记录器物之“久”的文籍，就是“久書”，其性质与符券等相近。③王三峡将该句与《张家山汉简》“亡印，罰金四兩，而布告縣官，毋聽亡印。亡書，符券，入門衛木久，塞門、城門之鑰，罰金各二兩。”和《龙岗秦简》“門關合符及以傳書閱入之，及諸偑〈佩〉入司馬門久 5/6/6/186”对照，认为“久书”应点断为“久、

① 《秦简牍合集壹·睡虎地秦墓简牍》在符券下注释为：符，整理者：一种凭证，《说文》：“信也，汉制以竹长六寸，分而相合。”史党社（2002）：龙岗简文中“符传”屡见，符长亦“六寸”。今按：龙岗秦简14号有“六寸符皆传。”券，整理者：契券，《周礼·质人》注：“其券之象，书两劄，刻其侧。”王三峡认为，简文的“符券”与《龙岗秦简》的“符”同，是通关凭证，并非券契。笔者认为把《居延汉简》简65.7“始元七年闰月甲辰，居延与金关为出入六寸符券，齿百，从第一至千。左居官，右移金关。符合以从事。·第八”呈现在注释下会更形象地说明“符券”的意义。

② 陈伟．秦简牍合集壹［M］．武汉：武汉大学出版社，2014：254.

③ 裘锡圭．《睡虎地秦墓竹简》注释商榷［M］//裘锡圭学术文集（简牍帛书卷）．上海：复旦大学出版社，2012：99.

书”。“久”与《张家山汉简》“入门卫木久”同类，带有“久”灼之痕的出入宫禁门卫、标志身份的木牌称之为“久”或“入门卫木久”。“书”则与《龙岗秦简》“及以传书阅入之”中的“书”同，是通过关塞必须查验的文件。①“久”自身有标记义，无需改读。若按整理者意，“久书”则与后的“符券、公璽、衡羸（纍）”性质不符，无法构成并列，误解。王三峡认为“久”是与“入門衛木久”相类的事物，用为简称。秦简“久书”后各项为泛指，所以“久书”也应该为泛指，而不应是某特指的简称。王三峡将“书”理解为“传书”。“传书”单说的话，常称“传”不称“书”。例如：“今咸陽發偽傳，弗智（知），即復封傳它縣……057”（《睡虎地秦墓竹简·法律答问》）即使有单言书的情况，也是上文有“传书”两字。如：“行傳書、受書，必書其起及到日月夙莫（暮），以輒相報毆（也）。”（《睡虎地秦墓竹简·秦律十八种·行书》）秦简中单称书的情况有很多，可以指很多内容，书信、文书、记录等。例如：“叚（假）鐵器，銷敝不勝而毀者，為用書，受勿責。廄苑15”（《睡虎地秦墓竹简·秦律十八种·廄苑律》）未见到没有上下文语境单称书的情况。且秦简中出现有伪书、命书、爰书、传书等。书不会单单特指“传书”。汉简中的“书”也可以理解为文书等。《张家山汉墓竹简》所言为处罚的标准而《睡虎地秦墓竹简》所言为针对具体法律事件的行为判断准则。按王三峡理解，汉简“亡”后所列出的各项均与关塞城门有关，秦简所并列的各项除久、书、符券外，公玺、衡羸（累）两者均与关塞城门无关。二者内容不同，所以两个简文所列举的并列项不能一一等同。《张家山汉简》将“印”单拎出来，并未与该简“亡”后所列的四项放在一起，很好地证明该点。因此将“久书”理解为“久、书”不成立。裘锡圭所认为的记录器物之“久”的文籍——“久书”与命书、伪书等组合方式也很相符，因此裘说可信。②

（五）用于人名

25. 鲁久次问数于陈起曰：“久次读语、计数弗能竝籊（徹），欲籊（徹）一物，可（何）物为急?”（《北京大学藏秦简·鲁久次问数于陈起》）

26. 壬稟人顯出稟屯戍士五巫狼久鐵（《里耶秦简（二）》）

---

① 王三峡．秦简“久刻职物”相关文字的解读［J］．江汉考古，2006（1）：87-90+64.

② 夏利亚．秦简文字集释［D］．上海：华东师范大学，2011：505-507.

27. 卅一年十二月甲申倉妃史感稟人堂出稟屯戍士五巫狼旁久或（《里耶秦简（二）》）

“久”在秦简中用作人名，共有六例，其中《北京大学藏秦简·鲁久次问数于陈起》中“鲁久次”出现了四例。

综上，《汉语大词典》应在“久”字条下新增一义项“印记；标记”义。

三、秦简中的副词“久”

28. 久行毋以庚午入室。95 背貳/72 反貳行毋以戍亥入。96 背貳/71 反貳（《睡虎地秦墓竹简·日书甲种·行忌（一）》）

29. 聽有方，辯短長，困造之士久不陽。15 伍（《睡虎地秦墓竹简·为吏之道》）

秦简中“久”作为副词，“长久”义，仅有一种用法，作状语修饰谓语，与此相类的还有 14 例。其中“久”可不直接修饰谓语，中间可加其他修饰成分，如例 29，与此类似的还有 3 例，如“得 335 其臽，病久不 358A”（《放马滩秦简·日书乙种·占疾》）“久乃處之，十月再【周】，復其故所。260”（《放马滩秦简·日书乙种·贞在黄钟》）“多四、五、六曰久未智（知）已時 348”（《放马滩秦简·日书乙种·问病》），中间可加“不”“乃”“未”。

四、秦简中的形容词“久”

在秦简中，“久”作形容词表“长久”义，出现在下述两种语境中。

（一）充当谓语

30. 舌不出，口鼻不渭（喟）然，索迹不鬱，索終急不能脱，71 死難審殹（也）。節（即）死久，口鼻或不能渭（喟）然者。（《睡虎地秦墓竹简·封诊式·经死》）

31. 子、丑入官，久，七徙。228 貳（《睡虎地秦墓竹简·日书乙种·入官》）

32. 今書節（即）到，母視安陸絲布賤可以為襌Ⅱ帬、襦者，母必為之，令與錢偕來。其絲布貴，徒操錢來，黑夫自以布此。Ⅲ黑夫等直佐淮陽，攻反城久，傷未可智（知）也。顧（願）母遺黑夫用勿少。（《睡虎地秦墓木牍（11 号）》）

33. 投黄鐘以多，為病益【篤】，市旅得，事君吉，毄（繫）者久。以少，病有瘳，市旅折，事君不遂，居家者家毀。242（《放马滩秦简·日书乙种·占黄钟》）

34. 占病益病，占獄訟益辠（罪），占行益久，占賈市益利，占憂益憂。少其數者，360A+162B 占病有【瘳】，占【獄訟】益【輕】，占行益易，占賈市少【贏】。（《放马滩秦简·日书乙种·阴阳钟》）

35. 令曰：有發繇（徭）事（使），為官獄史者，大縣必遣其治獄冣（最）久者，縣四人，小縣及都官各二人，乃遣其餘，令到已前 1885 發（?）者，令卒其事，遣詣其縣官，以攻（功）勞次除以為叚（假）廷史、叚（假）卒史、叚（假）屬者，不用此令。1886（《岳麓书院藏秦简五》）

36. 不日可增日可思，檢檢（鬑鬑）被（披）髮，中夜自來。吾欲為怒鳥不耐，鳥不耐，良久良久，請人一桮（杯）。黄黄鳥邪，醉（萃）吾冬栂（梅）。（《北京大学藏秦简·酒令》）

37. 凡人來問病者，以來時投日、辰、時數并之。上多下占病已，上下【等】曰陲（垂）已，下多上一曰未已而幾已，下多上二曰未已，下多三曰 345 日尚久，多四、五、六曰久未智（知）已時，多七曰瘩（癃）不已，多八、九曰死。348（《放马滩秦简·日书乙种·问病》）

例 30–34 中“久”作形容词“死”、动词性短语“入官”“攻反城”等的谓语。与此相类似的还有 6 例，如：“为啬夫，久。”（《睡·日甲 42》）“毄（繫），久不已。”（《睡·日甲 44》）“以毄（繫），久。”（《睡·日乙 62》）“谒者日月有谴周，毋有此献行久矣，何 9—77” ［《里耶秦简校释（第二卷）》62 页］等。从上我们看出，“久”作形容词充当谓语，其主语是动词性短语，这时主语往往是动宾结构。例 32“攻反城久”，陈伟认为“久”应读为“疚”，《尔雅·释诂上》：“病也。”① 但从上下文意来看，将“久”字理解为“长久”义比“受到重伤”义更恰当，该句可解释为黑夫跟随大军攻打反叛的城市时间久，受伤的情况不可知。例 33，根据“久”所在的上下文意可知，该简文讲述的是通过“占黄钟”来对一些事情判断吉凶。“久”字前后句式相当，可以此判断一些内容。“久”字后文为“事君不遂，居家者家毁。”“久”字所在句为“事君吉，毄（繫）者久。”上述例子中“久”常与

① 陈伟．秦简牍合集壹［M］．武汉：武汉大学出版社，2014：632.

“**𣪠**（繫）”连用。据此，笔者认为“**𣪠**（繫）者久”当有脱文现象，本应为“**𣪠**（繫）者**𣪠**（繫）久”。例 34“久”前受程度副词“益”修饰。例 35“久”与动宾结构的词组“治狱”组成主谓短语并与“者”搭配，构成“者”字结构，义为“审理案件最长的人”。“久”在该简中受程度副词“最”修饰。例 36“久”受程度副词“良”修饰并重叠，且该简主语为前两个分句“吾欲为怒鸟不耐，鸟不耐”。与此类似的还有一例“丁巳不可初垣，必死，不久。116 壹”（《放马滩秦简·日书乙种》，二者在句中皆受副词修饰。如例 37 一类的例句有一例，特点是名词作主语描述某一情况。

（二）充当名词修饰语

38. 莫有先食　如前數恒汲藥廿日雖久病必已（《里耶秦简一》）

此类仅此 1 例。句中“久”单独修饰抽象名词“病”，为“时间长，长久”义。

五、结语

综上，秦简中的“久”共有动词、名词、副词、形容词四种词性。用为动词时表示“烧灼”义，有 21 例，集中于《岳麓书院藏秦简四》和《睡虎地秦墓竹简》，句法功能有三种：一是出现于“久+宾语”形式中（6 例）；二是单独作谓语（即无宾语）（7 例）；三是出现于“久+者”形式中（8 例）。用为名词的有 22 例，集中于《睡虎地秦墓竹简》《岳麓书院藏秦简五》《北京大学藏秦简》《里耶秦简（二）》和《龙岗秦墓简牍》，充当动词宾语（10 例）、介词宾语（1 例）、主语（4 例）和修饰语（1 例），也可用于人名（6 例）。用为副词时，共 16 例，集中于《睡虎地秦墓竹简》《岳麓书院藏秦简五》《岳山秦墓木牍》《里耶秦简（二）》和《放马滩秦简》，仅用作状语修饰谓语。与动词、名词和形容词相比，“久”的副词用法相对少些。用为形容词时，共 17 例，集中于《睡虎地秦墓简牍》①《里耶秦简》《岳麓书院藏秦简五》和《放马滩秦简》，可充当谓语（16 例）和名词修饰语（1 例）。“久”在四种词性中出现频率相当，仅在同一词性下的不同用法中会出现用例不均

① 本文《睡虎地秦墓简牍》为《睡虎地秦墓竹简》和《睡虎地秦墓木牍》的合称。

现象，充分体现了秦简语言运用的灵活性①。

《说文解字》："久，从后灸之，象人两胫后有距也。"杨树达在《积微居小学述林》中指出"古人治病，燃艾灼体谓之灸，久即灸之初字也。字形从卧人，人病则卧床也。末画象以物灼体之形。许不知字形从人，而以为象两胫，误矣。""久"本义为用艾灼烧治病，艾灸治疗需要一定的耐心，于是引申为"长久"② 可用作形容词和副词。本义词义范围扩大，引申为"烧灼"，用为动词。用艾灼烧身体会在身体留下痕迹，于是引申为"印记、标记"，可用作名词。由本义引申出"烧灼""印记、标记"义，该意义链条后由分化字"灸"承接，而"久"主要表示"长久"义。"久"的"烧灼""印记、标记"义在传世文献中很少见，可为传世文献提供新的语料。

（原文发表于《古文字研究》第三十三辑，2020 年）

① 目前存在争议，没有定论的有 3 例。"其腹有久故瘢二所"（《睡虎地秦墓竹简·封诊式·贼死》），张雪明认为"久"这里应训为本义"灼灸，灸療"，简文意为其腹部有灼烧留下的两处疤痕。张雪明．谈谈"久"字的本义［J］．辞书研究，1983（3）．刘钊先生认为"久故"二字为同义复合词，意为"旧故"或"故旧"，简文意为其腹部有两处旧疤。刘钊．读秦简字词札记［M］//简帛研究（第 2 辑）．北京：法律出版社，1996：109. 这里涉及到"久"意为本义还是引申义"长久"的问题。这两个意思在《睡虎地秦墓竹简》中均有相关用例，所以无法偏向哪一方。"令不足【除殹，乃】者曰久易，如其【餘】355"（《放马滩秦简·日书乙种·占病》）和"求菌因久禾"（《里耶秦简（一）》）这两处由于残缺的简文稍多，无法判断简文意义，因此无法作出判断。以上 3 例无法判定的情况，由于无法辨别"久"的词性，因此没有放在正文中，这里特此说明。

② 殷寄明．汉语同源词大典［M］．上海：复旦大学出版社，2018：81. 指出灸灼，以火久灼之，则"久"的长久义与灸灼义或相通。又，久声可载长久义，"旧"可证之。久：见纽之部；旧：群纽之部。叠韵，见群旁纽。"旧""新"对待字，凡物陈旧者历时久，故"旧"有长久义。

第三章 古文字与上古音研究

古文字考释中使用通假方法的历史回顾

——从晚清至二十世纪中叶以前起

古书里面有很多通假字。古文字考释中也常常要遇到通假现象。不仅有本无其字的假借，就是本有其字，也经常借用与之读音相同或相近的字来代替。所以通假问题是古文字考释中一个无法回避的问题。本文就古文字考释中使用的通假方法，作一简单的历史回顾。

一、相关学术背景

（一）古音学的研究成果①

有清一代是小学研究的辉煌时期，其中以古音学的研究成果尤为显著。自顾炎武《音学五书》离析唐韵，分古韵为十部，开古音学科学研究之先河。其后江永作《古韵标准》，分古韵为十三部，入声独立，并对顾炎武的著作加以补充和修订。段玉裁作《六书音均表》分古韵为十七部，他继承了江永的研究成果，而又加以发展，提出“同谐声必同部”“支、脂、之三分”的著名论断。戴震的古音学受段玉裁的影响很大，他精于审音，分古韵为二十五部，入声独立，并且接受了段玉裁的“支、脂、之三分”说。孔广森是戴震

① 本文关于古音学的研究情况参考了王力先生：王力．清代古音学［M］．北京：中华书局，1992. 王力．汉语音韵［M］．北京：中华书局，2002.

的弟子，著有《诗声类》，分古韵为十八部，阴阳对转是他的创见，至今为音韵学界所推崇。清代古音学到王念孙，已经是登峰造极。王氏兼具考古和审音之功，分古韵为二十二部。王国维对于古音学在清代取得的卓绝成绩给予高度的评价。在《周代金石文韵读序》① 里，他说："古韵之学，自昆山顾氏，而婺源江氏，而休宁戴氏，而金坛段氏，而曲阜孔氏，而高邮王氏，而歙县江氏，作者不过七人，然古音二十二部之目遂令后世无可增损。谓之前无古人，后无来者，可也。"至于后来一些学者如章太炎、黄侃、钱复、曾运乾诸氏，更集各家之大成，所谓"前修未密，后出转精"。古音学所取得的成就不仅使音韵学的研究得到了发展，这一成果被应用到文字、训诂等领域，解决了很多问题，加速了清代小学的繁荣。

（二）段玉裁订正《说文》使用的通假方法

清代文字学的主要内容是《说文》。诸多学者对《说文》进行了校订和考证，其中以段玉裁的《说文解字注》、桂馥的《说文解字义证》、王筠的《说文解字句读》和《释例》、朱骏声的《说文通训定声》等，用力最勤，号称四大家。如若加以衡量，则段氏具有创始凿空之功，虽然有时不免失之武断，而其卓识悬解并非其他三家所能及。②

段玉裁在为王念孙《广雅疏证》作的序中说："小学有形有音有义，三者互相求，举一可得其二。有古形有今形，有古音有今音，有古义有今义，六者互相求，举一可得其五。"段氏通过《说文解字注》，实践了这种形音义相结合、互求互证的著名训诂原则。又段氏在《说文解字注》中说："音韵明而六书明，六书明而古经传无不可通。"③ 这说明关于《说文》研究的杰出成就，和当时古音学、训诂学的兴旺发达有着密切的关系。例如：

石部："硞，石声，从石，告声。"注云："今《尔雅·释言》：'硈，巩也。'郭云：'硈然坚固。'邢昺曰：'硈，苦学切，当从告。《说文》别有硈，苦八切，石坚也。'按邢语剖别甚精。《释文》'苦角切'，故邢曰'苦学切'。四觉韵字多从屋韵转入，如四江韵字多从东韵转入，告声

① 王国维．观堂集林（卷八）[M]．北京：中华书局，1959：394.

② 于省吾．从古文字学方面来评判清代文字、声韵、训诂之学的得失 [J]．历史研究，1962（6）：135-144.

③ 段玉裁．说文解字注 [M]．上海：上海古籍出版社，1986：805.

在古音三部屋韵，是以硞转入觉韵。据陆氏反语，则知陆本作硞，不作硈。《广韵》《玉篇》皆曰‘硞，苦角切’，‘硈，恪八切’。《集韵》《类篇》克角一切内有硞无硈，皆可证。而《释文》《注疏》《唐石经》皆讹作硈，则与陆氏苦角之音不合矣。且硞之与鞏音切近，以尤韵与东韵切近，而硈与鞏不相关也。硈断无苦学之音，硞断无苦八之音，此一定之音理。学者不知古音，不可与读古者此也。……”（《说文解字注》450页）

段氏于古音学有很深的造诣，将其施之于文字的考订上，故能多有创见。此例是以古音订正字形讹混的佳例。即利用古音韵部通转和反切推断《尔雅》的“硈”字为“硞”之误。并且从声训上考察，如以硈训鞏，则硈鞏音隔远甚，而硞与鞏音则相近，更足证硈为硞之讹。王引之曾引用段说：“告吉二字经传往往讹混，……《缁衣》引尹吉曰：云云，郑注：吉当为告。《姤象传》：‘后以施命诰四方。’《释文》诰郑作诘。《汉书·刑法志》：‘诘四方。’师古曰：‘诘字或作诰’。《广韵》：‘硞，苦角切，固也。’《集韵》：‘鞏也。’并与《尔雅》合，今依段说订正”。[①] 文字是形、音、义的结合体，段注《说文》特别注意三者的密切关联，对后来的古文字考释有很大的影响。于省吾先生说：“古文字是客观存在的，有形可识，有音可读，有义可寻。其形、音、义之间是相互联系的。而且，任何古文字都不是孤立存在的。我们研究古文字，既应注意每一字本身的形、音、义三方面的相互关系，又应注意每一个字和同时代其他字的横的关系，以及它们在不同时代的发生、发展和变化的纵的关系。只要深入具体地全面分析这几种关系，是可以得出符合客观的认识的。”[②] 于说既是对古文字考释方法的总结，也充分地显示出其科学的一面。

（三）乾嘉学派考证文献使用的通假方法

古籍在流传过程中，在原文和训释上存在大量的讹误，这一点，清代的学者已经认识到，并对其作了大量的校勘和论证。另外，清代的学术由史学转向经学，人们解读经书，首先要过小学这一关，换句话说，即要精于文字、音韵、训诂之学。先秦两汉的古籍中通假字习见繁出，声音相同或相近的字

① 《经义述闻》卷二十七“硈，鞏也”条，14页。
② 于省吾．甲骨文字释林·序［M］．北京：中华书局，1979.

都可以拿来借用，而不必拘于形体。所以要读通古书，就需明白读破通假的道理。王念孙在《广雅疏证·序》中说："训诂之旨存乎声音，字之声同声近者，经传往往假借。学者以声求义，破其假借之字，而读之以本字，则涣然冰释；如其假借之字而强为之解，则诘𫌀为病矣。"这种思想贯穿于所有的他的关于训诂学的著作中，如《读书杂志》《广雅疏证》等。其子王引之也谈到了破读通假对古籍校读的重要，王引之说："至于经典古字，声近而通，则有不限于无字之假借者。往往本字见存而古本则不用本字而用同声之字，学者改本字读之，则怡然理顺，依借字解之，则以文害辞。是以汉世经师作注，有读为之例，有当作之条，皆由声同声近者，以义逆之，而得其本字。……"①

王念孙的《读书杂志》和王引之的《经义述闻》两部书，在阐发义训、破读通假方面多有创获，是有清一代考据学家的代表著作。下面举两例，看王氏父子是如何使用通假方法考证文献的。

例一

王念孙《读书杂志·荀子》页677有"审诗商"一语：

> "休宪命，审诗商，禁淫声，以时顺休，使夷俗邪音不敢乱雅，大师之事也。"杨说"审诗商"云："诗商当为诛赏。字体及声之误。故《乐论》篇曰：'其在序官也，休宪命，审诛赏。谓诛赏其所属之功过者。'"或曰：诗谓四方之歌谣；商谓商声，哀思之音，如宁戚之悲歌也。引之曰："商读为章，章与商古字通。《粊誓》'我商赉汝'，'商'徐邈音'章'。《吕氏春秋·勿躬》篇'臣不如玄章'，韩子《外储·说左》篇作'玄商'。"太师掌教六诗，故曰"审诗章"。《贾子·辅佐篇》曰："观民风俗，审诗商，命禁邪音，息淫声。"语义略与此同，则诗商非诛赏之误，明矣。且诛赏非太师之职，而商赏声近。《乐论》篇之诛字，恐转是后人所改。杨谓诛赏其所属功过者，则曲为之说耳。陈说同。又云"诗章，雅也，淫声，夷俗邪音也。审之，禁之，使不乱也"。

王氏否认杨说（按："杨"指杨倞）《荀子》的"审诗商"即见于《乐论》的"诛赏"，且"诗商"乃"诛赏"之形、声之误。引其子王引之之说

① 《经义述闻》卷三十《通说下》"经文假借"条。

“商读为章”，并引典籍中有“商、章”通假之例可证。然后进一步从语义上申说“诗商非诛赏之误”，杨说乃“曲为之说”。

例二

> 《左传·哀公》二十一年传：“鲁人之皋，数年不觉，使我高蹈。”杜注曰：“皋缓也。高蹈，尤远行也。言鲁人皋缓，数年不知答齐稽首，故使我高蹈来为此会。”引之谨案，训“皋”为“缓”，于古无据。云“数年不知答齐稽首”，亦非也。十七年，公及齐侯盟于蒙，已不知答稽首矣，何待数年乎？“皋”，当读为“咎”。言鲁人不答稽首之咎，数年而尤不自觉，故使我高蹈而来也。古声“皋”与“咎”同，故字亦相通（《书》“皋陶”，古文作“咎繇”；僖三十三年《左传》“狄人伐廧咎如”，《书·序》“咎单作明居”，“咎”字并与“皋”同音。又鼛鼓之“鼛”，以咎得声，《考工记》作“皋鼓”，《后汉书·马融传》作“咎鼓”）。下文曰：“唯其儒书以为二国忧。”正谓鲁人居守儒书，故数年不知其咎也。《左传》多古字，后人失其读耳。（王引之《经义述闻》卷十九“皋”字条）

王引之先从语义上分析，说杜预训“皋”为“缓”是“于古无据”，这是从词义的历史发展来考虑；说“数年不知答齐稽首亦非也”，这是从文义解释看是否合适。因为前人的解释有其不合理不可通之处，所以才不得不另求他解。王氏选择了从语音通假角度来解决问题。认为“皋当读为咎”，不仅是因为“古声皋与咎同”，更重要的是在于古字“皋”与“咎”确有通假的实例。

古音通假，必须有确凿的证据。由上两例观之，清代学者考证文献使用的通假方法，并不是孤立地就字论字，而是将通假与语义等因素紧密地结合起来。即揆之于文义，通畅无碍；某字通作某字，则引用典籍中大量的相同例证来辅证。王力先生如是评价王氏父子：“王氏父子之所以值得赞扬，不但是由于他们大胆提出了‘以古音求古意，不限形体’的原则，更重要的是他们用大量的材料或强有力的证据来证明。如果只凭声音相同或相近，就贸贸然下判断，或毫无根据，或找一些不相干的证据，都是不能说明问题的。”①

① 王力．中国语言学史［M］．太原：山西人民出版社，1981：167.

二、清末古文字学者对乾嘉学派考证文献方法的借鉴

清代小学发展到顶峰，人们借助于文献典籍上的深厚功力，在利用古音通假方法考释古文字上也取得了许多惊人的成就。像刘心源、吴大澂、孙诒让等人，他们基本上摆脱了宋清两代对于古文字臆测之风，其对文字形体的掌握和考释古文字的见识，已远远超过前人，显示出科学的方法。这是古文字考释上一个很大的转折点。

下面以吴大澂、孙诒让二氏对古文字的考释为例，考察清末古文字学者对乾嘉学派考证文献中使用的通假方法是如何借鉴的。

吴大澂早年曾师事陈奂，研读段注《说文》，又曾肄业于紫阳书院，从俞樾治学，因而有较好的小学功底。后来与古文字学结下了不解之缘，毕生从事于古文字的研究著述，贡献很大。① 其考释古文字的主要著作有《说文古籀补》《字说》等。如：

> 《尔雅·释诂》："射，厌也。"《释文》："射本作斁。"《诗·清庙》："无射于斯"，《释文》："厌也"，《礼记·大传》注作"无斁于人斯"。《葛覃》："服之无斁"，传："斁，厌也"，《礼记·缁衣》作"服之无射"。《振鹭》："在此无斁"，《释文》："斁，厌也"，韩诗作"在此无射"。《诗·泮水》"徒御无斁"，《释文》本又作"射"或"怿"。大澂窃疑经典相通之字形声必相近，斁、射字体绝不相类，何由得而相通？以钟鼎彝器文证之。虢叔钟与师望鼎……当释"得纯无斁"，言德之一，不已也。毛公鼎……当读"肆皇天无斁临保我有周"，言天不厌周邦也，即《诗》"无射亦保"之意。静敦"学无斁"，言学之不厌也。兮甲盘"休无斁"者，犹言无疆惟休也。(吴大澂《字说》22 页)

此例是以金文材料与传世典籍互证说明通假的。吴氏首先以大量的典籍异文证"斁、射"相通，又辅以金文证之。从辞例方面，以分别见于毛公鼎、静敦和兮甲盘的"斁"（或释为射）字均有"厌"义，此与典籍所载"射"和"斁"都有"厌"义相合，可以补证"斁、射"相通。(射古韵船纽铎韵，

① 关于吴大澂的详细评说，见裘锡圭．吴大澂［M］//王元化．文史丛稿. 上海：上海远东出版社，1996：167-174. 陈炜湛．清代杰出的古文字学家吴大澂［M］//古文字研究（第二十辑）．北京：中华书局，2000：346-355.

斁古韵喻纽铎韵，二字韵部相同，声纽同属舌音，例可通假）

又如：

> 毛公鼎考释："以乃族干吾王"，干当读捍，吾即敔之省。《说文解字》"敦，止也"，"敔，禁也"。捍、敔二字皆从攴。按，敔与圉、御、衙三字皆通。《诗》有"瞽鼗磬柷圉"，传："圉，楬也"；《礼记·月令》"饬钟磬柷敔"，《释文》本作"圉"。……《一切经音义》"御"古文"敔"同；《诗·烝民》"不畏强御"，《汉书·王莽传》作"不畏强圉"；汉《石门颂》"绥亿衙强"，《北海相景君碑》"强衙改节"。是御、衙二字亦通，疑衙即敔之异文也。（《字说》27 页）

吴读"干吾"为捍敔，即捍御，已成定论。

孙诒让学问渊博，尤精于《周礼》。其治古文字学，善于联系上古典章制度，触类旁通，并能总结前人经验，每把不同铭文中类似的辞例、字形综合起来比较研究，探微发覆，多有创获。他本人又是一个大文献学家，而且精于古音通假。如孙氏在《札迻》中谓《战国策·齐策》的"天子受籍"，"籍当读为胙"，"授籍即归胙"，"籍藉古音与胙同"；《战国策·赵策》的"雠柞"当读为"畴籍"，"《淮南子·泛论训》'履天子之籍'，高注云'籍或作胙'"，"胙、柞、阼声类同"。《山海经·海内西经》的"仁羿"，"仁当作𡰥，其读当为夷"，"𡰥羿即襄四年左传之夷羿"。清末学者俞樾曾经给予高度评价，说他："精孰训诂，通达假借，援据古籍以补正讹夺，根柢经义以诠释古言，每下一说，辄使前后文皆怡然理顺。"① 正是因为其深厚的考证文献的功力，所以施之于古文字的考释上亦常获凿空之论。

《大克鼎》铭文有一语作"𩜁远能钛"𩜁字旧无释。孙诒让首先把此字释为"𩜁"。（《籀庼述林》卷 7 第 14 页）孙氏以《秦公钟》"𩜁燮百邦"、《晋姜鼎》"用康𩜁妥褱远迩君子"为根据，指出"此字正与彼二器同，笔画微有漫缺耳。""此当为擾之异文。右形从夒省，左从卣者，卣、扰古音同部也"。"执当读为暬，《国语·楚语》'居寝有暬御之箴'，韦昭注：'暬，近也。'𩜁同扰，暬同亵𩜁远能钛，犹《诗》《书》言'柔远能迩'，《书·舜典》：'柔远能迩，惇德允元。'孔传'柔，安；迩，近。'《诗·大雅·民

① 孙诒让．札迻·俞序［M］．北京：中华书局，1989.

劳》：‘柔远能迩，以定我王。’郑笺：‘安远方之国顺如其近者，当以定我国家为王之功’。柔、扰声近字通。《史记》：‘扰而毅’。徐广云：‘扰一作柔’。暬迩同义。”

孙氏读铭文的“𩡧远能䖵”为“柔远能迩”，此释已成定论①。从考证方法来看，他首先通过铜器铭文之间的对比，利用偏旁分析的方法，释出𩡧字，并由卣、扰古音同部为证，确认𩡧为扰之异文。𩡧同扰。（卣，古韵喻纽幽部；扰，古韵日纽幽部。韵部相同，声纽相近。）其次，通过文例词义比勘，指出《大克鼎》的“扰远能迩”即文献的“柔远能迩”，这是解决问题的关键。然后从语音通假上说明柔、扰字通，并引文献异文证之。䖵为埶而读作暬与迩同义，于古籍中均有相同的例证和解释。足见其驾驭材料之娴熟，考证文献之缜密。杨树达曾极力称赞孙诒让在这方面的成就：“清末孙仲容出，深通古人声韵，著书满家，其说古籀通读，大都声义密合，辞无苟设。”②

1899年甲骨文的发现带来了新的学问。二十世纪初，在甲骨文的考释方面作出重大贡献的是罗振玉和王国维（王国维的考释拟在下一节谈）。罗振玉考释文字的显著特点是参证《说文》以释甲骨文字，又不为《说文》所束缚，而能反过来纠正《说文》之谬误。③ 从其考释方法上，仍然可见段、王考证的影子。例如对甲骨文“箙”字的考释：

> “《说文解字》：‘箙，弩矢箙也。从竹服声。’《周礼·司弓矢》郑注：‘箙，盛矢器也。’《诗·小雅》：‘象弭鱼服’，笺：‘服，矢箙也。’是古盛矢之器，其字作箙、作服。卜辞诸字盛矢在器中形，或一矢或二矢。古金文略同，作……诸形。箙其字本象箙形，中或盛一矢、二矢、三矢后乃由从一矢之…变而为…，于初形已渐失，而与葥字形颇相近。古者犕与服相通假。《易》‘服盛牛马’，《说文解字》犕注引作‘犕牛乘马’。《左传》‘王使伯服如郑请滑’，《史记·郑世家》作‘伯犕’。《后汉书·皇甫嵩传》注：‘犕，古服字’。此犕、服相通假之证。……”④

---

① 王国维、郭沫若亦同此说。王说见王国维．观堂古金文考释·克鼎铭［M］//王国维遗书（卷六）．上海：上海古籍书店，1983．郭说见郭沫若．两周金文辞大系考释·大克鼎［M］．北京：科学出版社，1957：2·122．

② 王辉．古文字通假释例·序［M］．台北：台湾艺文印书馆，1993．

③ 陈炜湛．甲骨文简论［M］．上海：上海古籍出版社，1987：23．

④ 罗振玉．殷墟书契考释［M］．北京：朝华出版社，2018：46．

罗氏先据典籍记载证甲骨文字为“矢箙之象形”，可与古金文字相证发，复以典籍异文通假证“箙（服）”即文献所见之“犕”，所言极是。王国维曾高度评价罗振玉的甲骨文研究。在为罗氏《殷墟书契考释》写的跋语中说：“此三百年来小学之一结束也”，“后之治古文者于此得其指归，而治《说文》之学者，亦不能不探源于此”。

文字是形、音、义的结合体，考释古文字可以从字形、文例、语音等不同角度出发，采用多种方法。在具体的考释过程中，这些方法常常是综合运用的，证据越充分，结论越有说服力。古文字中存在着大量的通假字，很多通假字的释读正确与否往往成为通读古文字材料的关键。王念孙所说的“字之声同声近者，经传往往假借。学者以声求义，破其假借之字，而读之以本字，则涣然冰释；如其假借之字而强为之解，则诘籲为病矣。”这种思想仍然适用于古文字的考释，不掌握这一方法，许多材料几乎无法通读。清末古文字学者凭借着考证典籍的深厚功力，常常能正确地把古文字中的某字读为与之相应的传世文献中的某字，并援引典籍中的大量例证，辅之以相关的史事、制度等，因而能发现甚多，收获甚多。

三、古文字考释中使用通假方法理论的提出及其应用

清代因为古音学研究取得了空前的成就，使乾嘉学者成功地运用“因声求义”的方法考证文献成为可能，而清末刘心源、吴大澂、孙诒让等学者又将这种方法成功地从经传训诂的范围扩大到古文字的考释上，反复推勘，认真求证，使得古文字的考释越来越趋于成熟（尽管人们是在一种不自觉的状态下使用这种方法的）。

古文字的考释方法，是古文字研究中一个重要的组成部分。王国维在《毛公鼎考释序》[1] 中提出六项考释古文字的原则：

> “顾自周初迄今垂三千年，其讫秦汉亦且千年。此千年中，文字之变化脉络不可尽寻。故古器文字有不可尽识者势也。古代文字假借至多，自周至汉音亦屡变，假借之字不能一一求其本字，故古器文谊有不可强通者亦势也。从来释古器者，欲求一字之无不识，一义之无不通，而穿凿附会之说以生。穿凿附会者非也。谓其字之不识、义之不可通而遂置

① 王国维．观堂集林·毛公鼎考释序（卷六）［M］．北京：中华书局，1959：293.

之者亦非也。文无古今，未有不文从字顺者，今日通行文字，人人能读之能解之。《诗》《书》、彝铭亦古之通行文字，今日所以难读者，由今人之知古代不如知现代之深故也。苟考之史事与制度文物，以知其时代之情状；本之《诗》《书》，以求其文之义例；考之古音，以通其义之假借；参之彝器，以验其文字之变化，由此而之彼，即甲以推乙，则于字之不可释、义之不可通者，必间有获焉。然后阙其不可知者，以俟后之君子，则庶乎其近之矣。”

该方法源自其对以往的古文字的考释方法的借鉴，又从清代小学，特别是乾嘉学派考证文献的成就中总结经验，形成了考释古文字的系统理论：“本之《诗》《书》，以求其文之义例”“考之古音，以通其义之假借”，并且“参之彝器，以验其文字之变化”。其中每一条原则都不是孤立地存在的，古文字的考释是对这些因素的综合运用。王国维所提倡的考释古文字的方法，已得到学者的普遍认同，产生了深远的影响。同时，他还是第一个提出使用通假方法考释古文字的人。当然，通假方法并不是唯一的手段，需要有其他多方面的证据相结合。由于王国维通晓古音学①，并且又极慎重地使用通假方法，所以他破析的许多通假字令人信服。例如他对“王子婴次盧”② 的考释：

新郑所出铜器数百事，皆无文字。独有一器长方而挫角者，有铭七字，曰：王子䁼次□盧。余谓䁼次即婴齐，乃楚令尹子重之遗器也。《说文·贝部》“賏，颈饰也，从二贝。”又女部：“婴，颈饰也。从女，賏其连也。”是賏婴一字。案：男子颈无饰，賏盖专施于女子，故字亦从女作婴，此器又省作䁼，从一贝与从二贝，义无以异也。又次齐古同声。故齐声之字亦从次声，证之《说文》，则餈䆅同字。…经典资斧亦作齐斧，墙茨亦作墙薺，采茨亦作采齐，粢盛亦作齍盛，蠀螬亦作蛴螬。又齐威王之名，《史记》六濬敦、陈侯因濬戈并作因濬。亦之异文也，则次二字即婴齐无疑。古人以婴齐名者，不止一人，独楚令尹子为庄王弟，故春秋书公子婴齐，自楚人言之，则䁼为王子婴齐也。子重之器何以出于

① 王国维关于古音的研究见：王国维．观堂集林·五声说（卷六）［M］．北京：中华书局，1959：341．关于古声母的研究见：王国维．尔雅草木虫鱼鸟兽释例［M］//王国维遗书（卷五）．上海：上海古籍书店，1983.

② 王国维．观堂集林（卷十八）［M］．北京：中华书局，1959：899.

新郑？盖鄢陵之役，楚师宵遁，故遗是器于郑地，此器品质制作，与同时所出他器不类，亦其一证。然则新郑之墓，当葬于鲁成十六年鄢陵战役后，乃成公以下之坟墓也。

该考释正是对其在《毛公鼎考释序》中提出的考释古文字方法的具体运用，并把金文材料与与之相对应的典籍材料相互补证，因而得到令人信服的结论。此文仅四百余言，先据《说文》分析字形、引经典异文和出土的古文字资料以证文字通假。婴次即婴齐。又考之史实，论证王子婴齐之为楚令尹子重，再据此器与他器不类推及该器乃鄢陵战役之所遗，于史实地望若合符节，可谓义据精深，方法缜密，极考据家之能事了。①

1925年在清华研究院的"古史新证"课上，王国维提出了著名的"二重证据法"：

吾辈生于今日，幸于纸上之材料外，更得地下之新材料。由此种材料，我辈故得据以补正纸上之材料，亦得证明古书之某部分全为实录，即百家不雅驯之言亦不无表示一面之事实。此二重证据法，惟在今日始得为之。虽古书之未得证明者，不能加以否定，而其已得证明者，不能不加以肯定，可断言也。②

王氏取地下的新材料与地上材料来校勘古代的文献典籍，功效卓著，影响深远。③ 比之清人的以文献证文献的考据要优越得多。裘锡圭先生说："二

① 按：王氏主张该器器主当为楚令尹子重，但子重之器为什么在新郑出土，学界颇有异辞。如杨树达在《积微居金文说·王子婴次卢跋》中支持王说，并解释了该器在新郑出土的原因。郭沫若在《两周金文辞大系考释》中认为应是郑国公子婴齐；孙次舟在《新郑铜器群年代考辨》中主张器主为韩襄王的王子，即《史记·韩世家》所言的"太子婴"。近年来有学者从器物形制、文字风格等方面考察，认为其具有楚国的地域特征，申述王国维说是可信的。见刘彬徽．楚系青铜器研究［M］．武汉：湖北教育出版社，1995：306. 张连航．楚王子王孙器铭考述［M］//古文字研究（第二十四辑）．北京：中华书局，2002：254.

② 王国维．古史新证——王国维最后的讲义［M］．北京：清华大学出版社，1994：2.

③ 例如王氏用甲骨卜辞中常见的"王亥"一名校勘《史记·殷本纪》中的人名"振"、《楚辞·天问》的"该"、《汉书·古今人表》的"垓"等均为一人，应为殷之先公。并在此基础上形成了其著名的著作《殷卜辞所见先公先王考》和《续考》。见王国维．观堂集林（卷九）［M］．北京：中华书局，1959：409-451.

重证据法既是研究古史的方法，也是研究古书的方法。”① 这种方法同样也适用于古文字的考释上。例如，王国维在《鬼方昆夷玁狁考》中对“玁狁”的考证，就是运用二重证据法，以地上材料与地下材料互证，谓商周时的鬼方、混夷、獯鬻和宗周之际的玁狁实为一族，是“随世异名，因地殊号”，并充分发挥语音通假的作用，他说：

“余谓皆‘畏’与‘鬼’之阳声又变而为‘荤粥’，为‘薰育’，为‘獯鬻’，又变而为‘玁狁’，亦皆‘畏’‘鬼’二音之遗。‘畏’之为‘鬼’，‘混’之为‘昆’、为‘绲’、为‘畎’、为‘犬’，古喉牙同音也。‘畏’之为‘混’，‘鬼’之为‘昆’、为‘绲’、为‘畎’、为‘犬’，古阴阳对转也。‘混’‘昆’与‘荤’‘薰’非独同部，亦同母之字（古音喉牙不分），‘玁狁’则‘荤’‘薰’之引而长者。故‘鬼方’‘昆夷’‘薰育’‘玁狁’自系一语之变，亦即一族之称，自音韵学上证之有余矣。”②

罗振玉在《观堂集林·序》中充分肯定了王氏在这方面的成就：“盖君之学实由文字声韵以考古代之文物制度，并其立制之所以然；其术在以博反约，由疑而得信。”

杨树达于甲骨文和金文均有研究，总结出各自的考释方法，并且都强调了语音在古文字考释中的作用。在《积微居甲文说·自序》中谈到甲骨文字的考释方法：

“甲骨文者，殷商文字也。欲识其字，必以《说文》篆籀彝器铭文为途径求之，否则无当也。甲文中已盛行同音通假之法，识其字矣，未必遽通其义也，则通读为切要，而古音韵之学尚焉，此治甲骨者必备之初步知识也。甲骨文所记者，殷商之史实也，欲明其事，必以古书传记所记殷周史实合其同异，始能有所发明，否则亦无当也。大抵甲骨之学，除广览甲片，多诵甲文，得其条理而外，舍是二术，盖不能有得也。就形以识其字，循音以通其读，然而稽合经传以明史实，庶几乎近之矣。”

① 裘锡圭．中国古典学重建中应该注意的问题［M］//北京大学古文献研究中心集刊（二）．北京：北京燕山出版社，2001：3.

② 王国维．观堂集林（卷十三）［M］．北京：中华书局，1959：583.

杨树达在《积微居金文说·自序》中说：

“用王氏校书之法治彝铭，每释一器，首求字形之无牾，终期文义之大安。初因字以求义，继复因义而定字。义有不合，则活用其字形，借助于文法，乞灵于声韵，以假读通之。”①

杨氏所说“用王氏校书之法治彝铭”即指用乾嘉学者考证文献的方法考释古文字；“首求字形之无牾，终期文义之大安”，是说从字形出发考释文字，并且要求释出的字放在具体文例中能够通读。这些都是非常正确的。举例如下：《討白簋》铭文有一句作“白作宝羞，其万年，孙子其永用。”杨说：

“按器为毁而铭文曰羞者，羞毁二字同隶见母，羞古韵在豪部，毁在幽部，二部音最近，铭文假羞为毁也。《陶斋吉金録》（二卷19页下）载此器盖，铭文与此同，惟羞字彼铭作毁，可以证也。彝铭毁字，自宋人误释为敦，清代治金文诸家皆承其谬。钱献之、韩履卿始疑释敦之非，于是近世黄绍箕益敷畅其说，而嘉庆时严可均辑三代文，凡宋人题敦者皆改题为毁，近日诸家除王静安外，皆题器为毁，无有题敦者矣。观此铭假羞为毁，羞与毁音近，而与敦音绝远，与敦决不相通，然后宋以来之误释，钱严诸家之卓识，于彝铭本身得其证明，王静安拘守旧说，其误亦大明矣。”②

按：杨氏以为“宝羞”即“宝毁”，甚是。“羞”“毁”除了音理上相通之外，更有力的证据是“羞”“毁”分别见于该器的器、盖，二者互为异文，“羞”借为“毁”没有问题。

于省吾先生曾如是评价：

“吾友杨君遇夫，仪刑高邮王氏父子之学，治文字、声韵、训诂之业越四十载，其所著书已付梓传播于世者，曰十余种。君于周、秦、两汉旧籍，究寻义例，研覈有素，而精通班史，尤称绝业。……君自避地辰

---

① 杨树达关于甲骨文的考释方法见《积微居甲文说》。杨树达．积微居甲文说［M］．北京：科学出版社，1954．又上海古籍出版社重排本，1986．关于金文的考释方法见：积微居金文说（增订版）［M］．北京：中华书局，1997．

② 杨树达．积微居金文说（增订本）［M］．北京：中华书局，1997：172．

谷，始专攻契文、金文，以掘自地下之古文坠义，与经传史实相证发。……析疑释滞，胜义缤纷，皆前哲之所未能解，而时贤之所未易几及者也。盖君贯穿旧典，究于文法，达于谊训，以往昔治经传、说文之征验与方法，移之以治契文、金文。是以研肌分理，证符义惬。”①

但是遇到从字形研究得出的结论与辞例发生矛盾时，他提出“义有不合，则活用其字形，借助于文法，乞灵于声韵，以假读通之。”则似有可商。于省吾、林沄二位先生曾对其“以文义定字形”“屈形就义”的方法进行了批评②。在字形没有确释的前提下乞灵于声韵，大谈通假，譬如在沙滩上建房屋，结论必然不可信。这也是我们利用通假方法考释文字时应该注意的问题。

在王国维之后，利用通假方法考释文字取得显著成绩的当数于省吾先生。他在《双剑誃诸子新证》的序中说：

清代学者辑佚核异、考文通音，定其违牾、疏其疑滞，微言坠绪，于以宣昭。省吾末学浅识，窃尝有志于斯，诵览之余，时得新解。本之于甲骨彝器、陶石玺化之文以穷其源；通之于声韵假借、校勘异同之方以究其变。③

这段话表明他一方面致力于继承乾嘉考据学的余绪，以文字、音韵、训诂之学校订典籍；另一方面，发展了王国维的二重证据法于经典的训释，把考古出土材料与典籍相结合相证发，并且突出了“声韵假借”的作用。在同书的（凡例）中介绍说“……依校勘异同、声韵通假为佐证者约十之七八。……”又《双剑誃殷契骈枝初编·序》中：“契学多端，要以识字为其先务，爰就分析点划偏旁之法，辅以声韵通假之方。”足见其对声韵通假的运用和重视。

于省吾先生借用法律术语，主张讨论通假问题时要“律例兼备”，所下的判断才能令人信服④。所谓律，指理论上的可能性，即符合古音通转规律；所

① 杨树达．积微居金文说·于省吾序（增订本）[M]．北京：中华书局，1997.

② 于省吾．关于古文字研究的若干问题 [J]．文物，1973（2）：33. 又见于省吾．甲骨文字释林·序 [M]．北京：中华书局，1979. 林沄．古文字研究简论 [M]．长春：吉林大学出版社，1986：42.

③ 于省吾．双剑誃群经新证·双剑誃诸子新证 [M]．上海：上海书店，1999：202.

④ 林沄．古文字研究简论 [M]．长春：吉林大学出版社，1986：118.

谓例，则主要是古文献上的大量例证。二者缺一，都会影响结论的可靠。

例如“史墙盘”铭文中有“䜌趬”一辞，用以赞美其先祖，但该辞不见于文献记载，意义难以明了。于省吾先生则运用通假等方法考证，得出令人信服的结论。具引如下：

> 䜌同遽，金文遽字常见，古文从彳与从辵多无别。遽字应读作的“使肥与有职竞焉”。杜注谓“竞，遽也”，《楚辞·大招》的“万物竞只”，王注谓“竞犹遽也”。近年来长沙出土的《老子甲本卷后古佚书》引《诗·长发》的“不勮不诛”，今本作“不竞不絿”。按勮与遽并从豦声，勮之通竞犹遽之通竞。《左传》昭三年：“司马灶见晏子曰，又丧子雅矣。晏子曰，惜也，子旗不免，殆哉。姜族弱矣，而将始昌。二惠竞爽犹可，又弱一个焉，姜其危哉。”杜注：“子雅、子尾皆齐惠公之孙也。竞，强也，爽，明也。”《尔雅·释言》也训竞为强。竞训强和强通强，古籍习见。总之，遽与竞双声（同属“群三”）。竞之训强为音训，竞字古属阳部，“竞爽”为迭韵连语。铭文的“䜌趬”，乃《左传》“竞爽”的初文。钟嵘《诗品·总论》：“自王扬枚马之徒，辞赋竞爽，而吟咏靡闻。”其言“竞爽”，乃用《左传》成语。准是，则铭文的“䜌趬”应读作“竞爽”。这是史墙颂扬文考乙公性格刚强爽明。①

于氏先从字形上说明遽从彳与从辵每无别。复引典籍异文证“遽、竞”可通，又马王堆帛书的“勮”今本作“竞”、从豦声字与竞可互相代替作为旁证。（以上为“例”）竞与遽双声，竞为阳部，遽为鱼部，鱼部和阳部是“阴阳对转”的关系，合乎古音通转规律。（以上为“律”）铭文中的“䜌趬”也就是见于《左传》的“竞爽”。揆之文义，也通畅无碍。

这种方法施之于甲骨文的考释上，同样卓有成效。例如于省吾先生对甲骨文中“雉众”一词的训释。

> “按：雉字或从土作𡏳者繁文也。甲骨文雉兔之雉亦作䧴，矢与夷叠韵，故互作。周器柳簋夷字从矢声。《说文》谓夷字从大从弓，误以形声为会意。上文所举诸辞之雉字，均应读为夷。《周礼》薙氏郑注‘夏日至而夷之’，《月令》注引作‘夏日至而雉之’。《尔雅·释诂》：‘雉，陈

---

① 于省吾．墙盘铭文十二解［M］//古文字研究（第五辑）．北京：中华书局，1981：12.

也。'樊注：'雉，夷也。'《汉书·杨雄传》：'列新雉于林薄。'集注引服虔：'雉夷声相近'。是雉、夷相通之证。《左襄二十六年传》：'王夷师熸。'杜注：'夷，伤也。'《荀子·君子》：'故一人有罪而三族皆夷'。杨注：'夷，灭也。'《吕览·慎势》：'以小畜大灭'。高注：'灭，亡也。'伤与灭、亡义相因。甲骨文雉众或雉人，雉字应读夷，训为伤亡。"①

于先生还特别注意音证的使用要充分。西周铜器铭文里，经常见到"康宫"一词。唐兰先生谓金文中的"康宫里有邵宫、穆宫、剌宫，是昭王、穆王、历王的宗庙，徲大室是夷王的宗庙""屖跟徲是一个字，通作夷，《诗经·四牡》周道倭遅、韩诗作威夷。"② 吴其昌谓："西周天子王号，明见于金文者，玟、珷、成、昭、穆、龏、懿俱有，虽无康王，然而有康宫，康庙、康寝，虽无夷王，然而有屖宫（原注：屖即尸，尸即夷）、徲大室，虽无厉王，然而有剌宫（原注：剌即烈，烈即厉）"③。于氏说：

"按唐说和吴说均有卓识，但不知其写作之先后。关于徲、夷二字的通借，唐、吴二说的论证还不够充分，今特略为补苴。徲、夷叠韵，古音并属脂部。徲同遅，古文从彳从辵每无别，《说文》歧徲、遅（今本伪作'遲'）为二字非是。钱大昕《二十二史考异》于《史记·张释之、冯唐列传》一条中讲遅与夷的通借颇详，今录之于下：'陵遅而至于二世，《汉书》作陵夷。《平准书》选举陵遅，《汉志》亦作夷。《司马相如传》陵夷衰微，《汉书》作遅。古文夷与遅通，《诗》周道倭遅，《韩诗》作郁夷。《淮南原道训》，冯夷大丙之御，高诱云，夷或作遅。娄寿碑，徲俟衡门，即栖遅也。《说文》遅或作，从尸，尸古文夷字。'按钱氏所列七证，除《诗》周道倭遅一证已见唐文，余则可补其说之未备。夷王之夷，《左传》昭二十二年以及《国语·周语》《古本竹书纪年》均作夷。以金文验之，则应作"屖"或"徲"，是本字之湮，由来已久。"④

① 于省吾．甲骨文字释林［M］．北京：中华书局，1979：62. 近年沈培先生著文讨论"雉众"应即"失众"，不同意于氏的释读，文见沈培．卜辞"雉众"补释［M］//语言学论丛（第二十六辑）．北京：商务印书馆，2002：237-257.

② 唐兰．西周铜器断代中的康宫问题［J］．考古学报，1962（1）：15-49.

③ 吴其昌．金文厤朔疏证（卷三）［M］．北京：北京图书馆出版社，2004：28.

④ 于省吾．读金文札记五则［J］．考古，1966（2）：100.

于先生的“律例兼备”说既是对前人使用通假实践的总结，也为后来治古文字学者应用语音通假树立了一个标杆。如今，“地不爱宝”，越来越多的出土文献不断被发现，其中大量的通假字的确定，都是凭借先秦及汉初诸子书中的大量相同的文例。没有后一个条件，很多通假字是无法确定的。所以，对于通假的运用，应该特别谨慎，除了音韵学的理论之外，更要重视文献上的大量例证，二者相辅相成。新时期的古文字学者像裘锡圭、李家浩等先生，其所写的许多考释古文字的文章，在涉及语音通假问题时，都能做到“律例兼备”，因而得出可信的结论。我们可以把它们作为怎样考释古文字的范文来读。关于更多的成功地使用语音通假考释古文字的文章，我们在这里就不一一举例了。

（原文发表于《古籍整理研究学刊》，2004 年第 6 期）

古文字考释中的古音伪证

古文字考释中常常要遇到通假问题。正确地使用通假方法，是考释文字、通读出土文献的一个重要途径。当代学者研究古文字通假，其成就远远超过前人，尤以于省吾先生冠绝一时。于先生借用法律术语，主张讨论通假问题时要“律例兼备”，所下的判断才能令人信服。[①] 所谓律，指理论上的可能性，即符合古音通转规律；所谓例，则主要是古文献上的大量例证。二者缺一，都会影响结论的可靠。但是，有一些学者在通假问题上却不够谨慎，要么不符合语音通转规律，要么缺少文献上的大量例证，因而影响了结论的可信性。本文试从以上两方面对古文字考释中使用的通假进行检讨，不当之处，祈请方家指正。

一、音理上讲不通

音理上讲不通，即于省吾先生所说的“律”不合语音通转规律而言。王力先生分上古韵部为三十部，阴、阳、入三声相配，并作了一个韵表。规定：

① 林沄．古文字研究简论［M］．长春：吉林大学出版社，1986：118.

同类同直行者为对转，即元音相同而韵尾的发音部位也相同。如，之职、之蒸对转等；同类同横行者为旁转，即元音相近，韵尾相同（或无韵尾）。如侯幽、职铎旁转等；不同类而同直行者为通转，即元音相同，但是韵尾发音部位不同。如之文通转、鱼歌通转等。对声纽的规定是：同纽者为双声。如，刚和坚都是见母字，为见母双声；同类同直行，或舌齿同直行者为准双声。如著，端纽，彰，照纽，端照准双声；同类同横行者为旁纽。如劲，见纽，强，群纽，见群旁纽。① 确定通假一定要符合语音通转规律，就是说，必须是韵部、声纽都相同或相近。而实际的古文字考释中，就有一些学者不遵守这个规律，为了主观上解决问题，滥用通假。现举例如下。

古文字中有[illegible]（下文用“△”代替）字，见于鄂君启节和楚帛书。学者或径释作“陵”；或释作“陲”，以为用作“陵”。△字到底是“陵”还是“陲”，如是“陲”何以用作“陵”的争论一直悬而未决。学术界比较倾向性的意见是△字形近于陲，而在具体的文例中用作陵。就古文字研究而言，△字的字形结构与演变以及“陵、陲”的关系，仍然是需要解决的问题。已有多位学者就此展开讨论。② 其中就有学者从语音通假角度试图解决问题。例如，刘宗汉在《金文札记三则》中③对该字的讨论。刘氏以为△“应系陲字无疑，然就文义论，确又应读为陵字”。那么如何解释“陵”与“陲”的关系呢？他是这样论证的：

> 《礼记·檀弓》下：“工尹商阳与陈弃疾追吴师，及之。”郑玄注云：“陈，或作陵。楚人声。”又《尔雅·释言》二：“諈，诿，累也。”邢昺疏引孙炎曰：“楚人曰諈，秦人曰诿。”按，陈，澄母字；諈，知母字，均属舌上音，古读为舌头音。陵、累并来母字，属半舌音。古人半舌音与舌头音相近的例子很多，此处不一一例举。从上举两例材料看，楚方音中确有此种现象。我们知道，陲，禅母三等字。禅母属照系，照系三等字古读端系，为舌头音。根据上面的分析，在楚方言中，陲字的声母应为半舌音。又陲，支韵，可转为耕韵。陵，蒸韵，与耕韵音近可通。

① 王力．同源字论·同源字典［M］．北京：商务印书馆，1982：3-45.

② 洪飏：《古文字学者关于“陵、陲”的讨论及由此引发的思考》，待刊。注：该文后刊发于《社会科学战线》，2004年第3期。

③ 刘宗汉．金文札记三则［M］//古文字研究（第十辑）．北京：中华书局，1983：127.

这样，在楚方言中，禅母支韵的陲字可以读为来母蒸韵的陵字。这就是前引那些出土资料中把“陵”写作“陲”的原因。

刘说从表面上看似乎很有道理，但是无论从声纽上还是韵部上，他所论证的所谓相通，都不是直接的，颇为迂曲。古音照系三等读同端组，没有问题，在上古确有一些端组与半舌音来纽相通的例子。从韵部上看，陲，歌部字（刘氏以陲隶支部），与蒸部相隔甚远，不符合语音通转规律，而且他也举不出与之相关的文献上相通假的证据，因而没有说服力。

又战国货币、玺印文字中有一“全”字，旧释为金，于义难通。自河北平山县中山王墓器物铭文出土以后，人们把出土圆壶铭上的“方数全里”和鼎铭上的“方数百里”两相对照，知“全”即百字。用这个成果去读其他的货币、玺印文字，均豁然可通。然而“全”字究竟为什么读作百，确有争议。有的学者又试图从读音上找出二者的通假关系。例如，刘宗汉先生认为“全”字即“金”字，“金”字与“百”字在语音上存在通假关系。金，见母侵韵；百，帮母陌韵。就声母而言，刘氏以若干异文、又读、声训材料证上古见、帮二母相通；从韵部通转来看，所言则不能令人信服。他说：“金，侵韵属侵部；百，陌韵，为庚韵入声（百字的中古读音），属耕部。《国语·周语》下，伶州鸠对周景王引述过一句谚语‘众口成城，众口铄金’。金与城通押，说明在东周地区金字读音与耕部接近。”① 按，百，上古属铎韵，为鱼韵之入声，与耕部毫无关联，刘氏将其隶耕部不得而知。既然是归部错误，那么下面举韵语通押就不足为证了。侵部字与鱼部字韵相远隔，无从通假。汤余惠师从字形出发，找到了“全”与“百”的演变关系②，颇令人信服。

二、文献上的例证是错误的

讨论古音通假，光凭音理上讲得通，论证还不够充分，必须要有文献上的大量例证，得出结论才可靠。但是，传世文献历经传抄，其中错讹在所难免。我们在引用的时候，如不加以辨别，很可能就把错误的文献当作例证征引，当然也就不利于问题的解决了。例如：

1975 年湖北江陵凤凰山一六七号汉墓所出第三十二号遣策简云：“大柙一

① 刘宗汉. 释战国货币中的“全”[J]. 中国钱币，1985（2）：24.

② 汤余惠. 关于全字的再探讨［M］//古文字研究（第十七辑）. 北京：中华书局，1989：218.

枚"，同出的随葬品中有一个扁壶，整理者以为简文的"大柙"即是这个扁壶。①《凤凰山一六七号汉墓遣策考释》一文则谓："'柙'与'榼'音同，'大柙'即'大榼'。《说文》：'榼，酒器也。'有方、圆、扁、横四形。此墓出漆扁壶一，即壶之扁形者。"② 其后孙机先生著《说"柙"》一文，从形、音、义三方面加以论证，认为"大柙"当为"大椑"之假。③ 黄盛璋先生已经指出："'柙'与'椑'不论古今音读皆相差很远：古音'柙'在叶部，'椑'在佳部，主元音与收音皆异，声母更是牙、唇有别，说'柙、椑读音全同'，从字音上全属误解。"④ 对此，孙机复引传世文献证"柙""椑"相通。他说："《说文·木部》：'枥椒，椑指也。'《玄应音义》卷一二引晋·吕忱《字林》作：'枥椒，柙其指也。'《艺文类聚》卷四一引魏文帝《饮马长城窟行》：'武将其贯鞞。'《世说新语·捷悟篇》：'魏武征袁本初，治装，余有数十斛竹片，……谓可为竹椑楯。'余嘉锡笺疏：'椑，唐本作柙。'……"又说："姜亮夫《瀛涯敦煌韵辑补逸》所录敦煌出五代韵书残片之第五片中的狎韵字内有'碑'字。《说文·石部》：'碑，从石，卑声。'此字在《广韵》中收入支部，残片将它收入狎部，可为卑、甲古读相通之又一确证。"按：凤凰山汉墓整理者把"大柙"读为"大榼"是可信的。柙与榼音同，孙机把"大柙"读为《广雅》的"大椑"，似有可商。卑，帮母支部；甲，见母叶部。声、韵均远隔，实不相通。孙氏以典籍中的异文证之，亦不具说服力。裘锡圭先生已经指出："'卑'跟'甲'的古音实不相近。只是由于'椑'、'柙'形近，古书中有二字互讹的现象。"⑤ 典籍中互为异文的字常有错讹的情况，略举一例。如徒与從，《诗经·齐风·载驱》郑笺："徒为淫乱之行"，《经典释文》："徒，一本作從。"《庄子·至乐篇》："食于道從"。《经典释文》："從，本或作徒。"《列子·天瑞篇》："食于道徒。"一本"徒"作"從"。

---

① 凤凰山一六七号汉墓发掘整理小组．江陵凤凰山汉墓一六七号汉墓发掘简报［J］．文物，1976（10）：31-37.

② 吉林大学历史系考古专业赴纪南城开门办学小分队．凤凰山一六七号汉墓遣策考释［J］．文物，1976（10）：49.

③ 孙机．说"柙"［J］．文物，1980（10）：81. 关于"柙"与"椑"的问题亦见孙机．汉代物质文化资料图说［M］．北京：文物出版社，1991：319-321.

④ 黄盛璋．关于壶的形制发展与名称演变考略［J］．中原文物，1983（2）：22.

⑤ 裘锡圭．说鈚、榼、椑榼［M］//古代文史研究新探．南京：江苏古籍出版社，1992：587. 在该文中，裘先生不仅从语音上否定"椑""柙"不同，又从器物形制等方面论证把"柙"读为"椑"是不合理的，甚确。

《吕氏春秋·禁塞篇》："從承多群"，一本"從"作"徒"。《史记·仲尼弟子列传》："子徒"并作"子從"。"徒"与"從"究竟是什么关系呢？"徒"，定纽鱼韵，"從"，从纽东韵，徒与從声韵均悬远，显然这种异文即不存在语音通假关系。在文献中，"從"字也没有与"徒"有关的假借义。清代著名的训诂学家王引之以为"從"隶书与"徒"形似而讹作"徒"，[①] 是可信的。

长沙马王堆帛书中有《老子》甲、乙本。其中乙本有一句："爱民栝国，能毋以知乎？"与之对应的王弼本作："爱民治国，能无知乎？"或"爱民治国，能无为乎？"马王堆帛书整理小组将"栝"读为"活"。并注云："通行本作'治国'，《经典释文》出'民治'，云：河上本又作'活'。帛书中'活'写作'栝'，此'栝国'即'活国'，河上公旧本盖与此同。"[②] 高明先生《帛书老子校注》不同意此说，认为乙本中的"栝"字不应读作"活"，应当读作与王本对应的"治"，"栝国"即今本之"治国"。并从音韵上加以阐释，云："'栝'与'治'乃声之转也。《广韵》：'栝，他玷切'。读音近似于'胎'，与'治'字通。'栝'字古音属透纽谈部，'治'字属定纽之部，透、定古音为舌头，'之''谈'旁对转也，音同通假。如王本第四十一章'善贷且成'，敦煌戊本作'善始且成'；范应元本作'善贷且善成'，帛书乙本作'善始且善成'。于省吾云：'敦煌"贷"作"始"，乃声之转。''贷'字假为'始'，与此'栝'字假为'活'同例。"[③]

按：马王堆帛书整理小组据河上公本将帛书"栝"读为"活"，不误。帛书本作"栝"正可反证河上公本作"活"确有所本。"栝"《广韵》另有"古活切"一音，古音属见纽月部，"活"古音匣纽月部，二字韵部相同，声纽是匣纽古读为见纽[④]，没有问题可以通假。高氏以"栝"的《广韵》音"他玷切"为据，将其读音拟成近似于"胎"音，使我们不得而知。又从传世文献与出土文献的文例比照上认为"栝国"即同今本"治国"。近年来，随着出土文献的不断被发现，其中不少典籍都有传本与之对照，对于古文字的释读带来了极大的便利。但是，出土典籍与传世典籍相对应的字并不都构成通假关系，有时是同义关系，如郭店简《老子》："知足之为足，此恒足

① 王引之．经义述闻（卷十七）［M］．南京：江苏古籍出版社，2000.

② 马王堆汉墓帛书整理小组．马王堆汉墓帛书［M］．北京：文物出版社，1974.

③ 高明．帛书老子校注［M］．北京：中华书局，1996：266.

④ 李新魁．上古音"晓匣"归"见溪群"说［M］//李新魁语言学论集．北京：中华书局，1994：1-19.

也”。传世本“恒”作“常”，二者同义相通。有时构成异文的两个字中，可能某一个是错的①，此不赘述。事实上出土文献的可信程度一般要高于传世文献，我们也没有必要完全据传本改读出土文献。裘锡圭先生说：“不能滥用假借的方法去追求简本《老子》与旧本的统一，否则所有新发现的本子都可以通转到旧本上去了。”② 所言至确。所以没有必要把“栝国”与“治国”勉强联系起来。况且，“栝”古音隶谈部，“治”古音隶之部，韵部远隔，也不是什么旁对转。高氏又举传本与帛书本等“治”“贷”相通作旁证，以为同例，不确。“治”古音定纽之部，“贷”古音定纽之部，可以通假，与“栝”读为“治”远非同例。综上，高氏读“栝”为“治”，无论从音理上，还是文献的例证看，都是没有说服力的。

（原文发表于《长春师范大学学报》2004 年第 9 期）

古文字考释中论证通假关系的语音认识

汉字的发展经历了由甲骨文、金文、小篆、隶书、楷书等演变过程，形体发生了巨大的变化，因而在古文字资料中有许多我们还不认识的字。当我们遇到一个不认识的古文字时，首先想到的是它的形体和它所在的文句。古文字考释，就是要认出这些尚未识读的古字是后代的哪个字，并进一步解释它在具体的语言环境中所表达的意义。

有时候我们认出了字形以及它所代表的意义，但是并不能通读原文，或者说，当古文字中某字读如本字按之辞例无法索解时，这时候应该考虑该字使用了通假。古文字资料中的通假字是屡见不鲜的。古文字考释中的通假关系指确定古文字与古书中对应的字、词的音同或音近关系，而这种语音上的相同或相近关系是受字形、字义等因素制约的。著名的古文字学家于省吾先

① 裘锡圭．谈谈上博简和郭店简中的错别字［M］//华学（第六辑）．北京：紫禁城出版社，2002：50-54.

② 裘锡圭．美国“郭店《老子》国际研讨会”综述［M］//中国哲学（第二十辑）．沈阳：辽宁教育出版社，1999：402.

生曾经提出古文字考释中确定通假关系要坚持“律例兼备”的原则[1]，即除了语音上的相同或相近，还要有文献上的相同用例佐证。由此决定了我们不能孤立、片面地认识古文字考释中的通假关系以及其赖以确立的语音系统问题。

一、问题的提出

通假的基本条件是音同或音近，而“音”又分时代。如论证上古通假字，必须依据上古音；论证中古通假字，必须依据中古音。古文字主要指汉以前的文字，所以对古文字考释中通假关系的论证，必须依据上古音。如果从时间上考虑，则应主要限定在先秦时代。

目前所说的上古音主要是指从《诗经》等材料归纳出来的音系。古文字包括甲骨文、西周金文、战国文字以及秦和西汉初年的简帛文字，时间跨度很大，字的读音也会有所变化。古文字考释中论证通假关系，对不同时期的文字用与其相同时期的语音作基础，如论证甲骨文的通假关系依据殷商音系、论证铜器铭文的通假关系依据西周金文音系等，从理论上说应该是最理想的。近些年也有一些学者提出这样的问题并引起过相关的讨论，有的学者甚至探索过殷代甲骨文音系[2]、西周金文音系[3]，但是其在材料和方法上都存在明显的不足。从古文字考释的近一个世纪的实践来看，人们依据以《诗经》音为代表的上古音确定通假关系，没有感到有什么不妥，而且是切实可行的。

本文讨论的古文字考释中对通假关系的论证，依据的仍然是以《诗经》音为代表的上古音。上古音研究的主要成果是古韵部的划分。上古韵部的划分主要以《诗经》押韵和《说文》谐声为依据。从清初顾炎武开十部先河，到王念孙、江有诰的二十二部，基本定型。近代章炳麟、黄侃、王力等人又作了修订和补充。至王力的三十部古韵系统可以作为阶段性的总结。韵部划分的完密意味着音类问题已基本解决，所以在二十世纪初，古音学走上了另外一条道路，即考订音值。如高本汉、董同龢、李方桂等人在清儒研究成果

---

① 林沄．古文字研究简论［M］．长春：吉林大学出版社，1986.

② 赵诚．商代音系探索［M］//音韵学研究（第一辑）．北京：中华书局，1984. 郭锡良．殷商时代音系初探［M］．北京大学学报，1988（6）：105-120+126+121+123.

③ 余迺永．两周金文音系考［D］．台北：台湾师大国文研究所，1980. 郭锡良．西周金文音系初探［J］//国学研究（第二卷）．北京：北京大学出版社，1994.

基础上，把现代语音学的原理、方法和这些材料结合起来，对上古音进行了构拟，都作出了成绩。

古文字考释中，利用古音学的研究成果论证通假关系，确实解决了不少问题。古音学上，韵部划分的疏与密对古文字考释中通假关系的确立会不会带来影响？换句话说，依据不同的语音系统，比如是采纳王念孙等的二十二部还是采纳王力等的三十部，对古文字考释中通假关系的论证会不会带来影响？另外，古文字考释中论证通假关系要不要利用古音构拟的成果？等等，这是古文字学界向有疑义的话题，本文作者不揣浅陋，主要围绕上述问题进行讨论。

二、从理论上看论证通假关系依据的语音系统

古音学家划分韵部，依据的主要是《诗经》等押韵材料，方法也大致相同，但是韵部划分的多少却有差别。其中一个重要原因是是否采取阴阳入三声相配。我们以在古音研究上很有影响的王念孙的二十二部和王力的三十部为例。王念孙最初分古韵为二十一部，后来同意孔广森东冬分部的主张，在晚年分古韵为二十二部，即东、蒸、侵、谈、阳、耕、真、谆、元、歌、支、至、脂、祭、盍、缉、之、鱼、侯、幽、宵。王力最初采用了王念孙的晚年二十二部的主张，不同的是他把冬部并入侵部，又把脂微分部，将章太炎的队部的去入声字立为物部，一共有二十三部。在晚年，他又采纳了孔广森等阴阳入三分的观点，在早年二十三部基础上，把之、幽、宵、侯、鱼、支六部的入声即职、觉、药、屋、铎、锡独立出来，分古韵为十一类二十九部（后来改为三十部）。

另外一个重要原因就是对例外押韵的处理不同。我们以音韵学上的脂微分部为例。

先从真文分部谈起。段玉裁在《六书音均表》里把真部和文部分立。他把《广韵》的真、臻、先、轸、铣、震、霰、质、栉、屑诸韵归在十二部，即真部；谆、文、欣、魂、痕、准、吻、隐、混、很、稕、问、焮、慁、恨归在十三部，即文部；元、寒、桓、删、山、仙、阮、旱、缓、潸、产、愿、翰、换、谏、裥、线归在十四部，即元部。

江有诰根据韵部的远近论证真文应该分开。他说："段氏之分真文，……人皆疑之，有诰初亦不之信。细细绎之，真与耕通用为多，文与元合用较广，

此真文之界限也。”（《复王石臞先生书》）据王念孙《合韵谱》，真部与耕部合韵《诗经》9例，群经26例，《楚辞》9例，合计44例。文部与耕部合韵《诗经》2例，群经1例，合计3例。这里真部与耕部的合韵和文部与耕部的合韵的差别是一目了然的，不同的合韵关系恰恰可以反映出真部和文部的区别。真文分部为后来的脂微分部打下了基础。

在《新方言》中，章太炎提出了脂灰（后来的学者称为微部）分部的主张。章氏把灰部从脂部中划出来，这在古音学史上是第一次。他的灰部有回自夔等声，认为这些字在《诗经》里基本上是分用的。虽然在韵目上把脂灰部划分为两部，但是他对归字没有作具体的划分。以月部作为与灰部相承的入声是不妥当的。对这项工作的具体的研究和规定是由王力完成的。

王力依据《诗经》押韵，一百一十个例子中，可认为脂微分用者八十四个，约占全数四分之三，可认为合韵者二十六个，不及全数四分之一。再以段玉裁的《群经韵分十七部表》为证，在三十四个例子中可认为脂微分用者二十七个，约占五分之四，可认为脂微合用者，约占五分之一。据此他认定脂微分部是可以成立的。脂微二部的分野是：齐韵划入古音脂部，微灰两韵划入古音微部，脂皆两韵是脂微两部杂居之地，其中的开口呼的字划归古音脂部，合口呼的字划归古音微部。后来董同龢利用谐声材料，对脂微二部归字作了验证，表明二部的分立是可行的。他认为脂皆两韵的确是上古脂微两部的杂居之地，但它们的开口音与合口音中同时要有脂微两部的字。①

毕竟，脂微合用的次数比其他的部要多，所以王力说：“如果谈古音者主张遵循王氏或章氏的古韵学说，不把脂微分开，我并不反对。我所坚持的一点，乃在乎上古脂微两部的韵母并不相同。”② 这是充分考虑了语音的系统性的。如果认为脂微在上古同部，它们的韵母系统也是一样的，就无法解释为什么《切韵》音系二者何以分部。所以从语音的系统性和语音的变化来看，把脂微分部是很有意义的。脂微分部以后进而把相应的质物部分开，与真文部一起就分别形成了严格的阴阳入三声相配关系。

清儒划分韵部，从段玉裁开始把不同部的例外押韵称为“合韵”或“通韵”，后来戴震、孔广森提出“阴阳对转”，章炳麟提出“旁转”，这些说法

① 董同龢．上古音韵表稿［M］．北京：中华书局，1987．王力．上古韵母系统研究［M］//王力语言学论文集．北京：商务印书馆，2000．
② 同上注。

都是相对于邻近韵部而言，即表明它们的语音是相近的。上举脂微部，在王念孙的语音系统里只有脂部；而王力从语音的系统性出发把脂微分立，但是并不否认脂微二部关系很近的事实，所以，在实际应用中，如果采用王力的语音系统，我们用通常的“合韵”说或“旁转”说一样能解决问题。同样，王力把之、幽、宵、侯、鱼、支六部的入声即职、觉、药、屋、铎、锡独立出来，这也是从语音的系统性考虑的。如果要说明它们各自对应的韵部关系，如之职、幽觉、宵药等，又都是严格的阴阳对转关系。从应用的角度来看，这种入声韵独立与否对通假关系的论证并没有什么影响。

三、从实例看论证通假关系依据的语音系统

先以东冬部为例。

古韵东、冬分部始于孔广森。不过当时也有持异议的，如王念孙开始不以为然。近现代学者中，复有主张东冬应合者，主要代表人物是于省吾先生。于氏从古文字的原始音符出发，指出孔广森把“雝廱饔”三字列入东部，“宫、躬、穷”三字列入冬部，但是这六个字均以吕为声，上古当同为一部。其后相继有学者以古文字资料证明古韵东冬不分，更为于说佐证。①

有的学者就此提出了质疑，如周祖谟、杨剑桥等。杨剑桥则认为于氏反对东冬分部据以立论的材料在时代上是模糊的，说：“于省吾反对东冬分部的文章，虽然是依据了新的材料——甲骨文，但是他把音系的时代搞错了。清代学者所谓的上古音，主要是指《诗经》音。《诗经》的时代大致是公元前十一世纪到公元前六世纪，即从西周初期到春秋中叶；而甲骨文所处的时代则是公元前十四世纪到公元前十一世纪，即从盘庚迁殷以后到商纣亡国。时代不同，语音系统当然会有所变动，更何况对于商代音系，目前音韵学界还没有明确的结论。”②

上古音中，东部与冬部关系确实比较密切。对于同一批字，古音学家有的归入东部，有的归入冬部，各自都有一定道理，孰是孰非，有的时候是不好作出按断的。不过，在古文字考释中论证通假关系，确常常可见东、冬两

---

① 陈秉新．古音东冬不分续考［J］．阜阳师范学院学报，1987（3）．曾宪通．从“[illegible]”符之音读再论古韵东冬的分合［A］//第三届国际中国古文字学研讨会论文集［C］．香港，1997.

② 杨剑桥．汉语现代音韵学［M］．上海：复旦大学出版社，1998.

部交涉的情况，那么采取东冬分部的系统和东冬不分的系统对通假关系的论证会不会有影响呢？让我们来看下面的例子。

金文邾公釛钟铭云：“陆𩁹之孙邾公釛作厥和钟。”王国维《邾公钟跋》云：“𩁹字从𩫖声，𩫖古墉字，以声类求之，当是螽，陆螽即陆终也。《大戴礼·帝系篇》：陆终娶于鬼方氏，鬼方氏之妹谓之女隤氏，产六子，其五曰安，是为曹姓，曹姓者邾氏也。《史记·楚世家》语同，其说盖出于《世本》。此邾器而云‘陆𩁹之孙’，其为陆终无疑也。”“古韵东冬二部分合久无定论，今冬部螽、融乃并以东部之‘𩫖’为声，可为古韵学家添一有力证据也。”① 可见王国维是主张东冬不分的。按照王力的分部，墉字在东部，螽字在冬部。

楚系文字中有𩁹字，皆与“祝”字连读，释为“祝融”的“融”，已为学界共识。但是诸家对字的分析则稍有不同。《望山楚简》编者在《注释》中说：“‘𩁹’从‘𩫖’声。古代‘𩫖’有二音，一为城郭之‘郭’，一为城墉之‘墉’，‘𩁹’所从声旁当为‘墉’。‘墉’‘融’音近古通。祝融之‘融’《路史·后记》即写作‘庸’。简文的老僮祝𩁹当即《山海经》等的老童、祝融。”② 按照王力的系统，墉在东部，融在冬部。望山简的编者以为东、冬分立，在此通转。李学勤根据《说文》“融”字从“蟲”省声而把金文邾公釛钟和楚系简帛的“𩁹”字读为从“蟲”省声，虫，冬部，融，冬部，无须通转。③ 曾宪通从之。④

银雀山竹简《六韬·五》：“无甲兵而胜，无冲龙而攻，无渠幨而守。”此“冲龙”传本作“冲龙”，宋本作“冲机”。《淮南子·兵略》称为“冲隆”。隆，冬部字，龙，东部字。⑤

马王堆汉墓帛书《老子》乙本《德经》：“修之国，其德乃夆”。《韩非子·解老》引作“修之邦，其德乃丰”，傅奕本、范应元本同，通行本邦作

① 王国维．邾公钟跋［M］//观堂集林（卷十八）．北京：中华书局，1959.

② 湖北省文物考古研究所，北京大学中文系编．望山楚简［M］．北京：中华书局，1995.

③ 李学勤．谈祝融八姓［J］．江汉论坛，1980（2）：74.

④ 陈秉新．古音东冬不分续考［J］．阜阳师范学院学报，1987（3）：91. 曾宪通．从“[illegible]”符之音读再论古韵东冬的分合［A］//第三届国际中国古文字学研讨会论文集［C］．香港，1997.

⑤ 王辉．古文字通假释例［M］．台北：台湾艺文印书馆，1992.

国，夆作丰。夆，东部字，丰，冬部字。[①] 等等。

如果我们以东、冬不分部的语音系统考察，则上述对通假的论证在语音上的证据是直截了当的，不需要借助通转。如以东、冬分部的系统考察，则要考虑到二者是否能构成通转。从语音学的研究成果来看，东、冬两部相通是符合条件的。古音学家几乎无一例外地把这两部的韵尾拟作-ng，主要元音分别是u和o。这样，东、冬部韵尾相同，主要元音相近，按照王力的通转规则，二者是符合通转条件的。

此外，在文献中还有大量的东部字与冬部字相通的证据。如冬部的"融"字即常与东部字相通假。《左传·昭公二十九年》与《国语·郑语》的"祝融"，《路史·后记》引《山海经》作"祝庸"，而《路史·前记》则作"祝诵"，《武梁祠堂画像》也称作"祝诵氏"。庸、诵皆东部字。《左传·成公五年》："同盟于蟲牢。"《后汉书·郡国志》"蟲牢"作"桐牢"。蟲，冬部字，桐，东部字。《国语·周语上》："道而得神，是谓逢福。"《说苑·辨物》逢作丰。《史记·天官书》："五谷逢昌。"《淮南子·天文》曰："五谷丰昌。"逢，东部字，丰，冬部字。等等。[②] 综上，即便东、冬分部，亦不会影响对通假关系的论证。

再看一个例子。

殷墟甲骨文和周代金文的"函"字，作形，象其中有"矢"的盒、囊类器物。[③] 殷墟卜辞有一条作：

> ……、车二丙、□百八十三、函五十、矢……（《合集》36481正）

这里的矢、函并举，函用的正是本义。《墨子·非儒下》："君子胜不逐奔，揜函弗射；强者助之胥车。"中"函"字可证。"函"字亦见于金文：

> 欲汝弗以乃辟函于艱。毛公鼎（周金2·1）
>
> 弗以我车函于艱。　不嬰簋（三代9·48·2）

清代的吴式芬、方濬益都指出金文的释为"圅"，读为"臽"。于省吾

① 国家文物局古文献研究室．马王堆汉墓帛书（一）［M］．北京：文物出版社，1980.

② 高亨纂，董治安整理．古字通假会典［M］．济南：齐鲁书社，1989.

③ 字形见中华书局1965年版《甲骨文编》；中华书局1985年版《金文编》。

更以金文中“圅”字的用法证《诗·小雅·巧言》：“僭始既涵。”应读为“譖始既陷。”[①] 在《逸周书·祭公篇》中有一句话和毛公鼎“欲汝弗以乃辟函于囏”非常相似：

昔在先王，我亦维丕以我辟险于难，不失于正，我亦以免没我世。

晋人孔晁的注解说：“先王，穆王父，祭公所侍也。辟，君也，言我事先王遇大难，正而不失，故能以善没世，言善终。”孔氏以“遇大难”解“险于难”，险字在这里究为何义，不得而知。

孙诒让、吴闿生、王国维等人俱引金文与《祭公篇》“丕以我辟险于难”比较，以为“险”字应该读为陷，与金文“函”字义同。这是利用古文字材料校读古籍的一个典型例子。

在上古音中，险、陷、函读音很近。先看声纽，险、陷、函都在匣母，发音部位相同；在韵部的归属上略有分歧。诸家皆以险隶谈部；陷，有的古音学家归在侵部，如孔广森、王念孙、王力、何九盈等，有的归在谈部，如朱骏声、江有诰、黄侃、董同龢等；圅，段玉裁、王念孙、朱骏声等归谈部。《说文》圅字或体作肣，从今声，故或归侵部，如孔广森、严可均、王力、何九盈等。[②] 像陷、圅这样既有归在侵部的，也有归在谈部的，这本身就说明侵谈关系不远。从《诗经》押韵和谐声来看，的确是这样。如认为陷隶谈部，则与险为双声叠韵；如认为陷隶侵部，则侵谈旁转，也是音近可通。

四、通假关系的论证与古音构拟

古音研究到划分韵部还远远不够，要进一步考订上古韵母系统，构拟音值，这是从整个语音的系统性来考虑的。分部是归纳音类的工作，韵母系统的构拟就是要标出这些音类的具体音值。一般的构拟都是以韵部的划分为基础，而且要求能够解释韵部之间的音近关系，如通转、旁转等。我们还以脂微部为例，考察韵部的构拟和通假关系的论证情况。

高本汉的语音系统中脂微是不分部的，李方桂接受王力、董同龢的意见，把脂微分部。现在把各家对脂微二部元音的拟音示列如下：

---

① 于省吾．泽螺居诗经新证（卷上）［M］．北京：中华书局，1982.

② 陈复华，何九盈．古韵通晓［M］．北京：中国社会科学出版社，1987.

	高本汉				董同龢			李方桂	王力
	一	二	三	四	一	二	三		
脂			ě	e	e	e	e	i	ei
微	ə	ɛ	ə ɛ	ə	ə̂	ə	ə, ə̆	ə	əi

从构拟的具体音值看，各个韵部的远近关系是一目了然的，它比我们径直说某部与某部通转或旁转更直观，这是其优点所在。有的古文字学者在论证通假关系时习惯运用构拟来说明问题，大概也是出于这种考虑的。

可是事实远非如此，有些问题光凭构拟是说不清的，甚至会给人以错觉。例如：鱼部与谈部的构拟，主元音都拟作 a，如按照通转的原则，主要元音相近即可，是否就意味着鱼、谈可以通转？而这在实际应用中是无法自圆其说的。下面我们来看一个具体的例子。

《说文》“去”字的谐声字可以分为两组，一为鱼部字，一为叶部字。如来去的“去”（鱼部字，同部的还有“呿”“祛”等）与从去作的“盍”（叶部字，同部的还有“怯”“劫”等），音义各殊。有的古音学者据《说文》谐声划分韵部，恪守段玉裁“同谐声必同部”的理论，把从“去”得声的字笼统地归入一部，如高本汉即以去、盍、蓋（《说文》“蓋”从盍声）同声，他把“去”拟为 kiab，“盍”拟为 gap，“蓋”拟为 kab>kad。① 更有学者还因此得出鱼部字可以与叶部字相通的结论。② 从高氏的构拟上看，“去”“盍”“蓋”主要元音相同，那么从“去”诸字似乎就可以相通了？实则不然。从字形上看，裘锡圭已经指出了小篆的“去”是把较古的文字里两个读音不同的字混在一起了，一个是来去的“去”，一个是“蓋”的初文。③ 它们的来源是不同的。如果我们不把根本的问题弄清楚，就会被构拟的表面现象所蒙蔽。

另外，古音学家构拟的标准也不一样，如高本汉的上古元音系统有十四个单元音，王力六个，李方桂七个。高本汉主张一个韵部有多个主要元音，

① 王力．古韵脂微质物月五部的分野［M］//王力语言学论文集．北京：商务印书馆，2000.

② 他说：“鱼既通铎（-k。霸通柏），又可通叶（-p。祛通怯），特别使人感到阴声韵和入声韵并没有什么界线。很自然地会使人联想到中古的入声韵收-p、-t、-k，先秦时未必就是如此收尾。”说见赵诚．临沂汉简的通假字［J］//音韵学研究（第二辑）．北京：中华书局，1986.

③ 裘锡圭．谈谈古文字资料对古汉语研究的重要性［M］//古代文史研究新探．南京：江苏古籍出版社，1992.

如光他的脂微部就有六个主要元音。又如他拟之部之韵为 ig，尤韵为 iəg，咍韵为 ag，屋韵为 iuk，为了能解释韵部之间的相近关系，他给阴声韵尾分别加一个-g 尾，认为只要韵尾相同就可以押韵和谐声，而不顾及主元音是否相同或相近。这样做的结果，就会把本来不同音（或音近）的字误以为是相同或相近。

五、结语

上古的材料有限，主要是以《诗经》用韵和《说文》谐声为依据，学者们从同样的材料去研究古韵分部，由于对材料的认识和处理不尽相同，所以其分部的结果和个别字的归部略有差异，但不至于大相违异。我们在前面讨论的东冬部、侵谈部的情况，足以说明在古文字考释中，依据不同的语音系统论证通假关系是不会带来太大的影响的。事实上，古文字学者在进行这方面的研究时，就仍然有学者在坚持用王念孙的二十二部古韵系统，如何琳仪的《战国古文字典——战国文字声系》[①] 即是。而更多的学者则使用郭锡良的《汉字古音手册》或唐作藩的《上古音手册》，很多时候纯是个人习惯而已。

上古音的研究经历了划分韵部，到构拟古音系统、拟订音值的细化过程。这种进一步的研究有助于整个汉语语音史的研究，是很必要的。我们认为，研究和应用应有所区别。过于繁细的古音构拟系统对通假关系的论证没有什么大的意义，而且也没有必要把问题搞得那么复杂。在古文字考释中论证通假关系，知道某部与某部关系近，可以相通，就不必在一些细节上纠缠，所谓“宜粗不宜细”就是这个道理。

（原文发表于《厦大史学》第二辑，2006 年）

谈古文字考释中论证通假关系的语音标准问题

古文字资料中有很多通假字。甲骨文中的通假字，据姚孝遂先生统计，所占的比例约在甲骨文总数的百分之九十以上。[②] 金文中的通假字，据陈抗先

① 何琳仪．战国古文字典——战国文字声系［M］．北京：中华书局，1998.

② 姚孝遂．古文字研究的现状与展望［M］//古文字研究（第一辑）．北京：中华书局，1979：1.

生统计，占金文总数的近五分之一（大概五百字左右）。① 战国文字中的通假字也不在少数，尤其是简帛古籍中的通假字更是俯拾即是。据统计，简帛古书中的通假字比现存秦汉古籍中发现的多出六倍以上②。所以，在古文字的考释中不可避免地要遇到通假问题。

所谓古文字考释，就是要认出尚未识读的古字是后代的哪个字，并进一步解释它在具体的语言环境中所表达的意义。不过，有时候我们认出了字形以及它所代表的意义，但是并不能通读原文。换句话说，当古文字中某字读如本字按之辞例无法索解时，这时候应该考虑该字使用了通假。按照通常的阅读习惯，一般是把古文字与古书中对应的字、词联系起来，确定它们的音同或音近关系。但是，很多时候这种音同或音近关系是不容易把握的，稍不严谨，就会陷入“无所不通、无所不转”的境地。著名的古文字学家于省吾先生曾经借用古代司法术语，提出“律例兼备”的原则。③ 这里所说的“律”指在音理上符合古音通转规律，“例”指在古书上或出土资料中有大量的相同例证，二者结合，所确定的通假关系才在语音上是牢不可破的。有鉴于此，我们结合古文字考释的实际，具体来考察一下古文字考释中确定通假关系的“律”和“例”的问题，并就其中存在的问题略作辨正。

一、古文字考释中论证通假关系的音理上的要求

通假本身是个很复杂的问题。人们对通假的一般界定是音同或音近，但是对音同或音近却有不同的认识，所以有必要加以说明。

一种认识是双声说或叠韵说。早在清代，就有学者提出双声通假和叠韵通假之说。例如钱大昕曾举过这样一个例子：

> 《礼记疏》：“昕，天昕，读曰‘轩’，言天北高南下，如车之轩。”是吴时姚信所说。《宋书·天文志》云：“按此说应作‘轩昂’之‘轩’，而作‘昕’，所未详也。”大昕案：“轩”“昕”双声，汉儒所谓“声相近”也。古书声相近之字即可假借通用，如《诗》“吉为”或作“吉圭”、“有觉德行”或作“有梏”，《春秋》季孙意如或作“隐如”、罕虎

① 陈抗．金文假借字研究［D］．广州：中山大学，1981.

② 李玉．秦汉帛书音韵研究·前言［M］．北京：当代中国出版社，1994：2.

③ 林沄．古文字研究简论［M］．长春：吉林大学出版社，1986：118.

或作“轩虎”，此类甚多，未易更仆，“昕”之为“轩”即同此例。休文（引者按，指沈约。）精于四声，而未达双声假借之理，故有此失①。

可见，钱氏是主张双声通假的。王国维则在《尔雅草木虫鱼鸟兽释例序》中更进一步强调了双声在训诂学上的作用。

还有的学者坚持“叠韵”说。段玉裁在《说文解字注》中谈到通假时，认为“假借多取诸同部”，而忽略“双声”。《说文·示部》：“祇，地祇，提出万物者也。从示氏声。”段注云：“巨支切，古音十六部。凡假借必取诸同部。如《周易》：‘无祇悔’，《释文》云：‘祇，辞也。马同。音之是反。’此读祇为语词，适也。”又《说文·隹部》：“雉，从隹矢声。”段注云：“直几切，十五部。按雉古音同‘夷’。《周礼》：‘雉氏掌杀艸’，故书作‘夷氏’。大郑从夷，后郑从雉，而读如鬀。……”

与双声通假、叠韵通假类似的还有一语之转、一声之转，这些术语是清儒考证文献时常常使用的，因为他们在把文献中的某字破读为某字时还常常有其他方面的旁证，所以他们大多能做到曲证旁通，左右逢源。但是，有的学者只看到表面现象，不知其中考证的严密，对所谓的双声通假或叠韵通假更加确信不疑，于是提出“通假字与本字在五音（喉牙舌齿唇）中声母同为一类，而两字之韵同与不同，可以不论。”② 这样的谬论。在古文字的考释中，也不乏仅凭双声或叠韵即确定通假关系的错误认识，我们将另有专文对这个问题进行讨论。

其实，双声通假或叠韵通假的提法本身就不够严密。通假的前提是音同或音近，只有声母相同（相近）或韵母相同（相近）怎么能是音同或音近呢？需要弄清楚的是清儒所谓的双声通假或叠韵通假，我们仔细考察，实际上不仅仅只是“双声”或“叠韵”的问题。如前引钱大昕所说的“觉”与“梏”相通，上古音“觉”在觉部，“梏”也在觉部；又“罕”和“轩”，罕，晓母元部，轩，晓母元部，它们都是声、韵俱近的，而非仅仅双声。“轩”晓母元部，“昕”晓母文部，二者双声，韵部旁转。段玉裁认为“祇”与“辞”相通，祇，古音禅纽支部；辞，邪纽之部，二者韵部相近，声纽发音部位相同；雉，定纽脂部；夷，喻纽脂部，二者韵部相同，声纽古音有

① 钱大昕．十驾斋养新录［M］．南京：江苏古籍出版社，2000：93.

② 马天祥．浅议语文辞书如何处理通假字［J］．辞书研究，1982（5）：25.

"喻四归定"之说。可见，清儒所谓的"双声通假"或"叠韵通假"，其实是韵部和声纽都相同或相近的，在音理上符合通转规律①。我们不能根据清儒所说的双声通假或叠韵通假误以为仅仅是双声或叠韵就可以形成通假字，更不能以此作标准，据以确定新的通假关系。

在过去的研究中，王力先生对双声通假和叠韵通假批评得最厉害，他说："如果是既双声，又叠韵，则其可靠的程度还可以高些，因为这样就是同音或差不多同音（如仅在韵头有差别），可以认为同音相假；至于只是双声或只是叠韵，那么可靠的程度更微末了；再加上'古双声''旁纽双声''旁转''对转'等等说法，通假的路越宽，越近于胡猜"。② 他提出的通假原则是："语音必须相同或相近。"③ 并且强调，如果两个字的韵母相差很远，即使是双声也不能假借；如果声母相差很远，即使是叠韵也不能假借。换句话说，互为通假的两个字，如韵部相同，声母虽然不同，但属于同一发音部位；或者声母相同，韵部虽然不同，但是其要么主要元音相同，韵尾的辅音相对，要么主要元音相近，韵尾相同。总之，在声和韵上都要符合通转的规律。

王力先生还在《同源字论》中具体谈到了论证音近或音同应遵循的法则，并作了一个韵表和纽表，见《同源字论》④。对韵母的规定是：同类同直行者为对转，即元音相同而韵尾的发音部位也相同。如，之职、之蒸对转等；同类同横行者为旁转，即元音相近，韵尾相同（或无韵尾）。如侯幽、职铎旁转等；不同类而同直行者为通转，即元音相同，但是韵尾发音部位不同。如之微通转等。对声纽的规定是：同纽者为双声。如，刚和坚都是见母字，为见母双声；同类同直行，或舌齿同直行者为准双声。如着，端纽，彰，照纽，端照准双声；同类同横行者为旁纽。如劲，见纽，强，群纽，见群旁纽。

这个原则同样适用于古文字考释中对通假关系的确定。在古文字的考释实践中，大多学者都在使用王力先生所确定的音转原则，而且用得还比较好。

---

① 有的学者指出："清儒所言的'一声之转'有的比较可信，有的转得太宽，在古书中罕见其例，要根据古代字书，特别是古代的文献资料对这些训释资料作一番检验。"蒋绍愚．读《广雅疏证》札记［M］//纪念王力先生百年诞辰学术论文集．北京：商务印书馆，2002.

② 王力．双声叠韵的应用及其流弊［M］//王力语言学论文集．北京：商务印书馆，2000：521.

③ 王力．训诂学上的几个问题［M］//王力语言学论文集．北京：商务印书馆，2000：256.

④ 王力．同源字典·同源字论［M］．北京：商务印书馆，1982：3-45.

二、古文字考释中论证通假关系的文献例证上的要求

在古文字考释中，我们论证两个字有双声叠韵关系，只能说从理论上具备了通假的可能，但不等于具备了必然性。因为汉语中的同音字太多了，所以最好还要有文献上的相同用例佐证，才能使结论更加可靠①。这里所说的文献例证，包括传世文献与出土文献两个方面。综观古文字的考释，人们对文献例证的使用是很多样化的，下面来看人们对文献例证的使用情况。

1. 人们常常使用多种材料来说明通假，有古注、异文、通假等等。例如1952年，在安徽寿县收集到的楚王墓铜器中有一件大府镐，其铭作“秦客王子齐之岁，大府为王飤晋镐。集脰。”对于其中的“晋镐”一词以前多不得其解。李家浩先生认为铭文的“晋镐”义同“荐镐”，而“晋”“荐”古代音近。② 上古音“晋”属精母真部，“荐”属精母文部，二字声母相同，韵部为真文旁转。从音理上看，真文旁转是符合古音通转规律的。但这只能说晋、荐相通从理论上具备了通假的可能，那么在文献中是不是有晋、荐相通的实例呢?《史记·五帝本纪》：“荐绅先生难言之”，裴骃《集解》引徐广曰：“荐绅，即缙绅也，古字假借。”司马贞《索隐》于“荐绅”下说：“上音搢。搢，挺也。言挺笏于绅带之间，事出《礼·内则》。今作‘荐’者，古字假借耳。”这是古注和通假的例子。又《尔雅·释诂》：“荐、晋，进也。”《周礼·天官·庖人》：“凡其死生鲜薨之物，以共（供）王之膳与其荐羞之物”，郑玄注：“荐亦进也。备物品曰荐，致滋味乃为羞。”这是声训的例子。因此，“晋镐”可以读为“荐镐”，而“荐”有献义，“荐镐”指进献食物用的镐。揆之文义，亦无挂碍。

---

① 当然，这种要求也不是绝对的。古文字考释中对通假关系的论证，也有只在音理上讲得通但缺少文献用例，却同样得出可信的结论的情况。不过，这种情况不多见。举个例子：郭店简《老子》“迟道女缋”一句，马王堆帛书乙本作“夷道如类”，王弼本作“夷道若纇”。李家浩疑楚简“缋”当从王弼本读为“纇”。李文是这样论证“缋”“纇”二字音近的：“按‘缋’从‘糸’从‘贵’声，‘纇’从‘糸’从‘頪’声。二字形旁相同，声旁音近。上古音‘贵’属见母物部，‘頪’属来母物部，二字韵部相同，声母相近。在形声字中，见、来二母有互谐的情况。如‘吕’属来母，从‘吕’声的‘莒’属见母；……于此可见，‘贵’、‘頪’二字古音十分相近，可以通用。”李文从音理上论证“缋”“纇”古音很接近，但是没有举出文献上二者相通的例证。而把简文的“缋”读为古书中的“纇”，应该是可信的。见李家浩．读《郭店楚墓竹简》琐议［M］//中国哲学（第二十辑）．沈阳：辽宁教育出版社，1999.

② 李家浩．楚大府镐铭文新释［M］//语言学论丛．北京：商务印书馆，1999：94-101.

2. 人们对文献用例的使用有时还偏重于古文字资料方面的例证。例如，郭店简《性自命出》中有一句作："凡学者隶其心为难，从其所为，近得之矣，不如以乐之速也。"其中对"隶"字的释读是理解这句话的关键。按照字面意思读，颇为费解，很可能是使用了通假，沈培先生把简文的"隶"读为"肆"。从音理上看，"隶"通"肆"是没有问题的。《说文》的"肆"就是从"隶"得声的。另外，在古文字材料中，早就有以"隶"为"肆"的例子。金文中有字，跟郭店简的"隶"写法一样，如：大钟八（《郘钟》）。又有从金从隶之字，鼓钟一（《齐侯壶》）。已有学者指出这些字都应该读为"肆"，而从"金"之字为悬钟之"肆"的专字，已成定论。因此把郭店简中的"隶其心"读为"肆其心"是完全可以的。"肆其心"或"肆心"之说古书常见。①

3. 论证两个字是否音同或音近，有时我们找不到它们相通的文献上的直接证据，还可以通过别的方面的信息得到帮助。例如：在信阳楚简中记录的器物有一件叫作"逗枳"，李家浩先生认为它可能是"桃枝"②。"逗""桃"二字的声母都属定母，"逗"韵母属侯部，"桃"的韵母属宵部，"逗""桃"二字相通虽然没有直接的文献上的证据，但是古代宵、侯二部的字音有关。《诗·小雅·棠棣》以侯部的"豆""具""孺"与宵部的"饫"押韵。此是押韵的例子。《诗·小雅·皇皇者华》"我马维驹"，陆德明《释文》说"驹，本亦作骄"。"驹"属侯部，"骄"属宵部。此是异文的例子。《说文》说"橾"读若"薮"。"橾"属宵部，"薮"属侯部。此是注音的例子。"枳""枝"都是章母支部字，可以通用。所以，"逗枳"与"桃枝"古音相近。

三、小结

如今，"地不爱宝"，越来越多的古文字资料面世，尤其是近些年来大量的简帛古籍的出土，其中的通假字更是习见繁出。李学勤先生说："简帛书籍又多见通假字。大家知道，清代高邮王氏之学所以冠绝一时，即在他们揭示了'经典古字声近而通'的体例。……简帛所见假借的例子极多，不掌握这

① 沈培．说郭店楚简中的"肆"［M］//语言（第2卷）．北京：首都师范大学出版社，2001：315-516.

② 中国社会科学院简帛研究中心．简帛研究（第二辑）［M］．北京：法律出版社，1996：3.

一体例，几乎无法通读。”[①] 所言极是。古文字资料中这些通假字的释读，有很多都依靠先秦和汉初诸子书中相同的文例，没有这个条件，很多通假字是无法确定的。人们越来越意识到识别通假在古文字考释中的重要，并在实践中自觉或不自觉地使用着，其中有的人用得好，有的人用得不好，所以，掌握识读通假的方法，在古文字的考释中就显得尤为重要。如果我们能够坚持“律例兼备”这个原则，同时考虑上下文义等相关因素，就会少走很多弯路，取得古文字释读上的成功。

（原文发表于《渤海大学学报》，2006 年第 4 期）

“双声通假”“叠韵通假”平议

古代典籍中大量存在的通假字，常常会成为我们理解古文的障碍。因此，弄通文字的通假，是读懂古书的关键。通假的问题很复杂。人们对通假的一般界定是音同或音近，例如王力先生主编的《古代汉语》教材说：“所谓古音通假，就是古代汉语书面语言里同音或音近的字的通用和假借。”但是在具体的应用中，人们对音同或音近却有不同的认识。

一种认识是双声说或叠韵说。早在清代，就有学者提出双声通假和叠韵通假之说。钱大昕曾举过这样一个例子：

> 《礼记疏》：“昕，天昕，读曰‘轩’，言天北高南下，如车之轩。”是吴时姚信所说。《宋书·天文志》云：“按此说应作‘轩昂’之‘轩’，而作‘昕’，所未详也。”大昕案：“轩”“昕”双声，汉儒所谓“声相近”也。古书声相近之字即可假借通用，如《诗》“吉为”或作“吉圭”，“有觉德行”或作“有梏”，《春秋》季孙意如或作“隐如”、罕虎或作“轩虎”，此类甚多，未易更仆，“昕”之为“轩”即同此例。休文（引者按，指沈约）精于四声，而未达双声假借之理，故有此失[②]。

① 李学勤．论新出简帛与学术研究［J］．传统文化与现代化，1993（1）：67.

② 钱大昕．十驾斋养新录［M］．南京：江苏古籍出版社，2000：93.

可见，钱氏是主张双声通假的。王国维在《尔雅草木虫鱼鸟兽释例序》中说："近儒皆言古韵明而后训诂明，然古人假借转注，多取双声。段、王诸儒自定古韵部目，然其言训诂也，亦往往舍其所谓韵而用双声。其以叠韵说训诂者，往往扞格不得通。然则与其谓古韵明而后训诂明，毋宁谓古双声明而后训诂明欤!"[①] 王氏更进一步强调了双声在训诂上的作用。

还有的学者坚持叠韵说。段玉裁在《说文解字注》中谈到通假时，认为"假借多取诸同部"，强调"韵"的作用，而忽略"声"。例如：《说文·示部》："衹，地衹，提出万物者也。从示氏声。"段注云：

> 巨支切，古音十六部（引者按，即支部）。凡假借必取诸同部。如《周易》："无衹悔"，《释文》云："衹，辞也。马同。音之是反。"此读衹为语词，适也。

又《说文·隹部》："雉，从隹矢声。"段注云：

> 直几切，十五部（引者按，即脂部）。按雉古音同"夷"。《周礼》："雉氏掌杀艸"，故书作"夷氏"。大郑从夷，后郑从雉，而读如鬀。……

与双声通假、叠韵通假相类的还有一语之转、一声之转说，这些术语都是清儒用"因声求义"的方法解读文献时常常使用的。因为他们在把文献中的某字破读为与之对应的另外一个字时还常常有其他方面的旁证，所以大多能做到曲证旁通，左右逢源，因而常常得出可信的结论。

仔细考察清儒所谓的双声通假或叠韵通假，我们发现实际上不仅仅只是"双声"或"叠韵"的问题。如上引钱大昕所列举的"觉"与"梏"、"罕"与"轩"相通假，钱氏都仅以双声解之。在韵部上，"觉"上古音隶觉部，"梏"也在觉部；而"罕"和"轩"上古都为晓母元部字，它们是声、韵俱近的。又如"轩"与"昕"，"轩"晓母元部，"昕"晓母文部，二者双声，韵部系旁转，声音很近。段玉裁认为"衹"与"辞"相通，衹，古音禅纽支部；辞，邪纽之部，二者韵部相近，声纽发音部位相同；雉，定纽脂部；夷，喻纽脂部，二者韵部相同，声纽古音有"喻四归定"之说，故得相通。可见，

① 王国维．观堂集林（卷五）[M]．北京：中华书局，1959：219.

清儒所谓的“双声通假”其实是声同韵近的，“叠韵通假”其实是韵同声近的，符合语音通转规律。更何况，他们在论证古音通假时，往往都注意到使用文献上的相同用例做佐证。

但是，有的学者对所谓的“双声通假”“叠韵通假”不明其中考证的实质，只看到表面现象，以为仅凭双声或者叠韵就可以确定通假关系，于是提出“通假字与本字在五音（喉牙舌齿唇）中声母同为一类，而两字之韵同与不同，可以不论。”① 这样的观点，并将其应用到具体的考证中去。

古文字资料中也有很多通假字。在古文字的考释中，也不乏仅凭双声或叠韵即确定通假关系的错误认识，下面我们来看两个例子。

西周金文𢦏者鼎铭有一句作（“鲁”后一字下文径释作祡）：

> 用匄偁鲁祡。

清代的阮元考释说：

> 《说文》云：“祡，以豚祠司命，从示比声。”汉律曰：“祠祡司命。”此从比从示者，比从二人，北亦从二人，特形有向背之异，故《史记·天官书》“隋北端兑”之“北”，《汉书·天文志》作“比”，二文每以形似通借。此为祡字无疑。偁，举也。偁鲁祡犹言举吉祭也。

马叙伦对阮说不以为然，他认为“北”“比”在形体上不相混同，释为“祡”于义难通。他从字音的角度加以论证：

> 然字从示从北，北盖祡之声也，北、比双声，固可通借。然使是祡字，《说文》祡，“以豚祠司命”，是为专名。嘉祡连文，释为嘉祭，似未安，且文曰“用匄偁鲁祡”，金器文“用匄”下率为所祈之旨，释以嘉祭，亦不安。是使祡确为祡字，亦不可通，况文从示北声，疑当读为阴芘之“芘”。②

上举阮氏从形体上、马氏从字音上的论证都很牵强。其中马氏仅以双声论证“祡”字读为“芘”，这与前举钱、段二氏的论证又有不同。北、比虽

① 马天祥．浅议语文辞书如何处理通假字［J］．辞书研究，1982（5）：135-140.

② 马叙伦．读金器刻识［J］．国学季刊，1935，5（1）：91.

为双声，但是比为脂韵，北为职韵，于韵尚有隔阂，而且也没有古书上相同的用例佐证，因而是不可信的。后来张政烺先生把“犇”读为“福”①，“犇”“福”皆为帮母职韵，不仅在语音上讲得通，还有其他方面的证据。如金文周乎卣“用匄永𬊤”之𬊤，乃累加“北”声之“福”字，可以作为“福”字以“北”为音符的直接证据。另外，“𢦏者鼎”铭文中“鲁犇”这一辞例，跟“士父钟”铭文中的“鲁多福”也可以互相参证。所以，把“犇”读为“福”是很有说服力的。

西周金文免瑚铭文有如下一句：

> 隹（唯）三月既生霸乙卯，王才（在）周，令（命）免乍（作）𤔲（司）土（徒），𤔲（司）奠（郑）还𪀩（林）眔吴（虞）眔牧。……
>
> 免瑚　《两周金文辞大系图录考释》3·79·2

其中的“还、𪀩、吴、牧”诸字，侯志义先生以为即铜器同毁所记之“昜林吴牧”，并进一步考证说：

> 还，户关切，匣母；昜，与章切，喻母。依钱大昕说，匣喻二母古亦通。然昜在此宜读场（场从“昜”得声）。……“还𪀩吴牧”皆应读“场林虞牧”。②

侯氏把免瑚的“还”字读作“场”，以为“还”“场”双声相通，是不合适的。首先我们来看他所认为的通假关系是否可信。“还”，上古音隶匣纽，“场”隶定纽。中古的喻母可以分为喻母三等和喻母四等，上古音声母有“喻三归匣”“喻四归定”之成说，匣母的“还”与定母的“昜”声纽上相通有一定距离；从韵母上看，“还”上古音属元部，“场”属阳部。无论声和韵，以“还”“场”相通都隔了一层，通假很困难。李家浩先生认为古文字资料中的行政单位“县”字有写作“还”字的情况，免瑚铭文的“还”字当读为“县”，无论从语音上看，还是古书的用例考察，都是非常适宜的③。原句意可以理解为：“周王任命免做司徒，负责管理郑县的山林、山泽、牧场等。”

① 林沄．古文字研究简论［M］．长春：吉林大学出版社，1986：119.

② 侯志义．金文古音考［M］．西安：西北大学出版社，2000：217-218.

③ 李家浩．先秦文字中的“县”［M］//著名中年语言学家自选集·李家浩卷，合肥：安徽教育出版社，2002：15-34.

文从字顺。

因此，我们不能误以为仅仅是双声或叠韵就可以形成通假关系，更不能以此为根据，去解读古籍中的通假字。在确定通假关系时，首先在语音上必须是相同或相近的，即要兼顾声和韵两个方面：或者是双声叠韵；或者是双声，韵相近（要么主要元音相同、韵尾的辅音相对；要么主要元音相近，韵尾相同）；或者是叠韵，声相近（属于同一发音部位）①。此外，最好还要有文献上相同的用例佐证②，所确定的通假关系才更加牢不可破。清儒所谓的“双声通假”“叠韵通假”其实质是声同韵近或韵同声近的关系，都是符合语音通转规律的。

（原文发表于《汉字文化》，2008 年第 5 期）

“熊”字的上古读音之古文字材料补证

一、引言

从传统音韵学的古韵分部看，清代学者对“熊”字的归部分为两派：一派是归在谈部，如严可均等；另一派是归在蒸部，如江永等。现代学者也分两派，一是归在侵部，如李新魁等；一是归在蒸部，如王力、陈复华、何九盈等。从现代语音学的构拟上看，20 世纪 20 年代，高本汉曾经以“熊”字的读音由 yium 变成 yiung 为例说明上古汉语唇音韵尾-m>-ng 这种现象。相继有陆志韦、王静如等也讨论过相关的问题，支持高说。后来李新魁、麦耘、吴小奕等先生先后从不同的角度、用不同的材料具体讨论过熊字的读音问题，一致认为“熊”字上古音本在侵部，后来才转入了蒸部，其韵尾经历了-m>-ng 的变化过程。古今汉语都有多种方言，同一种语音演变的现象，在不同方言中发生和完成的时间往往是不一致的。“熊”字的这种读音变化是否也反映

① 王力．同源字典·同源字论［M］．北京：商务印书馆，1982：3-45.

② 关于通假关系论证中文献用例的使用情况，参见拙文《谈古文字考释中论证通假关系的语音标准问题》，此不赘述。

着古代的方言音变？如果是，那么这种变化发生在什么时间、什么地方，反映着什么样的语音现象？这些问题都是需要进一步探讨的。出土文献在时间和地域上比传世文献具有更为可靠的确定性，如今“地不爱宝”，大量的古文字资料的不断面世，极大地丰富了我们的研究素材。本文即在前贤研究的基础上，利用古文字材料对“熊”字的上古读音重新加以审视，并对相关问题进行讨论。

二、出土楚文献中侵部字与蒸部字的交涉

从楚地出土文献看，侵部字与蒸部字的关系是很密切的。例如，曾侯乙墓楚简有一个“翻”字，李家浩先生认为该字与包山楚简的“侵”字用法相当，其义当是一种羽毛的名字。上古音“侵”属侵部，“曾”属蒸部；侵曾二字的声母亦近。“侵”属清母，“曾”属精母，都是齿头音，所以侵、曾古音相近，可以通假。郭店简《缁衣》32号简“君子导人以言而恆以行”，同样一句话在今本《缁衣》中作：“君子导人以言而禁人以行。”恆应该与今本的“禁”相当。禁为侵部字①，恆字从“恒”声，恒为蒸部字。马王堆帛书《老子》乙本卷前古佚书《十六经·成法》：“昔者皇天使冯下道一言而止”，影本注：“冯读为凤”。冯为蒸部字，凤为侵部字。今本《老子》的“胜”，楚帛书乙本多写作“朕”。如今本《老子》第31章：“战胜以表礼处之。”帛书《老子》乙本“胜”作“朕”。今本《老子》第33章“胜人者有力。”帛书《老子》乙本“胜”作“朕”。今本《老子》第36章：“柔弱胜刚强。”帛书《老子》乙本“胜”作“朕”。

“关”字最早见于甲骨文，《说文》失收，但有从“关”之字，如朕、滕等字。从音韵上看，“关”上古读音在侵部，从其得声的字又分为两个系列：一个在侵部，如朕；一个在蒸部，如滕。包山楚简第100号简有一个写作从关从邑的姓氏字，即可以读作滕氏之“滕”。

此外，从关之字还常有与文部字或真部字交涉的情形。例如，上博简《缁衣》13号简有：“恭以涖之，则民有惓心。”郭店简与之对应的惓字写作

① 禁字晚出，不见于甲骨文、金文和战国文字。李家浩先生在《包山266号简所记木器研究》一文中认为，简文的“鉥”就是同墓出土的器物“禁”。又《古文四声韵》引古《孝经》“禁”字作从日壬声，在字形上虽与《说文》“禁”字写法不类，但是“壬”和“林”两个声旁在上古同属侵部，以“壬”声表示禁字的读音。凡此，都说明“禁”字本读为侵部字。

“悉”，上博简《昔者君老》1号简有“母弟弁退”语，其中的“悉”“悉”和“弁”，都应读作“逊”。悉、弁为侵部字，逊为文部字。郭店简《缁衣》：“出言有丨，黎民所訢”。或读为“出言有逊，黎民所训”；或读为“出言有慎，黎民所信。”裘锡圭先生以为“丨”即“针”字初文，针古音在侵部，“弁”从“针”字初文得声，读音在侵部。逊、训皆为文部字，慎、信皆为真部字。郭店简的《尊德义》的“尊”和望山楚简的“尊”字原文都写作从酉弁声。信阳楚简中方寸的“寸”写作“弁”，即借“弁”为寸。尊、寸为文部字，弁为侵部字。

据陆志韦先生的研究，在《诗经》中实在没有-m跟-n相谐的例子。-m不变则已，要变就变-ng。而-m>-ng这种现象在《诗经》里集中在“侵蒸中”的通转上。所以，从上面列举的材料看，都是侵部（收-m）与文部或真部（收-n）之间的交涉。按照陆说，侵部的“弁”“悉”只有变为收-ng、即变为蒸部字后才能跟文部字或真部字相通。而蒸部字与文部字或真部字相通，古书和出土文献中都不乏其例。

由上举各例知，战国楚方言中有一部分的侵部字已经变为蒸部字。

三、古文字材料中“熊”字读音经由侵部入蒸部补证

在出土的楚系青铜器铭文和简帛材料中，楚王的姓氏或名字往往写作“酓某”或“某酓”，典籍中与此相当的都是以“熊”字来记录的。对于“酓”和“熊”的关系，有些研究古文字的学者径以通假解之，例如比较早讨论到这个问题的胡光炜、于省吾等先生。胡光炜说：“酓从酉，从今，于字为酓。以声求之，当读为楚氏之熊。……熊读入喻纽。酓读入影纽。古读清浊不分。于声至近从酓声之（歆），又转读如雍。《诗·公刘》以饮韵宗，与熊同韵部。……知此文之酓，可读为熊。”①

如果单纯从典籍用字通读经文这一点考虑，侵蒸相通，自无不可，但是立足于音韵学层面，这些问题还是要加以探讨的。因为，常识认为人名、国名、地名均具保守性，一般不改写或改读。这就是许多姓氏、地名到现在仍然保存古读的原因。我们认为楚文字中以“酓”来记录“熊”的读音，这恰恰反映了熊字的读音经历了由酓（-m）而熊（-ng）的变化过程。在音韵学

---

① 胡光炜. 寿春新出楚王鼎考释［J］. 国风，1934，4（3）.

上，很多讨论“熊”字读音的学者都引用了这条古文字材料，并且将其视作“熊”字曾经有侵部读音、后转入蒸部的一个重要根据。例如李新魁先生曾经讨论过这个问题：

> 熊字在随县出土的曾侯镈及《楚王酓肯鼎》中，均写作酓，有些人对熊字写作酓字感到可疑。而熊字《说文》作“炎省声”，有人也抱着怀疑态度。从音韵学上来看，这些怀疑完全可以廓清。熊字现在读 qiug，似乎是收-g 韵尾，与从炎省声有出入（炎字中古作于廉切，喻三纽，在盐韵，该收-m 尾）。但是，现代许多方言及外族语借音读熊为-m 尾，如闽方言读 him 或 hom，朝鲜汉字音读 kom，日语汉语借音读 kuma。读为 h（阳调）是保留中古以前匣纽的读音，这与中古以前炎字的声母相合（喻三归匣）。而匣纽是从上古的见纽变来的。出土文物写作酓，从今，正是熊字上古读 k 的证据。酓收-m，也是熊字之音。熊字上古在侵部，后来才转入蒸部。①

在新出的新蔡葛陵楚墓竹简中，除了记录楚三先祖名老童、祝融、鬻酓（熊）外，还另见一楚先祖名“穴酓”，它在简文中又写作“穴能”②。能字的上古音归部，有的古音学家将其列在之部，有的将其列在蒸部，我们有必要对这个问题加以说明。在甲骨文和西周金文中，均不见“熊”字，而以“能”来表示③。“熊”写作“能”，亦见于传世文献。《国语·晋语》：晋侯“今梦黄能入于寝门”。《左传·昭公七年》“昔尧殛鲧于羽山，其神化为黄熊”，杜预注：“熊，音雄，兽名，亦作‘能’。”如果从古文字的构形来看，能字本来为独体象形字，金文作，后来受到变形音化作用，口形变形音化“㠯”字（“以”字）并以其为声符作、等形。《说文》有“能”字，许慎以为“从肉㠯声”，即根据讹变的字形说解。㠯为之部字，能从㠯声，这是为什么有些古音学家将其列在之部的原因。而在《诗经》的押韵中，能字常常跟蒸部字相押，所以有的古音学家将其列在蒸部。

---

① 李新魁．音韵学与中国古代文化的研究［M］//李新魁音韵学论集．汕头：汕头大学出版社，1997：437-457.

② 见简甲三：35，乙一：22，乙一：24，零：254、162，零：288，零 560、522、554 等。

③ 据目前所见材料，明确无疑的“熊”字最早见于秦国的“诅楚文”，一般认为年代在战国中期，出土的楚文献中还不见“熊”字。

楚地出土文献中有“翼”字，可以分析为从羽能声。此字最早见于楚器鄂君启节，辞例为“岁翼返”，过去多有异解。郭店简《五行》简里有“叔(淑)人君子，其義(仪)翼也”句，今本《诗经·曹风·鸤鸠》“淑人君子，其仪一也”正可与其相对照，知道“翼”没有问题可以读作“一”。鄂君启节“岁翼返”，当读作“岁一返”；郭店简另见的“翼缺翼盈”当读作“一缺一盈”，都畅然无碍。从音韵上看，“一”为影纽质部，无论怎样与泥母蒸部的“翼”字都甚为远隔，很多人也不得其解。最近郑伟先生指出，侗台语里“一”字读音(nɯŋ)与“能”字读音(＊nɯŋ)一致，并且指出“翼”字不见于汉语，是一个古楚语词。这个例子正好说明“能”字隶属蒸部是可信的。

在同一种材料中，用不同的字来记录同一件事物，这种用字现象应该引起我们的注意。无独有偶，上博楚简《容成氏》第21号简：“中正之旗以熊，北方之旗以鸟……”其中的“熊”字写作“澳”，从水興声。興字在《诗经》中常常与蒸部字相押，应该是蒸部字。

在楚文字材料中，“熊”字由写作“畲”，到作“能”或作“澳”，正表明熊字的读音经历了由侵部转入蒸部或正处于这一变化之中的事实，其发生年代应该在战国中期或更早。许慎在《说文解字》中以为“熊”字是“炎省声”，于字形分析不可信。但是从另一个角度看，反映了在许慎的方言中，可能还保留着收-m尾的孑遗①。

据陆志韦和王静如两位先生的研究，-m>-ng的时间大概在周或春秋以前，而在以秦为中心的西北方言中则还要晚一些。从本文所列楚地文献来看，在战国楚方言中，确实有一些蒸部字是由侵部字变来的。各个地区的方言变化往往是不平行的，一种语音现象的发生也不是一下子就完成的。这种音变是否为一个普遍的现象，还需要更多的材料的支持。

(原文发表于《辽宁师范大学学报》2010年第5期)

① 许慎是东汉时期汝南召陵人，有学者研究认为属于楚方言区。

⿰歹可簋铭文释读及相关问题研究

一、古文字资料中鱼部字和月部字交涉情况

甲骨文“作”字写作、等形，又作、，后一种写法吴振武先生认为是加注声符“丯”的“注音形声字”①。“作”上古读音在鱼部之入声铎部，“丯”为月部字。

甲骨文表示“灾害义”字写作、等形，释作“䖵”，辞例为“有䖵”“亡䖵”等，“䖵”即“害”之表义初文②。裘锡圭先生认为甲骨文“䖵”即秦简中“萬”字的表义初文，所从之“禹”具有表音作用。上古禹为于母（喻母三等）鱼部字，害为匣母月部字，按照“喻三归匣”说，二者声母读音相同。

金文中“害”写作、，辞例有“害福”“邦将害吉”，有时害写作“割”，如“用割眉寿”，其中的“害”或“割”通常都读作典籍的“介”“曷”“匄”等。“介”“曷”“匄”等上古均为月部字，声纽同为舌根音；古音匣纽月部；故“害”与“匃”诸字例可通假。“害”字又作、等形，变形音化从“古”声，古在鱼部。

毛公鼎的“干吾王身”，师克盨作“干害王身”。“吾”“害”为异文。

金文㝬字作、，从“害”从“夫”。王孙遗者钟有辞例“㝬屖”，史墙盘作“害屖”，根据汉字省形不省声的规律，则“㝬”即是在“害”字上加注声符“夫”的两声字。金文㝬字又作，“夫”“古”皆声，又写作

① 吴振武．古文字中的“注音形声字”［A］//第三届国际汉学会议论文集文字学组：古文字与商周文明［C］. 台北：“中央研究院”历史语言研究所，2002.

② “害”字本像下器上盖之形，《说文》以“伤”为“害”字本义，用的是假借义。甲骨文的“”像人的足趾为虫蛇噬咬之形，应即伤害之“害”的本字，后世习惯于以假借字“害”表示伤害义，“”字就被废弃了。参看裘锡圭．释“”［M］//古文字论集．北京：中华书局，1992：11.

，刘钊先生认为所从之“巨”为叠加声符①。这些“㝬”字一般都读作典籍的“胡”字。

周代中晚期至战国时期流行的一种方形彝器，常自名“匠”，字或从“夫”声作 （陈逆匠）；或从“古”声作 （铸叔匠）；或从害声作 （鲁士匠）、 （季宫父匠）；又有写作从“五”声的，如 （旅虎匠）。② 无论是加注声符“夫”“古”“五”“巨”，还是用作异文的“吾”等，都是鱼部字。

大簋有“ ”字，释作“䚪”。“丮”是月部字，为加注的声符，“䚪”为双声字。

曾侯乙墓出土的编钟、编磬铭文中姑洗律的“姑”字写作“ ”“ ”等形，从“害”声，姑在鱼部。

战国古文字资料中，鱼部字和月部字交涉的情形亦不少见。

郭店简《五行》：“不以小道𡐦大道，简也。”郭店简《尊德义》：“不以嗜欲萬其仪轨。”楚帛书乙：“东国有吝，□□乃兵，萬于其王。”简文的“𡐦”“萬”均读为今本的“害”字。

上博简《诗论》：“吾以《蓠覃》得祇之诗，民性故然。”“夫蓠之见歌也，则以绨绤之故也。”“《采萬》之爱妇□。”简文的“蓠”“萬”均与今本的“葛”字对应。

古文字资料中，“戟”字有写作从“各”声的，如滕侯昃戟作 （《集成》11123）；又有写作从“丯”声的，如元阿左戟作 （《集成》11158），亦见于包山楚简第 61 号简作 ；字又见于陶文，陈伟武先生以为“戈”“丯”皆声的双声符字③。或从“建”声作“ ”。曾侯乙戟上有“戟”字，既有写作从“丯”声的，又有从“建”声的。

楚简中尚见，如《缁衣》：“君子言有物，行有逹，此以生不可夺志，死不可夺名。”又《缁衣》：“故君子多闻，齐而守之；多志，齐而亲之；精知，逹而行之。”今本《礼记》与“逹”对应的字分别作“格”“略”。格、略上

① 刘钊．古文字构形学［M］．福州：福建人民出版社，2006：86.

② 容庚主编．金文编［M］．北京：中华书局，1985：845.

③ 陈伟武．《古陶文字征》订补［J］．中山大学学报，1995（1）．

古均为铎部字。

中山王鼎“吴人并雩”，学者认为此“雩”即越国之“越”。楚帛书“风雨是於”，很多学者将其读为《山海经·大荒北经》的“风雨是谒”。“雩”“於”上古为鱼部字，“越”“谒”上古为月部字。

此外，传世文献也有鱼部字与月部字交涉的情形。“於”“阏”在《说文通训定声》的谐声系统中，二部相谐，“於”为鱼部字，“阏”为月部字；虢字《说文》“从虎寽声”，“虢”为鱼部字，“寽”为月部字。

又扬雄《方言》卷九：“戟，楚谓之釨。凡戟而无刃，秦晋之间谓之釨。”“戟”见母铎部，“釨”见母月部。《方言》卷十：“緤、末、纪，绪也。南楚皆曰緤，或曰端，或曰纪，或曰末，皆楚转语也。”“緤”影母月部，“绪”邪母鱼部。

二、“鱼部”“月部”交涉的音理解释

对于鱼部与月部的交涉，很多学者颇不以为然。毕竟，鱼部与月部相隔较远。所以对于前面例举的《缁衣》简“逹”的释读，有的学者就持反对意见，如张桂光先生说：“在音韵原理上讲，都是不能相通的，这种释定，应该是有问题的，值得进一步研究。”① 也有学者试图解开鱼部字与月部字交涉之谜。大西克也先生围绕着古文字资料中的“害”字及其读音展开讨论。他认为金文的“害”字本读为鱼部字，后来与“㝬”（宪字初文）形混，才有了月部的读音（元部的“宪”与月部的“害”月元对转）。本读鱼部的“害”字亦表月部读音的“伤害”义的词。“害”字兼通鱼祭（月）两部，这是“害”“㝬”字形相混所引起的特殊现象，并不意味着鱼祭两部音近可通。②

在文字学上，“㝬”字晚出，且“㝬”从“害”得声，并不是“害”受“㝬”形影响才有的月部字的读音。而且，“害”“㝬”相混也只是秦汉以后的事情，那么在先秦的、大西克也先生认为是鱼部字的“害”字与月部字的交涉又当如何解释呢？还有，除了“害”字，古文字资料中其他的鱼部字与月部字的交涉又该怎么看呢？这些问题都是需要进一步加以考虑的。

---

① 张桂光．新世纪古文字研究的若干思考［A］//第四届国际中国古文字学研讨会论文［C］．香港，2003：385．又张桂光．新世纪古文字研究的若干思考［J］．中国语文，2004（1）．

② 大西克也．论古文字资料中的“害”字及其读音问题［M］//古文字研究（第二十四辑）．北京：中华书局，2002：303-306．

裘锡圭和李家浩两位先生在《曾侯乙墓钟、磬铭文释文与考释》中对于铭文中姑洗律的“姑”字写作从“害”声问题，曾经举出了“害”字读为鱼部的多个例子，注意到了古文字资料中“害”的古音与鱼部字的密切关系。[①]但是，他们没有说“害”就是鱼部字，这是非常谨慎的。

古文字资料中尚未见到写作“丯”声的“害”字。“害”字在先秦常常加注或改换“鱼部字”声符，所以我们更愿意承认其最初是鱼部字，但因其与月部字多有交涉，关系密切，故到小篆变形音化从“丯”声，而转入月部。《说文·宀部》：“害，伤也。从宀从口，宀、口言从家起也。丯声。”许慎于字形分析殊不可取，但以“丯”为“害”声是很有卓识的。“变形音化”是汉字音化趋势增强的表现之一，其改造过程具有人为的、有意识的因素。《说文》对字形的说解有一些就是根据讹变了的字形的，例如“丧：从哭从亡，会意，亡亦声。”“羞：进献也。从羊，羊所进也，从丑，丑亦声。”与古文字的实际构形是不符合的。[②]我们阅读的古籍多是经过汉人整理保存下来的，故在传世文献中很少见到“害”字与鱼部字交涉的情形，大西克也先生“在传世文献中从‘害’得声的字不通鱼部？如果‘害’字本属鱼部，为什么后来变入祭月部呢？”的疑问就可以消除了。

对于兵器铭文上的“戟”字或从“各”声，或从“丯”声，裘锡圭先生解释说：

> 《说文》有“辂”字，疑与“飼”“瑕”等两半皆声之字同例，似“丯”声在古代有与“各”相近的一种读法，故“戟”字可从“丯”声。又戟在古代亦名“孑”（《左传》庄公四年），“孑”“丯”（古拜切）古音同声同部（“孑”为入声），也可能“𢦏”本读“孑”（“戟”字似本从“倝”声，“孑”“倝”阴阳对转，音亦相近），后因同义通读而变读为“㦸”。[③]

按，“丯”古音隶月部，“各”为鱼部之入铎部。《说文》：“辂，枝辂也。

---

① 裘锡圭，李家浩．曾侯乙墓钟、磬铭文释文与考释［M］//湖北省博物馆．曾侯乙墓（上）．北京：文物出版社，1989：554.

② 刘钊《古文字构形学》第七章“古文字中的变形音化”。刘钊．古文字构形学［M］．福州：福建人民出版社，2006.

③ 裘锡圭．谈谈随县曾侯乙墓的文字资料［J］．文物，1979（7）：33. 注 20。

从丰各声。”陈伟武先生认为此字是一个“丰”“各”皆声的双声符字。[①] 扬雄《方言》卷九：“戟，楚谓之釨。凡戟而无刃，秦晋之间谓之釨。”戟，见母铎部，釨，见母月部。严可均更直接认为“戟”有两读：一读格，入鱼类，如《诗经》“泽、戟、作”协音；一戟从倝声，入元类，如《子虚赋》“戟箭”协音。[②] 古文字“戟”有写作从“建”声的，则是“戟”确有元部读音的直接证据。“戟”字既有“各”声，又有“丰”或“建”声，更说明了鱼部读音与月部读音的密切关系。

裘锡圭和李家浩两位先生在《曾侯乙墓钟磬铭文释文说明》一文中说过：“古文字里常见由同音或音近的两个字合成的字。”[③] 有的学者把这种情形径自称作“两声字”或“双声字”。[④] 我们在文章第一部分里列举的“㪟”“匿”“戟”等的各种异体都属于这种情况。

既然古文字材料中鱼部字与月部字的交涉是客观存在的，那么，我们如何从音理上解释鱼月相通呢？

在论证这个问题上，要充分利用古音学的研究成果。上古韵部的划分主要以《诗经》音系为基础。从顾炎武的十部到王念孙、江有诰的二十二部，基本定型。近代章炳麟、黄侃、王力等人又作了修订和补充，至王力的三十部古韵系统可以作为阶段性的总结。古音研究到划分韵部还远远不够，要进一步考订上古韵母系统，构拟音值，而且要求能够解释韵部之间的音近关系，如通转、旁转等，充分利用现代语音学研究成果。高本汉、董同龢、李方桂、王力等学者都作出了成绩。

但是高本汉的构拟，每部元音太多，如光他的脂微部就有六个主要元音，已经得到很多学者的质疑。王力、李方桂则一反其道改为每部只有一个元音。郑张尚芳先生则提出不该一刀切，他说：“‘每部一元音’在一、四等不并存的收喉各部是完全正确的；在一、四等并存的收舌、收唇各部，则每部实含二至三个元音。”[⑤] 所以在郑张尚芳先生的韵母系统里，鱼部拟音为 a，月部

① 陈伟武．双声符字综论［M］//中国古文字研究（第一辑）．长春：吉林大学出版社，1999：336.

② 陈复华，何九盈．古韵通晓［M］．北京：中国社会科学出版社，1987：81.

③ 裘锡圭，李家浩．曾侯乙墓钟磬铭文释文说明［J］．音乐研究，1981（1）.

④ 陈伟武．双声符字综论［M］//中国古文字研究（第一辑）．长春：吉林大学出版社，1999：336.

⑤ 郑张尚芳．上古音系［M］．上海：上海教育出版社，2003：57.

则有三个元音，分别拟作月部1-ad，月部2-ed，月部3-od，其中丰、害、匄等字都在月部1，即主要元音拟作a。这样，月部字的一部分与鱼部字主要元音相同，相通自然就没有问题。

在上古音的研究成果中，利用谐声偏旁研究韵部，人们发现“同谐声必同部”的重要规律，但是也有例外的情形，如哥部的“箇”从鱼部固声，元部的“短”从侯部豆声；同一个字也可以读作不同的部，如翟，药部（徒历切），又读铎部（场伯切）。仔细考察，这些所谓的“例外音变”都有一个共同的原则：声母相同或相近，主要元音相同或相近。尤其是在古文字材料中，有一些谐声字或通假字的确定就突破了古音研究的已有成果，而这些现象对于古音研究都是极有价值的素材，本文所论的鱼部字与月部字的交涉正体现了这一点。

三、㓝簋铭文“褺公休”的释读

香港中文大学张光裕教授在2009年第2期《文物》上发表《㓝簋铭文与西周史事新证》一文，公布并研究一件私家所藏的西周早期㓝簋及其铭文。铭文共四行34字，按照张先生的释读，铭文内容如下：

> 唯八月，公陕殷年，公赐㓝贝十朋，乃命㓝司三族，为㓝室，用兹簋，褺公休，用作祖乙尊彝。

铭文基本上没有生僻字，用语上也都是金文常见套语，所以大致可以通读。其中的“陕”训为“夷”“平”，“公陕殷年”乃以事纪年，具有重要的文献学价值。我们要讨论的是“褺公休”一句中“褺”字的释读。目前看到的关于此字的释读有两种意见：张光裕先生将其训为“设”；先秦史研究室网站上（2009年10月22日）吴德章先生断句为“用兹簋褺，公休”，将“褺”训为“执”。

“褺”字从“埶”从衣，金文首见。金文中有“䂼”字，用法有“种植”“树立、建树”等。如中方鼎“䂼于宝彝”，《商周青铜器铭文选》注释：“其事植铭于宝彝，即铭此事于宝彝。”中方鼎还有：“省南国贯行䂼王居”，注释：“建立、建树”，这种用法的还见于中甗“王令中先，省南国贯行，䂼居在曾。”此外，中觶器铭上还有一见，辞例如下：

中䂼王休，用作父乙宝尊彝。

《铭文选》注释："中剩王休，中称扬王的赏赐之美。剩，字形为树蓺之蓺，按金文通例，应是扬字，剩可能是䵼字的误书。"[①] 按，"剩王休"金文仅一见，剩字与䵼字形近，是有误书的可能的。但是"㺸簋"铭文上"褺"字的出现，不得不让我们重新来关注以往的释读。

张光裕先生读"褺"为"设"，从语音上讲没有问题。"褺""设"都是月部字，且古文字资料中确实有不少"埶"读为"设"的例子，详可参看裘锡圭先生《古文献中读为"设"的"埶"及其与"执"互讹之例》[②] 一文。但是"设王休"的说法却是罕见，不但古文字资料中没有，就是查阅传世文献，也没有相同的用例。而金文通例，常在王或公行赏后，做器者要颂扬王或公的美德，辞例是"对王休""扬王休""对扬王休"。据学者研究，单用"对"或"扬"，其年代往往属西周早期，甚至属晚商，少量属西周中晚期；"对扬"连用，其年代偶有较早的，但大量的属西周中晚期。[③] "㺸簋"属于西周早期时器，我们认为铭文的"褺"字就应该读作"扬"。"褺"是月部字，"扬"是鱼部之阳声韵阳部字，古文字资料中既然鱼部字可以读作月部字，那么，"褺"读作"扬"也是有可能的。

《说文》："扬，飞举也，从手昜声。"金文里写作等形，异体颇多，各家解释也不一样，如吴大澂说："执玉以朝日，日为君象"，阮元以为"两手奉玉，宝之义也。"金文扬鼎上"扬"字写作，又作，所从玉形写作"丯"，这种写法又见于邾公釛钟，作。我们怀疑这里所从的"丯"就是作为"扬"的声符来用的，而这种变形也正体现了古文字资料中鱼部字与月部字的交涉。

（原文发表于《社会科学战线》，2011 年第 2 期）

---

① 马承源主编．商周青铜器铭文选［M］．北京：文物出版社，1986：77.

② 裘锡圭．古文献中读为"设"的"埶"及其与"执"互讹之例［J］．东方文化，1998，36（1、2）．

③ 虞万里．金文"对扬"历史观［M］//榆枋斋学术论集．南京：江苏古籍出版社，2001：495.

“箪食壶浆”中“食”字的读音

2月18日中国播音主持网推出了一篇文章《播音员主持人请注意，这些字词的拼音被改了!》，文中谈及“衰、斜、骑”等字在古诗文里的读音问题。可谓一石激起千层浪，接下来的讨论更是沸沸扬扬，不亦乐乎。同时还涉及《现代汉语词典》第6版修改了很多字的注音问题，其中就包括“箪食壶浆”中“食”的注音[①]。《现代汉语词典》第1-5版注音“sì”，第6版注音“shí”，括注“旧读sì”。应该说，改读“shí”，是正确的。下面就“箪食壶浆”里的“食”为什么读“shí”，不读“sì”，加以解释说明。

《现代汉语词典》（1-5）一直都是把“箪食壶浆”的“食”注音为“sì”。无独有偶，刘洁修主编的《汉语成语考释词典》[②] 和《汉语成语源流大辞典》[③] 都注为“sì”。杨伯峻的《孟子译注》[④] 注释为：“食，去声（shì），饭。”《孟子词典》：“食（106次）①吃食（76次）：谷不可胜食也；②去声，食物（15次）：箪食壶浆以迎王师；③去声，给以食物，喂养（14次）：且子食志乎；④同‘蚀’：其过也如日月之食。”

现代的这些工具书、译注中，为什么会把“箪食壶浆”的“食”标注为“sì”或者“shì”音呢？我们检索了《汉籍全文检索系统》，先以词条“箪食壶浆”搜索，一共38条，其中《四书章句集注·孟子集注》卷二、六注释：“食，音嗣。”“食，饭也。”“箪食瓢饮”，一共26条，其中《汉书》卷九十一颜师古注：“食，饭也。……食，音似。”“箪食”，一共143条，其中《论语集注》卷三、《孟子集注》卷六、八、十一、十三皆注为：“食，音嗣”。另，《孟子·尽心下》：“好名之人，能让千乘之国；苟非其人，箪食豆羹见于色。”《孟子集注》卷十四：“好、乘、食，皆去声。”“嗣”古音邪母之部，“食”古音邪母职部，“似”古音邪母之部，是“嗣”“食”“似”三字古音相同或者很近，就是到了朱熹给《四书》作注的时候读音也是相同的。因此

① 中国社会科学院语言研究所词典编辑室．现代汉语词典［M］．北京：商务印书馆，2012.

② 刘洁修．汉语成语考释词典［M］．北京：商务印书馆，1985.

③ 刘洁修．汉语成语源流大辞典［M］．北京：开明出版社，2009.

④ 杨伯峻．孟子译注［M］．北京：中华书局，1981：45.

说现代字、词典把"食"注为"sì"，是沿袭了古注。《王力古汉语字典》注为"shí"，又说"特指饭（旧读 sì）"[1]，也很明显是接受了古注，并用"特指饭（旧读 sì）"弥缝了"食"的"shí"和"sì"的读音问题。而杨伯峻先生将"食"注释为"shì"，去声，有点匪夷所思，恐怕是受到《汉书》颜师古注的影响，因"似"又读"shì"，这是我们所熟知的。

《说文解字》："食，一米也。从皀亼声。或说亼皀也。凡食之属皆从食。"甲骨文"食"字写作（《合集》20961）（《合集》20791）（《合集》30989），上从倒口，下从"皀"是食器，像人张嘴就食之形，动词，辞例如："月一正曰食麦。"（《合集》24440）"飤"写作（《合集》9100）（《合集》20147），增加人身形，与"食"是繁简体关系。西周金文《郸孝子鼎》铭作"飤"，而盖铭作"食"，可见"飤"与"食"同[2]。又如《睡虎地秦墓竹简·效律》："仓（漏）（朽）禾粟，及积禾粟而败之，其不可飤（食）者，不盈百石以下，谇官啬夫。"《说文解字》："飤，粮也。从人、食。"解释不准确。跟"食"字这种构形情况相同的还有"饮"字，"饮"字甲骨文写作，隶作"酓"。增加人身形作，隶作"歆"，"人"与"欠"作为偏旁可通用，声旁"酓"换做义符"食"，写作"飲"，后来简化作"饮"。

黄天树先生在《殷墟甲骨文中所见的"名动相因"现象》[3] 一文里说："'名动相因'是古汉语中的一种常见现象。这种现象在甲骨文里也时有所见。从甲骨文的实例看，'名动相因'多数为名词用作动词，少数为动词用作名词。"甲骨文"戰（獸）"字，从单从犬。该字本义是狩猎（"狩"是"獸"的分别字）。野兽是狩猎的对象，所以"獸"（狩）滋生出了野兽之"獸"。"食"的用法跟"獸"一样，属于先动词后转为名词的情况。由动词"吃"义后来指吃的东西，食物，变为名词，这些用法均读为"shí"。

古代汉语里有一种特殊的语法现象是词类活用，动词的使动用法是其中之一。一般情况下，宾语往往是主语支配的对象，即动作是主语发出的，但也有宾语不是主语支配的对象，而是主语使宾语发出动作。我们知道，在现

---

① 王力．王力古汉语字典［M］．北京：中华书局，2000：1660.

② 张世超，等．金文形义通解［M］．日本·京都：中文出版社，1996：1293.

③ 黄天树．殷墟甲骨文中所见的"名动相因"现象［J］．首都师范大学学报，2013（3）：84.

代汉语里不及物动词是不能带宾语的，而在古代汉语中不及物动词后却常常可以带宾语，那么这个动词就有了使动用法，是动词使（宾语）产生某种动作、行为的活用。除此外，及物动词也有使动用法，如《左传·晋灵公不君》："晋侯饮赵盾酒。"其中的"饮"是及物动词，这里是使动用法，表示"使……喝"，读"yìn"。这种改变字的读音（主要是改变声调为多）以区别不同的意义或词性的一种方法，也叫"破读"，又叫"读破"。用作动词表示吃义的"食"字，作为"把食物给人吃"的意思时，是使动用法，破读为"sì"，如《诗经·小雅·绵蛮》："饮之食之，教之诲之。"这种用法的"食"可以写作"飤"。西周时期《谏簋》："谏作宝簋，用日飤宾（用这宝簋每天款待宾客）。"唐代玄应《一切经音义》卷四十六"食以"条注释说："食以，又作飤同，因志反，谓以饭食设供于人曰食，食亦饭也。"卷十四："飤，以食与人曰飤。"卷八十二"以飤"条注释说："以飤，词字反，顾野王云：'谓以食供设与人也。'《说文》：'粮也'。会意字，或作饲，俗字也。"《玉篇·食部》："饲同飤。"段玉裁《说文解字注》："以食食人物，本作食，俗作飤，或作饲。"

总结一下，"食"最初是动词，"吃"的意思，"名动相因"而作名词，表示"吃的东西"，都读作"shí"。"食"用为使动用法，表示"使……吃"，读作"sì"，这个意义可以写作"飤"，后来写作"饲"。成语"箪食壶浆"中，"箪"是盛食器，"食"指箪中盛的食物，是名词，应该读"shí"，没有问题。读"sì"音，拘泥于古注，不可取。

（原文发表于《语言文字周报》2019 年 11 月 27 日）

古文献"罣""皋"混同及其读音问题

清代训诂学家王引之在《经义述闻》"通说"下十二条之"形讹"里说："经典之字，往往形近而讹，仍之则义不可通，改之则怡然理顺。"① 古书历经传抄，因文字形体相近发生混同在所难免，"罣"与"皋"混同就是其中

① 王引之．经义述闻［M］．南京：江苏古籍出版社，2000：778.

一例。已有研究者指出文献中两者的混同情况，然尚未见系统总结，以及关于“睪”与“皋”之读音的进一步讨论，本文试就此问题略作探究。

一、“睪”与“皋”的形体及其混同情况

《说文解字》：“睪，目视也。令吏将目捕罪人也。”王筠《说文解字句读》：“伺察罪人也。”“睪”字有写作从“目”和从“白”两种情况。写作从“目”的，如：（战国曾侯乙钟）（包山简 2.121）（天星观简）（郭店简《语丛》3.38）（马王堆《五十二病方》36）（《汉印文字征》），这是比较典型的“睪”字的写法，从目从幸（㚔）。其中目形除了竖着写，还有横着写的，如写作（侯马盟书 156.21）（古玺）（《汉印文字征补遗》）。写作从“白”形的又分两种情况，一是写作从白从㚔，如写作（天星观简）（郭店简《性自命出》64）（睡虎地秦墓竹简 99.14）；一是写作从白从矢，如（战国金文《无睪鼎》）（郭店简《语丛》1.87）（上博简《缁衣》121），郭店简“泽”字写作（《语丛》4.7），右边即从白从矢。其中，后两字所从“矢”形由一点变为一短横。

《说文解字》：“皋，气皋白之进也。”朱骏声《说文通训定声》：“此字（皋）当训泽边地也。从白，白者，日未出时初生微光也，圹野得日光最早，故从白，从夲声。俗字作‘皐’。”“皋”字也有写作从“目”和从“白”两种情况。写作从“目”的，如：（睡虎地秦简《日书》甲种 13 简）（银雀山汉墓竹简《孙膑兵法》191 简）（马王堆杂禁方 1）（张家山汉简 2.456）（《汉代陶文文字编》215 页）；目形也有写作横置的情况，如（武威汉简《士相见礼》8 简）（《额济纳汉简文字编》156 页）。写作从“白”的，如（睡虎地秦简《日书》甲种 111 简）（《曹全碑》）（《汗简》4.58）。皋所从的“白”与“日”混同，如  ［长沙五一广场东汉简牍（贰）异体字表 303 页］。从上列字形可知，“皋”字下部除了写作“夲”形，还与“睪”字下部写作“幸（㚔）”形相同。

“睪”与“皋”字均从目或从白作，其下边所从亦相近，如“睪”字写

作“幸（夲）”形的，“皋”字亦有；“睾”字写作“矢”形的与“皋”字所从的“夲”形极为近似。可见“睾”“皋”形体非常接近，并时有混同。如马王堆帛书“皋”字作（《战国纵横家书》98），张家山汉简“皋”字作（《张家山汉简文字编》280页）。

在碑刻材料中，皋、睾形体讹混的情形更是常见。例如汉代《孔彪碑》的“皋”字就写作从“白”从“丰”，下部写法与简帛中“睾”字写法相同。汉代《王未卿买地券》“皋”字作“睾”，而北魏《晖福寺碑》“择”“泽”字所从右部也作“睾”形。①

二、文献中“睾”与“皋”的混用情况

在秦汉简帛资料中，形体相近的字发生讹混是不稀见的。② 所以要识辨这种情况，必须认真体会原文，寻绎出字形的本字。我们现在所见到的古书大多为汉代的抄本，故在传世文献和出土文献中都可见二者混淆的情形是完全有可能的。

传世古书中有大量“睾”与“皋”混用的情况。《尚书·皋陶谟》：“皋陶”，《困学纪闻》六引《列女传》作“睾陶”。《左传·僖公三十二年》“夏后皋”，《路史·后纪》十四作“睾”。《左传·哀公二十六年》：“二十六年夏五月，叔孙舒帅师会越皋如、后庸、宋乐茷，纳卫侯。”其中的“皋如”，《春秋繁露》九皋作“睾”。《荀子·王霸》：“睾牢天下而制之。”《后汉书·马融传》李善注引“睾”作“皋”。《荀子·大略》：“孔子曰：‘望其圹，皋如也，巅如也，鬲如也。’”《列子·天瑞》和《孔子家语·困誓》皆作“睾如”。《列子释文》“睾音皋”。姚本《战国策·秦策三》“五国罢成睾”章及“范睢至秦”章里的“举兵而攻荥阳，则成睾之路不通”，都把“成皋”写作“成睾”。“成皋”地名，屡见于《史记》和《汉书》，多写作“成皋”。《后汉书》卷109引《史记》“成皋”作“成睾”。③

出土文献亦可见“睾”与“皋”混用的情况。银雀山汉墓竹简《尉缭子》简462：“夫治且富之国，车不发□，甲不出睾，威□天下。”又简463：

① 秦公．碑别字新编［M］．北京：文物出版社，1985.

② 赵平安．隶变研究［M］．保定：河北大学出版社，1993：138-139.

③ 《古字通假会典》“皋与睾”条。高亨纂，董治安整理．古字通假会典［M］．济南：齐鲁书社，1997：710.

“睪甲而胜，主胜也。陈而胜，主胜也。战胜，臣□也。”整理小组校注说：“简文‘睪’当读为‘櫜’，‘睪’字古有‘皋’音，或作‘睾’。‘皋’‘櫜’通。《礼记·乐记》‘名之曰建櫜’，郑注‘兵甲之衣曰櫜’。《尉缭子·兵教下》‘国车不出于阃，组甲不出于櫜，而威服天下矣’，文义与《兵谈》此句全同，可证‘睪’确为‘櫜’之借字。《治要》及宋本皆误‘睪’为‘暴’……”①

不仅睪、皋常混，它们作为偏旁时亦常混。如皞与皣。《左传·僖公二十一年》：“实司大皞与有济之祀。”《潜夫论·志氏姓》引“皞”作“皣”。又《左传·文公十八年》《昭公十七年》《二十九年》《定公四年》“少皞”，《潜夫论·五德志》作“少皣”。隋·《宁贇碑》“皞”字作“皣”。皋与从“睪”之字亦混。《左传·襄公十七年》：“泽门之皙。”《经典释文》：“泽门本或作皋门。”《诗经·大雅·绵》孔颖达《正义》引“泽门”作“皋门”。《荀子·解蔽》：“睪睪广广。”杨倞注：“睪读为皞。”《左传·定公十三年》：“范皋夷无宠于范吉射。”《史记·赵世家》“皋”作“绎”。凡此等等。

“睪”与“皋”的这种混同，清代的训诂学家孙诒让早就注意到了。他在《墨子间诂》卷四说：“泽从睪声。古书‘睪’或混作‘皋’。《史记·天官书》泽字作‘滜’；《封禅书》‘泽山’解引徐广云：‘泽，一作皋。’《左襄十七年》‘泽门’，《释文》云‘泽字或作皋’，皆其证也。”

三、“睪”有“皋”音探究

关于“睪”字与“皋”的读音关系，古注和现代工具书是这样标注的：《列子·天瑞》：“望其圹，睪如也”，《列子释文》“睪音皋”。《荀子·解蔽》：“睪睪广广。”杨倞注：“睪读为皞。”《汉语大字典》“睪”字下注释为：“通‘臯（皋）’。”②《汉语大词典》在“睪甲”词条下注释说“睪，通‘櫜’”。在“睪鼓”词条下注释说“通‘鼛’”。在“睪如”“睪牢”“睪然”词条下分别注释“通‘皋’”。③ 王力先生主编《王力古汉语字典》：

① 银雀山汉墓竹简整理小组．银雀山简本《尉缭子》释文（附校注）[J]．文物，1977（2）：23.

② 汉语大字典编辑委员会．汉语大字典[M]．成都：四川辞书出版社、武汉：崇文书局，2001：3114.

③ 罗竹风主编．汉语大词典[M]．上海：上海辞书出版社，1994：1024.

"通'皋',高的样子。"①《古字通假会典》"皋字声系"下收"皋与睪"通假词条②。

"睪"为什么有"皋"音?用通假解释是否正确呢?从语音上来看,"睪"上古是以母铎部字,"皋"是见母幽部字。中古喻母实际包含云(喻三)、以(喻四)两组,上古音研究有"喻三归匣"说,而喻四与舌根音关系较远。"睪"字属以母(喻四),与见母的"皋"字声纽远隔。铎部为鱼部之入声,鱼、幽两部在上古亦不关涉。高亨、董治安《古字通假会典》在"皋字声系"下收"皋""睪"相通的例子;在"睪"字声系下有如:《战国策·魏策三》:"战胜睪子。"《史记·穰侯列传》"睪子"作"暴子"。又马王堆帛书本"睪"亦作"暴"。③如以此作为鱼部和幽部交涉,实不足据。即使在汉代,鱼幽两部也很少往来。④在谐声关系中,以"睪"为声符的字在上古音绝大多数属"铎"部,如译、绎、驿、怿、峄等,隶以母铎部;择、泽、襗、鷝等,隶定母铎部⑤,均与"皋"音无关。从后世音读看,《广韵》"睪"字只有"羊益切"一种读音,《集韵》有"昵辄切",到清代李光地撰写《音韵阐微》时才收"歌鳌切"这个音。

常常互用的两个字并不都构成通假关系,有的时候可能因为字形相近而出现彼此混用的情况。例如:《马王堆汉墓帛书(一)》图版149有一句话作:"故太后母也,而忧死。"⑥裘锡圭先生在《读〈战国纵横家书释文注释〉札记》中认为:"按,此文'忧'字,帛书原来误书为'夏'。按释文体例,此字应释为'夏〈忧〉'。帛书中屡见误书为'夏'的'忧'字,整理者一般释作'夏(忧)','忧'字外不加尖括号而加圆括号,(引者按,尖括号表示误写;圆括号表示构成通假关系。)似认为'夏'和'忧'是通用字,不知有什么根据。"⑦

裘先生的说法无疑是正确的。可是有的学者还是试图用通假来解释"夏"

---

① 王力.王力古汉语字典[M].北京:商务印书馆,2005:793.

② 高亨纂,董治安整理.古字通假会典[M].济南:齐鲁书社,1997:710.

③ 高亨纂,董治安整理.古字通假会典[M].济南:齐鲁书社,1997:710、891.

④ 邵荣芬.古韵鱼侯两部在前汉时期的分合[M]//邵荣芬音韵学论集.北京:首都师范大学出版社,1997:89.

⑤ 唐作藩.上古音手册[M].南京:江苏人民出版社,1982:32、155.

⑥ 国家文物局古文献研究室.马王堆汉墓帛书(一)[M].北京:文物出版社,1980:52.

⑦ 裘锡圭.谈谈地下材料在先秦秦汉古籍整理工作中的作用[M]//裘锡圭学术文集·简牍帛书卷.上海:复旦大学出版社,2012:191.

和“忧”的关系。例如李玉先生说：“‘夏’应是借字，‘忧’是本字。……从音理上看，‘夏’‘忧’是符合通假条例的。‘夏’字是声母为‘匣2云’，是牙音，韵部属‘鱼’部；‘忧’字声母为‘影’，是喉音，韵部属‘幽’部。‘夏’‘忧’两字牙、喉音邻纽；韵部同属甲类中的阴声韵，两字‘鱼’‘幽’旁转。”① 诚如前文所言，鱼、幽二部关系较远，且文献中也找不到二者相通假的证据，故李说不可取。

“皋”字先秦古文字资料很少见，“睪”字或从“睪”之字虽屡见，但似乎未见有读作“皋”的情况。包山二号楚墓竹简“遣册”中有下列一条：“相徙之器所以行：一桂冠、组缨、……二鼲睪；一紫韦之帽。”（《包山楚简》简259）原考释说：“鼲，狐字。睪，读如皋，训为甲，或指披在衣外之服。”（《包山楚简》61页）刘信芳先生谓：“‘睪’读如‘襗’，《说文》：‘襗，绔也，从衣睪声，’所谓‘绔’谓胫衣，套裤是也。《诗经·秦风·无衣》：‘与子同泽。’‘泽’一本作‘襗’，郑玄笺：‘襗，亵衣近污垢。’郑玄所释是依上下文义而得，然简文‘睪’应依《说文》释为狐皮胫衣。”何琳仪先生亦有相同看法。②

朱骏声在《说文通训定声·豫部》里说：“睪又假借为皋。《水经注·颍水注》睪城即古城皋亭，睪皋相似。《荀子·正论》代睪而食。按，代睪即伐皋之误。孙叔敖碑收‘九睪之利’又为皋。”③（按：“皋”即“鼛”。《诗·小雅·鼓钟》“鼓钟伐鼛”唐孔颖达疏：“鼛，即皋也，古今字异耳。”“伐皋”即“伐鼛”，意为击鼓。）朱氏所言假借极为宽泛：“假借滥于秦火，传写杂而失真。”给假借下的定义是“假借者，本无其意，依声托字。”④ 说穿了就是古人写别字。别字有形近而误的，有声近而误的。他所说的“睪又假借为皋”，当是指因形近而致假借者。

对于前引银雀山汉墓竹简整理小组“甲不出睪”，注释说“睪字古有皋音”，陈伟武先生说：“今按，整理小组括注两个‘睪’为‘櫜’，非是。当读为‘櫜’。考‘睪’字古有二音，一为‘羊益切’（《广韵·昔韵》），上古当隶铎部……一为‘歌鳌切’（《音韵阐微》），用同‘睾’或‘皋’，此

① 李玉.《马王堆汉墓帛书》通假字商兑［J］.语言研究，1996增刊：125.
② 何琳仪.战国古文字典（上册）［M］.北京：中华书局，1998：554.
③ 朱骏声.说文通训定声［M］.北京：中华书局，1983：475.
④ 朱骏声.说文通训定声·自叙［M］.北京：中华书局，1983.

当是形讹而音义混同。整理小组殆因‘睪’之有‘皋’音而读为‘橐’，义虽近之，惜未真确。”① 最近《中国语文》刊出《“皋”“睪（泽）”考辨》一文，文章分别从“皋”和“睪”的音义关系进行了考证，认为两者不可能构成通假关系。也认为“皋”“睪”两字形讹导致“睪”有“皋”音。② 可佐证本文观点。

刘钊先生在《古文字构形学》的第十二章“古文字基本构形构成演变谱系举例”里对“睪”字有过详细地讨论。他认为“睪”“皋”古本一字。“睪”和“皋”是由同一个形体分化出的两个不同音的字，值得重视。“睪”字以“㚔”为声，“㚔”字可能本来就有两种读音，后分离为舌音的“睪”和牙音的“皋”。《说文解字》“㚔”字有两个读音，一是“读若籋”，为舌音，一是“读若瓠”，为喉音。“㚔”字甲骨文写作像桎梏之形，为“梏”的本字，而“㚔”字最初可能就有“梏”的读音。“梏”古音在见纽，瓠从夸得声，古音在溪纽，属牙音，古代舌音与牙音关系密切，所以《说文》谓“㚔”字“一读若瓠”。由此可见“㚔”极有可能很早就有舌音和牙音两种读音，而由以“㚔”为声的“睪”就可以分化出读牙音的“皋”字。③

早在北魏时期，郦道元在《水经注》里就指出人们往往把一个字读为与之形近的另一个字的读音，并称此类现象为“读随字改”或“音从字变”。例如“城东北二十里有丹山，世谓之凡山……丹、凡字相类，音从字变。”④ 李新魁先生曾指出：“有一部分形声字，本有自己的读音，但由于受到相同的声符的影响，也跟着改变原来的读音。这是音因形变。”⑤ 刘钊先生指出由于一个字的声旁与另外一些字容易混同，从而有了新的读音。他称此类现象为“音随形转”⑥。张涌泉先生指出：“在文字的演变过程中，随着书写形式的变化，语音也会相应发生变化，有时会变得跟原来的读音毫无共同之处。”⑦ 李荣先生在讨论汉字的例外音变时把这种现象归结为字形的影响。⑧ 各家命名不

---

① 陈伟武．秦汉简帛补释［J］．中国语文，2002（1）：80.

② 潘牧天，潘悟云．“皋”“睪（泽）”考辨［J］．中国语文，2019（1）：118-122.

③ 刘钊．古文字构形学［M］．福州：福建人民出版社，2006：184-185.

④ 张永言．郦道元语言论拾零［J］．中国语文，1964（3）：236.

⑤ 李新魁．从“同音”现象看语言与文字的某些关系［M］//词书与语言．武汉：湖北人民出版社，1985：106.

⑥ 刘钊．古文字构形学［M］．福州：福建人民出版社，2006：146.

⑦ 张涌泉．论“音随形变”［M］//汉语俗字研究．长沙：岳麓书社，1995：373.

⑧ 李荣．语音演变规律的例外［J］．中国语文，1965（2）：116.

同，但实质是一回事。

这种受其影响读为与之形近的另一个字读音的情况不乏其例，如古文字的“单”（元部字）与“兽”（狩）字所从之“嘼”（幽部字）形体相近，后来就音变读如幽部，并与“嘼”混为一字。我们认为“睪”有“皋”的读音，正是由于二者形近，而且经常混用，导致其“音随字转”，进而有了与“皋”相同的读音。

（原文发表于《中华文化论坛》，2020 年第 2 期）

第四章　文字学研究

《说文解字》从“𤇾”之字研究

一

《说文解字》里写作从“𤇾”的字有禜、㽦、犖、營、膋、鶯、𢍏、罃、榮、䔥、熒、營、褮、焚、榮、縈、嫈、縈、㷀、勞、鎣、䓵、瑩；另外加上“膫”字下异体作“膋”（从勞省声），计有24字。除了“熒”和“勞”两字为会意字外，其余字都可以看作一般意义上的形声字。但是，《说文》在对这些字标注读音的时候，并没有按照一般形声字“从某某声”来标注，而是把它们作为形声字的一种特殊形式——省声字来处理的。

《说文》对含有“𤇾”成分的省声的标注比较复杂，可以分成五组：

1. 熒省声，包括禜①、㽦、營、罃、榮、䔥、熒、營、褮、榮、嫈、縈、㷀、勞、鎣、䓵、瑩。

2. 榮省声，包括禜、膋、鶯。

3. 㽦省声，包括𢍏。

4. 營省声，包括䓵。

5. 勞省声，包括犖、膋。

① 小徐本作“从示、營省声”。

以上除了第五组①，都是从“𤇾”得声的形声字，基本声符是“𤇾”字。《说文》未收“𤇾”字，字首见于金文，作（卫簋）、（盂鼎）等形②，象二火炬交叉、火花四溅之形，就是“熒”的表意初文。增加“火”旁的“熒”字，最早应该出现在战国文字里，写作（《古陶文汇编》6.57），“火”旁重复表意。《说文》：“熒，屋下灯烛之光。从焱、冖。”许慎不明字形来历，故将其置于“焱”部下，而将从“𤇾”声的大多数字都说成从“熒”省声，同时用作省声的字还有榮、瑩、營等三个。

对于《说文》这种同一声符用不同的省声来标示读音的情况，很多学者提出了批评。例如段玉裁就说：“许书言省声多有可疑者，取一偏旁，不载全字，指为某字之省，若‘家’为‘豭’省，‘哭’之为‘狱’省，皆不可信。”《说文》“鶯”字注为“榮”省声，段氏不以为然，他认为“《说文》熒省声之字共十有九，无榮省声之字”。梁东汉先生在《汉字的结构及其流变》中也指出：“同一个符号‘𤇾’而表示五种‘省声’，这就使得省声字的缺点显得很突出。那就是说，任何人都不可能根据‘省声’的音符‘𤇾’正确地把它们代表的语音区别开来。”裘锡圭先生在《文字学概要》里批评《说文》“把从甲字省声的字说成从乙字省声”，他说：“……《说文》把大多数从‘𤇾’声的字说成从‘熒’省声。前面说过，这样做也未尝不可以。但是《说文》又把‘禜’‘膋’‘鶯’说成从‘榮’省声，把‘𢍃’说成从‘瑩’省声，把‘犖’说成从‘營’省声。这就自乱其例了。”

《说文》里从“𤇾”声的诸形声字，其实许慎完全可以按照惯例“从某某声”来注音，这样就很简单直接。那他为什么要用省声来标注呢？“从某之省”之“某”又何以如此的多变呢？

---

① 勞字，《说文》：“剧也。从力、熒省。熒火烧冂，用力者勞。古文勞从悉。”这里的“省”当是“熒”之形省，与省声无关。而犖和膋均从“勞”省声。犖，《说文》“驳牛也。从牛、勞省声。”膫，《说文》“牛肠脂也。从肉、尞声。《诗》曰：取其血膫。膋，膫或从勞省声。”这一组与前面四组读音不同。需要说明的是，勞字在睡虎地秦简里写作□，《战国古文字典》316页：“勞，从𤇾，从力，会意不明。力亦声。勞。力均属来紐，勞为力之准声首。”桂馥《说文解字义证》引《尔雅·释诂》：“勞，勤也。”说：“舍人曰：‘勞，力极也。’”勞字字形结构比较清晰，我们怀疑在意义上或与从“熒”字训“大、长”有关。参见本文第四组字相关讨论。

② 容庚. 金文编［M］. 北京：中华书局，1985：392.《金文编》《金文常用字典》并以为“榮”字。同样写法的又见于《金文编》540页“膋”字下。所谓的“膋”字，实际应是“熒”字，假借为“膋”。

《说文》标注读音的方式有四种：1. 某声；2. 读若；3. 读与某同或读若某同；4. 某省声。省声本身是具有标音功能的，这一点没有疑问。例如，《说文》："襲，从衣䪅省声，籀文不省。"襲写作襲，是把原来的声符"䪅（音 tà）"由繁变简作"龍"。而䪅与龍的读音差别很大，在这种情况下，不指出原来的声符，人们就无法知道该字的形声关系。因此，指出被解释的字为某字的"省声"，是很必要的。从理论上讲，同从一个声符的一组谐声字读音应该都是一样的，我们利用谐声研究上古音也正是基于这种考虑的。但是实际并非如此，具有相同谐声偏旁的字读音不一定都是一样的。例如《说文》里从"夬"的字大多数是形声字，"夬"是基本声符，但是从"夬"得声的字，《说文》有的说成"从某决省声"，如趹、趹、妜、疦等；有的直接说成"从某夬声"，如快、蚗等。之所以这样处理，是因为在许慎的时代从"夬"声的字读音发生了变化。如果把它们一律说成"从某夬声"，就看不出这种变化了。这里用"省声"注音起到了区别字音的作用。陈世辉先生《略论〈说文解字〉中的"省声"》一文里有比较详细的论述，可参看。

考察从"𤇾"得声诸字，它们的读音也是有差别的。例如，我们知道，大徐本《说文》增加了反切，反切来自《唐韵》。以从"𤇾"之字的反切来看，熒在唐人的读音里是"户扃切"，跟它相同读音的只有滎、營、醟三个字，其余读音都有一定差异。如鶯、罃、嫈都是乌茎切；煢、䓯都是渠营切；謍、營、塋都是余倾切，等等，其差别由此可见一斑。而从上古音来看，它们的读音也不尽相同，如熒、瑩、滎同在耕母匣部；塋、謍、營、鎣同在耕母喻部；縈在耕母影部；煢在耕母群部；檾在耕母溪部，榮在耕母日部。

从"𤇾"得声的形声字最初读音应该是一样的，但是随着时间的推移，语音发生了变化。在汉代，可能有的与"熒"读音相同，有的与"榮"读音相同，有的与"營"读音相同，有的则与"瑩"读音相同。为了反映这种变化和准确标注读音，许慎就采用了同一声符的不同"省声"来记录字音，是完全可以理解的。在没有反切和拼音字母的时候，这种标注方法能够更准确地说明字音，同时也反映出语音的发展变化情况。如果用形声法统一标注成"从某某声"，就显示不出这种声读的变化。但是，我们不得不承认，许慎在处理这个问题上还是有些混乱，如他认为榮是从"熒"省声，说明二者读音相同；而又把禜等说成"榮"省声，这样一来，就分别不出熒、榮、禜等字的读音差别来了。

朱德熙先生说："对于读音比较复杂的字，用省声的办法比用标注形声字的办法要好，更能准确地标示读音。"是有一定道理的。

二

形声字中声符具有示源功能，已为学界共识。许慎在编排字典时就有了这样的认识，例如从句声的"拘""笱""鉤"都在"句"部，而不分列在相应的扌、竹、金诸部。但是，"用来区别字音的省声"是否也能区别字义，过去有学者持肯定的观点，如王筠《说文释例》引印林说："……今作某声者，固不可加省字。至大小徐但有一本作某省声，断不可去省字。盖言某省声，仍无害其为某声。去一省字，则少一义。后世虽有智者，无从考辨矣。"对此，王筠则不以为然，他说："窃意印林于会意谐声，尚不免畸重畸轻之见，不知许君于其有义者，尚不肯强目为省声也。'祠'下云'多文词'，而不曰'词'省声；'璪'下云'玉饰如水藻之文。'而不曰'藻'省声……其所以如此者，何也？诚以于声得义犹之于形得义也。"据王说可知，许氏是注意到"声中有义"的现象的，但并不是一定要通过省声来表现。

落实到从"𤇾"之字上，我们发现确实如此，没有什么规律可言。例如，同是从"荧"省声的謍、罃、营三字，《说文》分别训为"小声也""备火长颈瓶也""市居也"，三字意义相差很远；从"瑩"省声的"䈆"，训为"深池也"；从"榮"省声的"瞢"，训为"惑也"，也很难找出"瑩"和"䈆"、"榮"和"瞢"之间的意义联系。但是，抛开这一点，如果将其置于形声字的大背景下考察，我们发现，从"𤇾"声的大多数字在意义上都可以以"𤇾"字义"象二火炬交叉、火花四溅之形"为源头，划分出五组。

第一组字都含有"小"义，有荧、滎、嫈、謍、䕒。"𤇾"字所从无论是"火炬"还是"火花""烛光"，都是比较小的光，故"荧"可以解释成"小光"。《广雅·释训》："荧，光也。"《文选·答宾戏》："荧，小光也。"《说文》："滎，绝小水也。""謍，小声也。""嫈，小心态也。""䕒，小瓜也。"词义中都含有"小"的意思①，它们是一组同源词。

---

① 孟蓬生先生在《上古汉语同源词语音关系研究》一书中，以《说文》所收字作为语料来源，系联了5500个左右的同源词，认为滎、謍、嫈三字同源。孟蓬生．上古汉语同源词语音关系研究［M］．北京：北京师范大学出版社，2001：104.

第二组字都含有“光亮”义，有熒、瑩[①]、鶯、榮。《说文》：“屋下灯烛之光。”火炬或灯烛燃烧即有光亮，段注：“烛之麻蒸燃之。其光熒熒，燃在屋之下，故其字从冖。……从焱从冖，以火花照屋，会意。”故熒字有“光亮”义。《文选·羽猎赋》：“青熒，光明貌。”瑩，《说文》：“玉色。从玉、熒省声。一曰：石之次玉者。《逸论语》曰：如玉之熒。”瑩指玉的色泽光亮。《诗经·齐风》：“充耳以青乎而，尚之以琼瑩乎而。”毛传：“琼、瑩，石似玉，卿大夫之服也。”鶯，《说文》：“鸟也。从鸟、榮省声。《诗》曰：有鶯其羽。”段注：“鸟有文章貌。各本作‘鸟也’，必浅人所改。今正。诗曰：‘交交桑扈，有鶯其羽。有鶯其领’。传曰：‘鶯鶯然有文章貌。……’鶯鶯，犹熒熒也。貌其光彩不定。故从熒省。会意兼形声。自浅人谓鶯即鸎字，改《说文》为鸟也，而与下引诗不贯。于形声会意亦不合。不可以不辨也。字从鸟熒省声。熒各本作榮，今正。”因之，羽毛有光彩的鸟称之为“鶯”。榮，《说文》：“桐木也。从木、熒省声。一曰：屋梠之两头起者为榮。”[②] 榮本桐木，文献常用为“熒”。《吕氏春秋·张乱》：“且辱者也而榮。”高诱注：“榮，光明也。”《逸周书·谥法解》：“宠禄光大曰榮。”光榮一词，实同义复合而成。

第三组字都含有“围绕、环绕”义，有營、縈、塋、䓨、禜、縈[③]。“𤇾”字象二火炬交叉形，交叉即有环绕义。營[④]，《说文》：“市居也。”小徐本“市”作“帀”。段注指出《类篇》《韵会》作匝，大徐本的“市”乃“帀”之讹，可信。“帀居”即围绕而居。《韩非子·五蠹》：“自營为厶”。今本作“自环为私”。營、环皆环绕义。縈，《说文》：“回疾也。”小徐本“回”下有“飞”字。王筠《说文解字句读》：“从營省声，义兼声也。”鸟回转疾飞曰“縈”。塋，《说文》：“墓也。从土、熒省声。”段注：“塋之言營也。營者，帀居也。经營其地而葬之，故其字从營。”按，“塋，墓也。”他本皆作

---

① 王力先生《同源字典》指出瑩、熒、螢同源。王力．同源字典［M］．北京：商务印书馆，1999：323. 螢字最初写作“熒”，《尔雅·释虫》：“熒火，即炤。”以其尾部有发光器，故名。“螢”字乃晚出形声字，《说文》未收。

② 榮《说文》一曰：“屋梠之两头起者为榮。”如果此释可信，榮字似乎可以看作与第四组的罃、鎣、䔢、弇诸字同源。

③ 孟文指出“縈”与“營”同源。孟蓬生．上古汉语同源词语音关系研究［M］．北京：北京师范大学出版社，2001：137.

④ 张舜徽先生认为罃、營、塋三字都有“大”义，同源。张舜徽．说文解字导读［M］．北京：中国国际广播出版社，2008：46.

“墓地也”，如《玉篇》《文选》李善注等。小徐本作“从土、營省，亦声”可证塋与營义同。輂，《说文》：“车輮规也。一曰一轮车。从车熒省声，读若煢。”《说文》读若既可标注读音，还能够说明假借。说明輂与煢在意义上可以相通。“车輮规”意即制作车轮而使之圆的器具。禜，《说文》：“设绵蕝为營，以禳风雨雪霜、水旱疠疫于日月星辰山川也。从示、榮省声。一曰：禜卫使灾不生。”王筠《说文解字句读》：“上云‘为營’，则声兼义，故言从。”小徐本作“从示、營省声”。《尔雅·释天》：“禜，祭也。”《左传·昭公元年》：“山川之神，则水旱疠疫之灾，于是乎禜之；日月星辰之神，则雪霜风雨之不时，于是乎禜之。”孔颖达疏：“日月山川之神，其祭非有常处，故临时營其地，立攒表，用币告之，以祈福祥也。”禜是一种祭祀名，古代以绳束茅圈地，作为临时祭祀之所，对日月山川致祭，以攘除灾害。縈字见于金文，写作（縈伯簋）、（齐縈姬盘）、（申簋）等形，多假借为人名或国名。《说文》：“縈，收韏也。”朱注：“《通俗文》：‘收绩曰縈。’《桂苑珠丛》：‘縈，卷之也。’按，收卷，丝若縈绕而叠之也。”《诗经·周南》：“南有樛木，葛藟縈之。”毛传：“縈，旋也。”故縈有“縈绕”义。

第四组字都含有“大、长”义，与第一组“小”义正相反，有罃、鎣、醟、䇾。训诂学上，同从一声的一组字中，经常出现对立的两种含义。这种以字义的相反相成进行训释的方法，称之为“反训”。例如，“尧”的本义是高，因而凡是从“尧”声的字，多有高义、长义。如尾长毛为翘，高长头为藀，山高为峣，良马为骁。反之，则凡是从尧声之字，又有短小义。如南方短人为侥，腹中短虫为蛲，小钲为铙等。

罃，《说文》：“备火长颈瓶也。”《方言》五：“……周洛韩郑之间谓之甀，或谓之罃。”王力先生认为罌罃同源。《说文》“罌，缶也。”《方言》五：“关而西，晋之旧都，河汾之间，其大者谓之甀，其中者谓之瓺；自关而东，赵魏之间谓之瓮，或谓之甖（即罌。）”“其大者谓之甀”之“甀”即罃字，可证《说文》解释不误。鎣字见于金文，作（伯百父鎣）（舀鼎）。《说文》：“器也。”郭沫若《长安县张家坡铜器群铭文汇释·伯百父鎣》：“鎣与罃同。以铜铸之，故从金；以陶为之，故从缶耳。”䇾，《说文》：“深池也。”醟，《说文》：“酗也。”徐锴《说文解字系传》：“醟，酒失也。”酒过量、喝大了则失，是谓醟。故䇾、醟都有深长义。

又《说文》卷九有“嶸”字，“崝嶸也，从山嶸声。”字又作嵤，《说文》

未收。《广雅·释诂三》：“嵤，深也。”《方言》注：“峥（后来写作“峥”）嵤，高峻之貌。”嵤字与罃、鎣、醟、𢍉同源。

第五组字有“不明、幽暗”义，也应当看作“𤇾”字“光亮”义的反训，有褮、䁝。褮，“褮”字见于金文，作（龢镈），用为地名字。《说文》：“鬼衣。从衣、熒省声。读若《诗》曰：‘葛藟縈之’。”《说文》“幎”字训为“幔也”，《仪礼·士丧礼注》：“幎，覆面者也。读若《诗》曰‘葛藟縈之’。”可知“褮”与“幎”义近。冥，《广雅·释训》：“暗也”。从“冥”声的字有溟、瞑、暝、幎等，都含有“幽暗不明”义，故“褮”有“不明、幽暗”义①。䁝，《说文》：“惑也。”段注：“从目熒省声。各本作榮，今正。凡䁝、塋、謍、鎣、禜、褮、榮字皆曰熒省声。而此字犹当从熒。会意。熒者，火光不定之貌，火星称熒惑。”又典籍多以“熒”为之，如《史记·孔子世家》：“匹夫而熒惑诸侯者。”

这里附带说说“檾”字。《说文》：“檾，枲属。从林、熒省声。《诗》曰：‘衣锦檾衣’。”在同书又用为“褧”的注释字，《说文》：“褧，檾衣也。”段注：“绩檾为衣，是为褧也。”金文里有“絅”字，作（师酉簋），本义是麻织的衣服。“师酉簋”铭：“新赐汝赤市、朱衡、中絅、攸勒。”清代刘心源认为絅即檾、褧。中絅，即中衣。引《释名》：“中衣在大衣之中。”（《奇觚室吉金文述》4·23）“絅”字典籍作檾、褧、蘔等，由衣服说是褧，由草本说是蘔，由麻属说是檾。衣服是用来蔽体的，故“檾”等字当亦有“不明”义。

三

《说文》里写作从“𤇾”的字，有一部分简化后作荧、荥、茕、营、茔、萦、莹、䓨、蓥、荣、劳、荦、莺，简化后的“艹”部分在写法上与“荤”字（按：该荤是“葷”的简化字，与《说文》“䡇”字无关）、“蓂”等字上部同形（但后者分别是从“艹”、以“军”和“冥”为声符的形声字），《简化字总表》第二表收录 132 个可作简化偏旁用的简化字，简化后可以用作类

① “褮”“幎”由“覆”义而有“不明”义，还可以从下例得到间接证明。如，《说文》“冡，覆也。”“幏，盖衣也。”“矇，童矇也。一曰不明也。”

推简化的 14 个偏旁中就包括“𤇾”字。[①] 提示我们，在进行汉字教学，尤其是字源教学的时候，要注意这些字的区别，不可以混为一谈。而嫈、謍、憥、𧇾、禜、瞢、㷀、膋、罃字则都不在现代汉语 7000 通用字范围内，没有与之对应的简化字，除个别字如“嫈”作为人名用字还在使用外，其余则大多退出了历史舞台。在部首编排上，《说文》里从“𤇾”的字都分别从其下部字归部，如禜在示部、瑩在玉部、謍在言部、滎在水部、嫈在女部、罃在缶部等等。《汉语大字典》简体字、繁体字并收，繁体依各字下部所从分别归部，简体则将大多数置于“艹”部下，唯独将“劳”字置于“力”部下。设想，为突出“劳”字其表意偏旁“力”把它放在“力部”，那么“荦”字为什么不放在“牛部”呢？“莺”字又为什么不放在“鸟部”呢？等等，所以这种处理是不合适的。故在《新华字典》《现代汉语规范字典》等工具书里，都把“劳”字也放在了“艹”部下，这种做法是正确的。

（原文发表于《吉林大学社会科学学报》，2012 年第 2 期）

《汉语成语词典》的释形术语

《汉语成语词典》（下面简称《词典》）是一部中型汉语成语词典，共收录 1.4 万词条。着重收录那些古今常用，生命力强，有代表性的四字格成语，收录成语的准确性和规范性都达到了较高的水平。《词典》释义的顺序是先解释成语中重点与难点的字词，接着串讲成语的字面意义或本来意义，然后说明用法或后来发展出的意义。成语是因长期使用而形成的固定结构，具有相当的稳定性，其中保留了大量的古代汉语用字，如通假字、古今字、异体字等，这些都成为《词典》重点解释的对象。

一般词典的注释部分包括字音、字形、字义的解释。以《词典》为例，对字形的注释，包括成语用字上的通假字、古今字、异体字，还有对异形成语的标注等。为研究方便，我们把《词典》中与注释字形有关的术语统称为

---

① “蕣”字简化后写作“茼”，从艹同声。《简化汉字表》规定了 14 个类推简化偏旁，其中包括“𤇾”。“蕣”字的简化当属例外。

"释形术语"。

《词典》使用的释形术语主要有"同""通""古作"等。如踆来报往，注："报通赴"，用"通"来说明通假关系。急景流年，注："景，古影字。"情见势屈、情见乎词，注："见，古现字。"景是影的古字，见是现的古字，这是说明古今字关系。金翅擘海，注："擘，现作掰。"稳操胜算，注："算同筭。"用"现作"或"同"来说明异体关系。通假字、古今字、异体字是古代汉语中不同的三类字，《词典》使用不同的术语可以有效地把它们区分开来。注释术语的正确使用，有助于对字义的认识和辨析。但是《词典》并没有完全贯彻落实这个方法，"同"和"通"的使用还有些混乱。另外，通过考察，我们发现《词典》在注释中使用的"也作"包含着复杂的字形关系；用"也作"标示异形词，有的"也作"应该是推荐词条。

一、《词典》"同""通"之混

"同"和"通"是古书注释中常用的两个术语。在古代，同和通大都是在讲文字的通假，似乎没有什么区别。如《说文》："堳读与细同。"又如《论语·公冶长》："无所取材"。何晏集解引郑玄注："古字材、哉同"。又如《诗经·大雅·皇矣》："载锡之光"。郑玄笺："载，始也。"孔颖达疏："哉、载义同。"又《诗经·大雅·文王》："陈锡哉周"。毛亨传："哉，载。"孔颖达疏："哉与载古字通。"

在早些时候的中学语文文言文注释中，只是用"同"，不用"通"。如：1. 公输班不说。注："说同悦。"2. 荆有长松文梓楩枬豫章，宋无长木。注："……文同纹……枬同楠。"3. 子墨子九距之。注："距同拒。"其中 1 是古今字；2 是异体字；3 是通假字。《古汉语常用字字典》为了区别这三类字，用"某同某"来说明异体字，"某通某"来说明通假字；用"后来写作"说明古今字。这一意见被后来《古代汉语》修订版所采纳。但是，在《词典》中却有多处"同""通"混用之例。

（一）同一用字现象使用不同的术语

春华秋实，注："华古同花"。《后汉书》卷五十二："春发其华，秋收其实，有始有极，爰登其质。"华即花，华是花的古字。而对"华而不实"注："华通花"。按照《词典》对古今字的注释，宜为："华，古花字。"

情见势屈、情见乎词，注："见，古现字。"而"层见叠出、旁见侧出"

注："见同现。"则使用了"同"字注释。《古汉语常用字字典》说："注意：上古没有现字，凡出现的意义都写作'见'。"可知，见是现的古字。

匪石之心、匪夷匪惠、匪夷所思、匪朝伊夕，注："匪通非"。而在成语"夙夜匪懈"注中，则说："匪同非"。按，匪和非是上古汉语里都在使用的两个词，就像"於"和"于"的关系，很难以古今字、通假字等来论定。《古今汉语虚词大辞典》说："作为否定副词，'非'常用，'匪'书面语气息浓。"《古汉语常用字字典》直接释匪为"非，不是"，比较合适。

厉兵秣马、盛食厉兵，注："厉同砺"。再接再厉，注："厉通砺"。砺就是磨刀石，引申有磨快之义。《韩非子·五蠹》："坚甲厉兵以备难。"《古汉语常用字字典》："厉兵即磨快兵器，这个意义后来写作'砺'"。按照《词典》的体例，宜注释为："厉，古砺字。"

（二）"同""通"混用不当

一暴十寒，注："暴同曝"。《孟子·告子上》："虽有天下易生之物也，一日暴之，十日寒之，未有能生者也。""暴"本义是晒，后来由于经常假借表示疾暴的"暴"，所以加注日旁分化出"曝"字来表示本义。《古汉语常用字字典》说："暴，晒，这个意义后来写作'曝'"。"暴"与"曝"是一对古今字。

援溺振渴，注："振通赈"。《后汉书·赵典传》："散家粮以振穷饿。"《古汉语常用字字典》："振，救济，这个意义后来写作'赈'"。振、赈古今字，故《词典》用"通"不合适。

鱼鱼雅雅，注："雅同鸦"。《说文解字》："雅，楚鸟也"。徐铉按语："今俗别作鸦，非是。"所以"雅"和"鸦"不应该是一字异体。

流言蜚语，注："蜚同飞"。段注蜚字："古书多假为飞字。"古代写作蜚的，如蜚虫、蜚动、蜚鸿、蜚黄腾达、蜚腾、蜚翔、蜚扬、蜚雁等，如今都不再使用，一律以"飞"代之，所以应该说"蜚通飞"。

暴虎冯河，注："冯通凭"。《诗经·小雅·小旻》："不敢暴虎，不敢冯河。"《左传·哀公七年》："冯恃其众。"冯有两读，读为píng音的，《古汉语常用字字典》注"后来都写作凭"，故冯、凭为古今字。

二、《词典》"也作"考察

《词典》中"也作"的使用有两种情况，一是在注释中使用"也作"。

"也作"包含着比较复杂的字形关系。二是说明异形词。一组意义相同的成语的表述方式为：一般以最常用者为主条，其余则在主条后用"也作"标示。

（一）注释中的"也作"

翻然改图，注："也作幡然改图"。"幡"本义为"抹布"，《说文解字》："幡，书儿拭觚布也"，朱骏声《说文通训定声》："幡，拭布也。"《辞海》："幡通翻"，《汉语大字典》："幡通翻"。可见"翻"与"幡"应该是通假关系。

虎踞龙盘，注："盘也作蟠"。蟠，引申义弯曲。盘，回绕、弯曲，《古汉语常用字字典》注释说这个意义又写作"蟠"。在"弯曲"意义上二者同义，故盘和蟠为同义词。

纨袴子弟，注："纨袴也作纨绔"。袴与绔都是从"夸"声的形声字，从衣与从糸义近可互换，为异体字。

望洋兴叹，注："望洋也作望阳、望羊"。联绵词大多仅记其音，形体与所记录之词义并无关系，所以同一联绵词，往往有不止一种书写方法。《词典》的"也作"正反映出这种情况。

（二）"也作"与规范词形问题

《词典》对具有不同书写形式的成语，使用"也作"联系主副条目，对大多数成语做到了把推荐使用的词形列在主条目下。例如：根深蒂固，也作根深柢固；浑水摸鱼，也作混水摸鱼；孤苦伶仃，也作孤苦零丁；流连忘返，也作留连忘返；无动于衷，也作无动于中等。

但是有些成语的处理却不十分理想，即未将规范词形的成语列在主条目下，而是作为副条列在了后面。例如：必恭必敬，注："也作毕恭毕敬"。从成语的源头来看，"必恭必敬"出现比较早，如《词典》引书证是《官场现形记》第四十四回："大家必恭必敬，声息俱无，静听大帅吩咐"。《现代汉语成语规范词典》引书证是清代钱泳《履园丛话·朱文正公逸事》："朱文正公……待人接物，必恭必敬。"而"毕恭毕敬"则主要为现代所使用。但是在流传使用过程中意义发生了一些变化，由"必定恭敬"演变为"十分恭敬"，理据也有了不同。从使用频率看，"毕恭毕敬"的通用性较强。而"通用性"原则是整理异形词的首要原则，所以在由教育部国家语言文字工作委员会2002年发布的《第一批异形词整理表》中选取的推荐词形就是"毕恭毕敬"。李行健主编的《现代汉语成语规范词典》也以"毕恭毕敬"为推荐词形。所以，核之《词典》“一般以最常用者为主条”的原则，把“必恭必敬”作为主词条是不合适的。

类似的成语还有，如惩一警百，注：“也作惩一儆百”。元元本本，注：“也作原原本本”。在《第一批异形词整理表》和《现代汉语成语规范词典》中都是推荐使用副条目中的书写形式，这里不再赘言。

（原文发表于《辽宁工业大学学报》，2012 年第 2 期）

《说文》“匕”部字及含有“匕”部件字研究

一、《说文》对部首“匕”的解释

《说文·匕部》：“匕，相与比叙也，从反人。匕，亦所以用比取饭，一名柶。凡匕之属皆从匕也。”依照《说文》的解释，可以知道“匕”字包含有两层意思：一是并列、挨着，是“人”字的反写；一是古代舀取食物的器具。《说文·木部》：“柶，礼有柶。柶，匕也。”段注《说文》：“匕即今之饭匙。”王筠在《说文释例》中说：“匕字两形各异，许君误合之。比叙之匕从反人，柶则象形。断不能反人而为柶也。”王氏注意到“从反人”的“匕”和“一名柶”的“匕”应该是有不同的来源的，可谓有识。

我们先来看第一种情况。《说文》释“相与比叙也”的“匕”字形结构为“从反人”，从古文字字形看，其实是不可信的。为方便说明，我们把与“匕”有关的“人”“从”“比”的古文字写法排比列表。（如表 4-1）

表 4-1 “人”“从”“匕”“比”古文字写法比较

	人	从	匕	比
甲骨文	自组 宾组 历组 无名组	自组 宾组 历组 无名组	自组 宾组 历组 无名组	宾组 历组 无名组

续表

	人	从	匕	比
金　文	盂鼎 曾姬无恤壶	宰友角 作伯簋	我鼎 妣己觚 木工鼎①	比簋 鬲攸比鼎 班簋
小篆				

“匕”“比”和“人”“从”，古文字字形写法的区别还是显而易见的。甲骨文“匕”“比”所从“侧视人形”的上肢是明显的折笔，而“人”“从”字所从则是自然下垂之形。而且，在早期的古文字里，古文字的形体正反无别，“匕”字所从的侧视人形既可以朝向左，也可以朝向右，故无所谓“从反人”了。许慎据已经改造过的小篆立论，出现错误自当难免。但是，从甲骨文来看，“匕”字的构形跟“人”有关，应该没有问题。甲骨文里“匕”字通常假借为“妣”②。《说文》解释“匕，相与比叙也”，应该是“比”字的造字本义。又《说文》：“比，密也，二人为从，反从为比。”则应是其引申义。

《说文》给出的“匕”字的另一层含义是“所以用比取饭，一名柶。”甲骨文中有字，从字形上看像以匙取香皀，其上部分所从即《说文》训为“柶”的“匕”字，“匕”为象匙一类的工具。此外，甲骨文里还有从匕从鬲之字，如（《合》31036）（《怀》1402）；从匕从鼎之字，如（《屯》2345）（《合》32603）（《合》9419）。另有在字形上加注“肉”旁的，如（《合》18529）（《合》38703）③。诸字构意均像以“匕”从器皿中

① 我们怀疑金文的“匕”与甲骨文的“匕”字本就应该是两个不同的构形，分别对应《说文》释为“柶”和“相与比叙也”两个意义。拟将另文讨论这个问题。

② 甲骨卜辞里，“匕”字用法还跟狩猎有关。例如，卜辞“癸卯卜，戊，王其匕虎。”（《屯》808），姚孝遂先生认为“匕”字表示一种特殊的捕猎手段，有“捕捉”之意。《古文字诂林·卷七》462页引王筠观点，认为这里的“匕”假借为“畢”。“畢”字甲骨文为狩猎工具的象形，为捕捉之意。《诗经·鸳鸯》：“畢之罗之。”

③ 从匕从鼎和加注肉形诸字，陈剑先生释为“肆”，见陈剑．甲骨金文旧释“䰞”之字及相关诸字新释［M］//出土文献与古文字研究（第二辑）．上海：复旦大学出版社，2008：13.

舀取食物之形。我们还可以找到文献上的证据。《仪礼·特牲馈食礼》:"卒载，加匕于鼎。"又《仪礼·公食大夫礼》:"旅人南面加匕于鼎，退。"从考古出土器物上看，陕西省永寿县曾出土过一把西周中后期的铜匕，长28.5厘米，该匕置于鼎内，匕上有铭文"匕（ ）永饔用"①。另外，铜器中发现有自名为"匕"的，如鱼颠匕。

由此看来，所谓的"从反人"的"匕"与器具之"匕"本是两个字，后来在文字演变的过程中两者逐渐趋同，混同为一个字。

二、《说文》"匕"部字分析

《说文·匕部》有匙、𠤏、㩻、顷、𡿺、卬、卓、艮，凡八字。许慎对匕部字的解释，基本不出对部首"匕"的解释，有"相与比叙也"，用以舀取食物的工具。此外，还跟"匕"字"从反人"的字形构意有关。

1. 用以舀取食物的工具

只有一个"匙"字。《说文》:"匙，匕也。从匕是声。"朱骏声《说文通训定声》:"匙，匕也。"《玉篇·匕部》:"匕，匙也。"是"匕"与"匙"互为训释。

2. "相与比叙也"

𠤏《说文》:"𠤏，相次也。从匕从十。鸨从此。"《康熙字典·匕部》:"《正讹》从匕，比之省也。从十，十人相比会意。鸨字从此。"《埤雅》:"鸨性群居如雁，自然有行，故从𠤏，𠤏相次也。"

艮《说文》:"艮，很也，从匕从目。匕目，犹目相匕不相下也。"许说不可从。唐兰先生在《殷墟文字记》里说:"艮字，旧误释为见，今正。……案，小篆见作 、艮作 ，目形无别，许氏不得其说，故解为从匕目，又从而附会之耳。其实艮为见之变，见为前视、艮为回顾。……《易》曰:'艮其背，不获其身；行其庭，不见其人，亡咎。'艮其背者，反顾其背。"② 其说可从。《说文》释"很也"，是假借义。

---

① 古文字诂林编纂委员会．古文字诂林（第七册）［M］．上海：上海教育出版社，2002：460.

② 唐兰．殷墟文字记［M］．北京：中华书局，1981：77.

3. 跟人有关

頍《说文》："頍，顷也，从匕支声。匕，头顷也。《诗》曰：'頍彼织女'。"

顷《说文》："顷，头不正也，从匕从页。"徐铉等按语："匕者，有所比附，不正也。"顷、頍同义。

㛴《说文》："㛴，头髓也。从匕。匕，相匕著也。巛象发，囟象㛴形。"《说文》的解释不可信。"㛴"后来写作"腦"。长沙马王堆汉墓帛书《五十二病方》作""[1]，汉印写作""，变形音化从"刀"声。

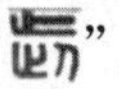

卬《说文》："卬，望欲有所庶及也。从匕从卩。《诗》曰：'高山卬止'。""卬"是"仰"字的表意初文。后世文献记录《诗经·小雅·车辖》诗句亦写作"高山仰止"。甲骨文写作，象一人站立，一人伏于地下有所仰望。"卬"所从之"匕"由"人"形而来。

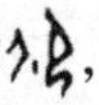

卓《说文》："卓，高也。早匕为卓，匕卩为卬，皆同义。"甲骨文有字（《合》26992），从彳卓声，于省吾先生认为"卓"字下部从子，上部像子之头顶有某种标帜之形，因而有高义。[2] 可备一说。林义光说："匕即人之反文，从人，早声。"[3]《论语》："如有所立，卓尔。"正用此义。

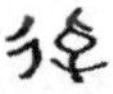

三、《说文》含有"匕"部件的其他字

现代汉字学认为，汉字分为笔画、部件、整字三个结构单位。部件是由笔画组成的具有组配汉字功能的构字单位，它立足于现代汉字字形。部首是传统文字学里提出的概念，只出现在合体字中，是表示义类的偏旁，通常也称为"形旁"或"意符"。一般来讲，部件的外延要大于部首，因为部件有表音的，有表意的，也包括记号字。《说文》里含有"匕"部件的字不在少数，我们这里选出部分加以举例分析。

1. 跟"人"有关的从"匕"之字

跟匕部字下"顷""㛴""卬"等字类似，《说文》含有"匕"部件的字有一些跟"人"有关。

① 原释文隶作从匕从止从山，我们认为该字右半所从很可能是"首"字的变形。

② 于省吾．甲骨文字释林［M］．北京：中华书局，1979：91.

③ 古文字诂林编纂委员会．古文字诂林（第七册）［M］．上海：上海教育出版社，2002：466.

此《说文》："此，止也，从止从匕。匕，相比次也。""此"在甲骨文中写作，从止从匕（或从人）。陈初生先生《商周古文字读本》以为"以脚趾与一侧身人形会脚步到此停止之意。"① 可备一说。从字形上看，"此"字所从之"匕"释为"相比次"，显然不合适。《尔雅·释诂》："此者，彼之对也。"《诗经·周颂》："在此无恶，在彼无斁。"其中与"彼"相对的"此"皆为假借义。

比《说文》："比，密也，二人为从，反从为比。""比"字甲骨文作、等形。像两人并列比肩而行，小篆字形固定为。"比"字古文作，段注："从二大也。二大者，二人也。"故比字所从之"匕"，当跟"人"有关。《尔雅·释鸟》："南方有比翼鸟，不比不飞。"

疕《说文》："疕，头疡也。从疒匕声。"金文字形为（春秋昆疕王钟），战国印作。字形像一人生病而卧于床上，人头上有一横，指其患病部位在其头部。《周礼·天官·医师》："凡邦有疾病者，疕疡者造焉。"

尼《说文》："尼，从后近之。从尸匕声。"甲骨文尼字作，战国楚简写作，均像两人相近之形。《尔雅》："尼，近也。"两人形相近可以会为两人相亲近之意。孔颖达曰："尼，近也，通作昵。""尼"字从"尸"，吴大澂认为甲骨文中"尸"与"夷"二字同形，从"尸"的字有不庄重的意思。而"尼"所表示的"昵"也为亲近而不庄重之意②。

旨《说文》："旨，美也，从甘匕声。凡旨之属皆从旨。""旨"字甲骨文字形为、等形，从人从口，会人口所嗜甘美之意。又，春秋、战国"旨"字上部或从"千"作，"千"本从"人"形分化出来，这也可以旁证"旨"字上部应该从"人"形，许说不可信。

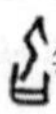

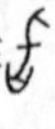

2. 与女性相关的从"匕"之字

甲骨卜辞中，"匕"常常假借为"妣"。卜辞中的"妣"与后世的"妣"在词义上有所区别：后世的"妣"指已经去世的母亲，卜辞中的"妣"则是

① 陈初生．商周古文字读本［M］．北京：语文出版社，1989：315.
② 古文字诂林编纂委员会．古文字诂林（第七册）［M］．上海：上海教育出版社，2002：676.

对各代祖母辈的通称。甲骨文常常以“妣某”来表示商王的配偶，例如“妣甲”“妣庚”等。正因为“匕”最初用为“妣”，与女性有关，《说文》中才有一部分含有“匕”部件字表示的是与女性相关的意义，它们应该是构成一组同源词。

妣《说文》：“妣，殁母也。从女比声。，籀文妣省。”甲骨文以“匕”为妣，西周金文写作，春秋时期才出现写作的“妣”字。

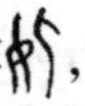

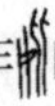

牝《说文》：“牝，畜母也，从牛匕声。《易曰》：畜牝牛吉。”甲骨文里表示雌性的动物都从“匕”，除了有写作从牛的“牝”字，还分别有从犬、马、豕等的“牝”字，直到金文里字形才固定下来，统一从“牛”作。《尚书·牧誓》：“牝鸡无晨，唯家之索。”依照古代阴阳之说，男主阳，女主阴，所以“牝”有时还代指阴性事物。如《礼记·本命》：“溪谷为牝。”溪谷处低处，属阴。《素问·水热学论》：“肾者，牝脏也。”牝还由此引申为“锁孔”之意。《礼记·月令》：“修键闭。”郑玄注曰：“键，牡也；闭，牝也。”孔颖达疏：“凡锁器入者谓之牡，受者谓之牝。”

麀《说文》：“麀，牝鹿也，从鹿从牝省。”《诗经·小雅》中有“麀鹿麌麌。”又泛指母兽，《礼记·曲礼上》：“夫唯禽兽无礼，故父子聚麀。”

3. 讹变从“匕”的字

《说文》含有“匕”部件的字，还有一部分是由于字形讹变所致，在相关的字里面，它们既不表意，也不表音，变成了记号字。

皀《说文》：“皀，谷之馨香也。象嘉谷在里中之形。匕，所以扱之。或说皀，一粒也。凡皀之属皆从皀。又读若香。”“皀”字甲骨文写作、等形，通常认为是“簋”的表意初文①，是盛烹熟的谷物的有盖食器。《说文》所释应该是其引申义。“皀”字所从之“匕”，当由像圈足形的底座讹变而来。

鬯《说文》：“鬯，以秬醸鬱艸，芬芳攸服，以降神也。从凵。凵，器也；中象米；匕，所以扱之。《易》曰：‘不丧匕鬯’。”鬯字甲骨文作，像酒在酒器中之形，卜辞用作祭祀名，是以香酒祭祀祖先的活动。《说文》分析为

① 近年沈培先生据新出殷墟花园庄东地甲骨重新释读了该字，认为在卜辞中用为动词，读为“登”。说见沈培．殷墟花园庄东地甲骨“𠂤”字用为“登”证说［M］//中国文字学报（第一辑）．北京：商务印书馆，2006：40.

“从凵、从匕”，不可信。小篆鬯字从的“匕”形，也是酒器底座的变形。

在早期的文字中，一些动物的象形字，其足形与“匕”古文字写法相近。随着字形的规范化，到小篆时其足形讹变为“匕”部件，例如“能”字。《说文》：“能，熊属，足似鹿，从肉㠯声。”从古文字的构形来看，能字本来为独体象形字，金文作，后来受到变形音化作用，口形变形音化“㠯”字（即“以”字），并以其为声符作、等形，其右边所从“足”形与“匕”形很近，到了小篆里，就讹变作从“匕”了。

（原文发表于《长春师范学院学报》，2012 年第 4 期）

“来牟”及其相关词形的文字学解释

《辞海》“来”字下收有“来牟”这一词条，曰：“古时大小麦的统称”。[①] 该词条首见于《诗经》，分别是《周颂·思文》：“思文后稷，克配彼天。立我烝民，莫非尔极。贻我来牟，帝命率育。”和《周颂·臣工》：“于皇来牟，将受厥明，明昭上帝，迄用康年。”《现代汉语词典》《汉语大字典》等工具书均未见收录。现代汉语普通话通称为“麦子”。

《说文·来部》：“来，周所受瑞麦来麳，一来二缝，像芒朿之形。天所来也，故为行来之来。”《诗经》郑玄《笺》：“贻，遗。武王渡孟津，白鱼跃入于舟，出涘以燎。后五日，火流为乌，五至，以谷俱来。此谓遗我来牟。”又曰：“于美乎，赤乌以牟麦俱来。”郑氏以“以谷俱来”和“以牟麦俱来”解释“来牟”，“谷”和“牟麦”均指“牟”，而“来”则解释为“行来”之“来”。后世学者有承此说者，如王筠在《说文释例》中认为：“言来牟者，牟来也，初不谓来牟为两物也。”[②]

《说文》对“来”字本义的解释是正确的。甲骨文“来”字写作、，是禾麦的象形，字上部像麦穗直上，中部像麦叶，下部像麦根，故“来”的

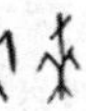

① 夏征农．辞海［M］．上海：上海辞书出版社，1999：5464.

② 王筠．说文释例［M］．北京：中华书局影印，1985：395.

造字本义是谷物名麦子之“麦”。卜辞有“受来”（等于说“受年”，《合集》23685）、“祷年来”（《合集》28272）等辞例。甲骨文里除少数用作本义，大多假借为“行来”之“来”。甲骨文“麦”字写作，从“夂”（“夂”即为“倒止”）“来”声，其造字本义是“行来”之“来”。卜辞除了用作地名外，大多用作“麦子”义。朱骏声说：“往来之‘来’正字是‘麦’，菽麦之‘麦’正字是‘来’。三代以还，承用互易。”[①] 裘锡圭先生曾有专文讨论过古文字“来”和“麦”的主要用法跟它们的造字本义互换的情况。[②] 不过在最新的殷墟花园庄东地甲骨材料中，却发现了“麦”字有用作其本义的例子[③]：

甲辰卜，于麦（来）乙祐于祖乙牢。《花东》34.5

丁未卜，其禦自祖甲、祖乙至妣庚，册二牢，麦（来）自皮鼎酒兴。《花东》149.4

于麦（来）自伐迺𢼸牝于祖甲。《花东》149.5

按照现在的阅读习惯，上面例子中“麦”字的用法相当于今天的“来”字。王筠在《说文释例》中说：“是‘来牟’先作，麦字从来，已在其后。”[④] 认为“麦”字的出现，应该是在“来牟”之后，不可信。《诗经》“来牟”之“来”正用作其麦子本义。也可以这样说，在甲骨文时代，“来”“麦”都曾用作“麦子”义，又都用作“行来”之“来”义。

《诗经》毛亨传解释“来牟”说：“牟，麦。”甲骨文“牟”字作形，本义是牛鸣。《说文》：“牟，牛鸣也。从牛，象其声气从口出。”《诗经》假借“牟”来表示“大麦”义，而写作从“麦”的“麰”字则是在假借字“牟”上加注意符分化出来的后起本字，该字见于《说文》。《说文·麦部》：“麰，来麰，麦也。”

“来”的“行来”义当为其假借义。金文和三体石经都有写作“逨”的来字[⑤]，《尔雅·释训》：“不俟不来也。”陆德明《经典释文》：“来本或作

① 朱骏声．说文通训定声［M］．北京：中华书局影印，1984：197.

② 裘锡圭．甲骨文中所见的商代农业［M］//裘锡圭学术文集（第一卷）．上海：复旦大学出版社，2012：238.

③ 姚萱．殷墟花园庄东地甲骨卜辞的初步研究［D］．北京：首都师范大学，2005：135.

④ 王筠．说文释例［M］．北京：中华书局影印，1985：395.

⑤ 容庚．金文编［M］．北京：中华书局，1985：338.

速。”战国文字有增加动符“止”的“逨”[①]。典籍或作“徠”，《尚书·禹贡》：“西倾因桓是来。”《汉书·地理志》引“来”作“徠”。“来”字无论是从辵、从止或从彳，都为突出其“行来”的动作义，以别于其本义。

《诗经》“贻我来牟”存在异文，《韩诗》作“贻我嘉牟”，《汉书·刘向传》作“饴我釐麰”。王念孙认为：“‘嘉’当为‘喜’字之误。来、釐、喜，古声相近，故《毛诗》作牟，而《刘向传》作‘釐牟’，《韩诗》作‘喜牟’。犹‘僖公’之为‘釐公’、‘祝禧’之为‘祝釐’”。[②] 所言甚是。“釐”与“来”通假古书常见，又如《仪礼·少牢馈食礼》：“来女孝孙”。郑玄注：“来读曰釐”。《左传·昭公二十四年》：“杞伯郁釐卒。”《史记·陈杞世家》《索隐》引谯周云：“名鬱来。”[③]

《说文》引《诗经》“来牟”写作“来麰”。《太平御览》卷八三八引《说文》“来麰”则作“来牟”。“来麰”之“来”又写作“麳”。《广雅·释草》曰：“大麦，麰也；小麦，麳也。”（后世一般释“来，小麦；牟，大麦”，即由此而来。）“麳”当即“来”字的繁化，是为进一步明确其本义，在原有字形上加注表意偏旁。当然，也可以认为是表示“小麦”义的“来”假借为“行来”之“来”后为其本义造的后起本字。为其本义造后起本字的情况在文字学上并不稀见，如“莫”，本来表示日暮，假借为否定代词和否定副词后，为明确其造字本义，在“莫”上加注“日”符分化出“暮”字。再换一个角度看，“麳”字的构字，很可能是受到与其连用的“麰”的影响，而发生类化。二者在意义上都与“麦子”相关，所以都选用“麥”这一表意偏旁。这种情况也很常见。例如：《诗经·豳风·鸱鸮》“彻彼桑土”，《韩诗》又作“彻彼桑杜”；《诗经·颂·駉》：“有駵有雒”，《经典释文》“雒”又作“骆”；《诗经·周南·葛覃》：“是刈是濩”，《经典释文》“刈”又作“艾”；《周易·系辞》：“服牛乘马”，《说文》引“服”作“犕”；等等[④]，都属于这种情况。“麳”字不见于《说文》，系晚出。《旧五代史》卷九十四：“汉筠曰：‘非多纳麳麰，则刻削阛阓，吾有正俸，此何用焉！’”《全唐诗》卷七五五：“润逐麳麰铺绿野，暖随杯酒上朱颜。”

---

① 汤余惠主编．战国文字编［M］．福州：福建人民出版社，2001：344.

② 王念孙．广雅疏证［M］．北京：中华书局影印，1983：333.

③ 高亨纂，董治安整理．古字通假会典［M］．济南：齐鲁书社，1997：400.

④ 刘钊．古文字构形学［M］．福州：福建人民出版社，2006：98.

“来麰”之“来”又写作“秾”，从“禾”与从“麦”属同义偏旁互作。《说文》：“秾，齐谓麦秾也。”《段注》：“来之本义训麦，然则加禾旁作秾，俗字而已。”《大正新修大藏经》52 册：“初犹禾菽之类也。经时即熟焉。次犹秾麰之等也。”“麥”简化形体为“麦”，在战国云梦睡虎地秦简中已出现。① 相应地，“麳”简化作𪎊，“麰”简化作𪌹。并见《大正新修大藏经》54 册。

“麰”与“麦”同义连用，作“麰麦”。《孟子·告子》：“今夫麰麦，播种而耰之，其地同，树之时又同，浡然而生，至于日至之时，皆熟矣。”朱熹《四书章句集注》：“麰，音牟。耰，音忧。硗，苦交反。麰，大麦也。”《苏轼集》卷一：“近山麰麦早，临水竹篁修。”《苏轼集》卷十：“天明将吏集，泥土满靴屦。登城望麰麦，绿浪风掀舞。愧我贤友生，雄篇斗新语。君看大熟岁，风雨占十五。”

“麰麦”又作“麦麰”，同素异序。《新唐书》卷三十七：“京兆府京兆郡，本雍州，开元元年为府。厥贡：水土稻、麦麰、紫秆粟、隔纱、粲席、靴毡、蜡、酸枣人、地骨皮、樱桃、藕粉。”《苏轼集》卷二十：“萧条麦麰枯，浩荡日月宽。念子无吏责，十日勤征鞍。”

典籍中又见“平麦”一语：

《管子·轻重十六篇》：“正月之朝，谷始也。日至百日，黍秫之始也。九月敛实，平麦之始也。”何如璋《管子·轻重十六篇新诠》云：“‘平麦’当作‘牟麦’，以形近而讹。”典籍中明确可见“牟麦”一词。《后汉书》卷四十下：“玄秬，黑黍也。……谓赤乌衔牟麦而至也。《诗·颂》曰：‘贻我来牟’。”《元史》卷一九〇：“长孺以牟麦置群妪合掌中，命绕佛诵书如初……。”《清史稿》卷九十六：“黍青溥，牟麦湛。赛神庥，以作甘。”

来、麦、麰（牟）的语音关系。清代马瑞辰解释：“牟麦为双声，来麦为迭韵，合牟来则为麦。”有学者以为“来麦”同源，以此证明上古汉语有复辅音声母［ml-］存在形式②。“麰麦”同义，或因地域差异而读音有不同。麦，《广韵》莫获切，中古音拟作［mɐk］。麰，《广韵》莫浮切，中古音拟作

① 汤余惠主编．战国文字编［M］．福州：福建人民出版社，2001：410.

② 雷春辉．从“来麦”“令命”同源看上古汉语复辅音 ml-的存在及演化［J］．语林考古，2011（5）：137.

[miəu]。许皓光等《简明东北方言词典》未收录“麦”或“麰”[①]。马思周《东北方言词典》[②] 收有“麦”字，但无“麰”字或显示“麦”字有别种读音的记录。大连方言“麦”字音 [mɤ]，其本字或即“麰”字。具体情况还有待进一步研究。

（原文发表于《汉字文化》，2015 年第 2 期）

《说文解字》拟声词浅析

拟声词是指模拟事物声音的词，也叫象声词[③]，这是汉语中产生较早，使用频率较高并且具有丰富表现力的一类词，早在上古时期的诗歌总集《诗经》当中就收入了大量的拟声词用于文学创作。如我们最为熟悉的《诗经·关雎》的首句“关关雎鸠”就是用“关关”模拟雎鸠的和鸣声的。在文学作品中拟声词的使用往往能声情并茂地为我们再现出语言所描绘的声景图像。因此，从语言学角度对拟声词进行系统地研究就显得尤为重要。

本文以《说文解字》（下文简称为《说文》）所收拟声词为研究对象，从语言学的角度如语义分类、形义关系等加以分析，以此管窥上古时期拟声词的概貌，为更清楚地认识拟声词奠定基础。

一、《说文》拟声词的认定

在拟声词的认定上，我们以《说文》释义为依据，选取字义解释与模拟声音直接相关的文字作为研究对象，主要包括以下三种情形：

第一，训释语明确，即训释语中明确出现“某某声（也）”“某某鸣（也）”“某某息也”“某某呼也”等表示声音的释语，这些字以“声”“鸣”“息”“呼”等标志性训释语，明确规定了字的意义范畴。如《说文·口部》：

---

① 许皓光，等．简明东北方言词典［M］．沈阳：辽宁人民出版社，1988.

② 马思周．东北方言词典［M］．长春：吉林文史出版社，2005.

③ 中国社会科学院语言研究所词典编辑室．现代汉语词典（第 6 版）［M］．北京：商务印书馆，2012.

"喔，鸡声也，"《说文·牛部》："牟，牛鸣。"

第二，根据许书中采用的大量的"互为训释"的文字材料，通过这些意义相同或相近的词对拟声词进行筛选。如《说文·口部》："嘑，唬也。""唬，嗁声也。一曰虎声。"

第三，没有明确释语，也没有互训材料，但经前辈学者考释，确定其为模拟某物所发出声音的词。如《说文·㹜部》："㹜，兩犬相齧也"。张舜徽《说文解字约注》（下文简称《约注》）："舜徽按：犬斗必有声，因谓之㹜，犹两虎争声谓之虤也。"

此外，拟声词在字形上也有显著特点。由于拟声词的产生，依赖于发出该声音的发声主体，因此在汉字构型上也与发声主体有直接或间接的联系，多以"玉""口""欠""言""犬""金"等部首作为形符。

《说文》中拟声词的来源非常广泛，在判定上涉及字形和字义的复杂关系，因此在确定拟声词的时候，我们遵循谨慎的原则，对于那些虽然训释语形式与拟声词相同但意义与模拟声音无关的字，都不纳入研究范围。如《说文·走部》："趧，行声也。"《约注》："《玉篇》：'趧，走貌。'舜徽按：趧之言彳也，谓小步也。"虽训作"行声也"，训释语符合"某某声也"的训释体例，但其义实为小步，并未模拟行走声，故不认定为拟声词。

二、《说文》拟声词的语义分类

依据上述标准，我们确定了《说文》拟声词一共 211 个。由于其来源广泛，涉及语义的方方面面，我们从词义（也就是按模拟对象）角度进行了分类，分为：人物类、动物类、器物类、自然类及其他类五大类。通过列表形式对每一大类进行细分，分为若干小类。

（一）人物类拟声词

人物类拟声词是指人类自身以及人体器官发出的声音，包括人的喜怒哀乐，举止言谈和人体局部如口、鼻发出的声音等。其中有些摹拟人口发出的声音与叹词同源，所以都合并在一起。又细分为 16 小类，共 94 个（如表 4-2）。其中"嘆"与"歎"为异体字，记作一字。"吹"字口部、欠部并见，意义相同，记作一字。

表 4-2 人物类拟声词

模拟对象	拟声词
小儿声	呱、啾、喤、咺、哓、咷、喑、咳、瘖
笑声	咥、唏、啞、噱、唪
哭声	号、哭、悠
喘息声	息、喘、嘽、呬、呼、吸、鼾、齂、屓、痰
感叹声	唌、叹（嘆、歎）、忾
病痛声	噫、詯、恫、殹、瘢、醫、欬、聊
愁苦呻吟声	唸、吚、嚴、呻、吟、屎
嚣杂声	喅、唠、呶、吅、囂、嗷、嚻、譊、謷
大呼声	咦、嗷、嘂、謷、訆、嘄、敫、碢、暑、卣、魖
出气声	嘯、喷、嚔、謦、嘘、吹、欠、欸、歗、歔、欷、无
呼动物声	嗾、舁
饮食声	噴、呷
怒喝声	嗙、叱、吒
呕吐声	欪、歐、哕、詯、歆、欧、歊
关节声	歆
话语声	䑸、聑、哇

（二）动物类拟声词

动物类拟声词是各类动物发出的声音，包括动物的叫声、喘息声、争斗声及鸟和昆虫的振翅声等，共 52 个（如表 4-3）。

表 4-3 动物类拟声词

<table>
<tr><th colspan="3">模拟对象</th><th>拟声词</th></tr>
<tr><td rowspan="3">鸟禽声</td><td rowspan="2">鸟叫声</td><td>鸡鸣声</td><td>喔、咤、雊、嚶</td></tr>
<tr><td>其他鸟鸣声</td><td>哓、啧、啼（嗁）、喈、嚳、嘤、唬、喿、鸣、鶬</td></tr>
<tr><td colspan="2">振翅声</td><td>霍（靃）、翙（翽）</td></tr>
</table>

续表

<table>
<tr><th colspan="3">模拟对象</th><th>拟声词</th></tr>
<tr><td rowspan="10">走兽声</td><td rowspan="8">兽鸣声</td><td>猛兽声</td><td>虠、嘑、唬、咆、嘷、哷</td></tr>
<tr><td>牛鸣声</td><td>犨、牟</td></tr>
<tr><td>羊鸣声</td><td>芈</td></tr>
<tr><td>鹿鸣声</td><td>呦</td></tr>
<tr><td>犬吠声</td><td>吠、猎、猩、獭、獥、猥、獿、漻、獴、犷</td></tr>
<tr><td>虎哮声</td><td>虪、虓、虠</td></tr>
<tr><td>马鸣声</td><td>嘶、嘶</td></tr>
<tr><td>猪鸣声</td><td>哮、乎（虖）</td></tr>
<tr><td colspan="2">喘息声</td><td>豷、豧</td></tr>
<tr><td colspan="2">争斗声</td><td>豳、狠、獢、猌、犾</td></tr>
<tr><td>昆虫声</td><td colspan="2">振翅声</td><td>嘒、譺</td></tr>
</table>

（三）器物类拟声词

器物类拟声词是指模拟各类器物所发出的声音。以物件撞击的声音为主，其中还包括模拟人用手击打物体或支配物体运动所发出的声响的拟声词，本文将其归入这一部分，因为通常人们习惯性将这些声音看作是物体受外力刺激所发出的声响。此类词共 38 个（如表 4-4）。

表 4-4 器物类拟声词

<table>
<tr><th colspan="2">模拟对象</th><th>拟声词</th></tr>
<tr><td colspan="2">玉相击声</td><td>球、玲、玱、玎、琤、琐、瑝</td></tr>
<tr><td colspan="2">竹声</td><td>篛</td></tr>
<tr><td>鼓声</td><td>击鼓声</td><td>彭、鼟、鼘、鼞、鼛、鼕</td></tr>
<tr><td rowspan="4">建筑声</td><td>门</td><td>闾、闛、闢</td></tr>
<tr><td>屋</td><td>宏、弦</td></tr>
<tr><td>瓦</td><td>陾</td></tr>
<tr><td>墙</td><td>甄</td></tr>
<tr><td rowspan="2">金器声</td><td>钟声</td><td>锽、铮、镗</td></tr>
<tr><td>金器撞击声</td><td>鎗、鏓、鏧、锒、铛</td></tr>
</table>

续表

模拟对象		拟声词
生活器具声	水沸声	鬻
	砍伐声	所
	收割声	挃
	行车声	钺、辖、轰
	新衣声	裻
	验器声	嗀
	贝击声	貨

（四）自然类拟声词

自然类的拟声词模拟的是自然现象和自然之物的声音，其中自然之物主要是砂石、流水等自然之物，相对于人造“器物”而言，共 20 个（如表 4-5）。

表 4-5 自然类拟声词

模拟对象		拟声词
石声		崐、厎、硋、硞、礐、硠、磕、磿
水声		濞、瀱、淙、汋、浑、活、巜、霘
空谷回声		谾
雷雨声	雷声	湧、霆
	雨声	霣

（五）其他声音

以下几个字，在《说文》正文和其他著述中无法明确其所模拟的声音类别，故归为其他。共 7 个。

䰡，鬼彪声，䰡不止也。《约注》：“舜徽按：䰡犹啾也，‘啾，讙声也’。”

諎，大声也。从言昔聲。《约注》：“舜徽按：諎训大声，谓其声之狭锐而急也。经传中或借笮为諎，《周礼·春官》典同：‘侈声笮。’谓其声之迫迮。

故许云：讃读若笮。”

訇，騃言声。《说文解字注》：“駭言声。駭各本作騃。依韵会订。此本义也。引伸为匉訇大声。《约注》：“舜徽按：今湖湘间犹谓出言物状而于人有所指斥者曰訇，声近轰，盖古语已。今按：大声。”

齘，齿分骨声。《约注》：“舜徽按：刀部：‘㓹，分解也。’从声，声中有义矣。”

䶥，齿堅声。《约注》：“舜徽按：䶥从齿吉声，故训齿坚声。齿坚之声，于齧物诗直之。”

䶦，齧骨声。《约注》：“舜徽按：齧骨声谓之䶦，犹齿相切谓之齘，二字双声，义相通也。”

䶬，噍声。《约注》：“舜徽按：许以噍声训䶬，盖直状其嚼物之声如䶬耳。”

三、《说文》拟声词的形义关系

经过调查，我们发现在《说文》211 个拟声词中指事字 2 例、象形字 3 例、会意字 19 例，其余 187 例都是形声字，约占总数的 89%。在造字法当中，指事字是“视而可识，察而见义”；象形字是“画成其物，随体诘诎”；会意字是“比类合谊，以见指㧑”，也就是说前三者，我们都可以直接或间接从字形判断出字义。从这点来说，形声字就比较特别，“取譬相成”也就是在运用形声造字法时，找一个同音字来记录，再加上一个表示意义类属的构件。因此，形声字的特点是半表形，半表声。一般认为，形声字的声符表音，形符表义，标形的部分用来表明字的意义类别，标声的部分则用来区别相同义类的字。

“口”“手”“鼻”是动物体的动作器官，而“玉”“牛”“木”“竹”“齿”“豕”“水”“衣”“犬”“金”等均是说明事物类属的类属名词。这些形旁记录了发声物体的类别。“口”是身体的器官，因此与这一器官有关的动作以及由这些动作引发的声音也多取形于“口”，如“叹”“呼”“喘”“咳”“吹”等。同时，“口”又是发声的共鸣腔，是发声器官，所以拟声词或与声音有关的词、与言语气息有关的词大多取形于口，如“呱”“吸”“嚏”“哮”“喈”“喔”等。因此在“口”部字中拟声词很多。同理，“手”是运动器官、“鼻”是呼吸器官，因此除了与“手”“鼻”有关的身体器官等名词取形于

“手”“鼻”（如掌、拇、指、）以外，与“手”“鼻”有关的拟声词也大多取形于“手”“鼻”（如“挃”“鼾”“齂”等）。而其余形声字也是通过形符标明发声物体的类属。如从“玉”为形旁的字“球”“玲”“瑲”“玎”“琤”“瑣”“瑝”等均玉器受外力影响发出的声音。再如从“齿”的“⿰齿列”“⿰齿吉”“⿰齿骨”“⿰齿舌”等均是牙齿撞击的声音；从“犬”的“猩”“⿰犭兼”“獥”“猥”“⿰犭翏”“⿰犭桼”“狠”“⿰犭番”“⿰犭斤”“⿰林犬”等都是犬类发出的声音。然而，在对拟声词进行汉字构形分析后，发现拟声词中有相当一部分字的声符承载着隐形语义，兼有表义功能。所以我们认为，在形声字中，形符所起的作用是标注词语所属的类别；而对于词的核心意义，声符则作用更大，它有标明词义的区别性作用。如从“皇”声的字有“大”的意思，《说文》：“鍠，钟声也。”“喤，小儿声。”皆大声。从“瓜”得声的字有大、圆、重义，小儿哭声一般都很大，所以叫“呱”。

拟声词种类多，形义关系复杂，与上古音的声韵调关系也相当密切。如从声纽的角度来看，喉、牙、舌、齿、唇五音之中，都有拟声词，而尤以喉音为多；从韵部的角度来看，几乎每韵都有拟声词，而阳声韵拟声词数量最多；从声调的角度来看，平上去入四调皆有拟声词分布，但是分布是不均匀的，平声调的词所占数量最多，几乎一半的拟声词都是平调词，其次是入调的，去声的最少。关于拟声词与声韵调的关系的讨论我们将另文讨论。

（原文发表于《长春师范大学学报》，2015 年第 3 期）

“正反同词”文字学研究举例

传统训诂学关于词语训释上有一种“相反为训”的现象，即一个词可以用它的反义词来训释。我国的第一部训诂学专书《尔雅》里就使用了这种方法，例如《尔雅·释诂》：“初，始也。”《仪礼·觐礼》：“某日伯父帅乃初事。”郑玄注：“初，犹故也。”“始”“故”互为反义词。《尔雅·释诂》：“贡，赐也。”《广雅·释言》：“贡，献也。”贡有“赐”和“献”两个相反的意义。又如：“徂（逝的意思），存也。乱，治也。故，今也。曩，曏也。”

晋代郭璞注释《尔雅》时注意到了这种现象，并且首次提出“美恶不嫌同名”之说。自此，在词语解释上就出现了“相反为训”即被后来普遍称作“反训”的训诂学方法。

随着人们对汉语词汇研究的深入，越来越多的学者意识到所谓的“反训”其实是一种特殊的词义现象，即一些字或词本身就具有正反两个方面的意义。古人既使用其正面的意义，在不同的语言环境中，又使用其完全相反的意义。传世典籍中不乏这方面的例子，如“贾”既可以指买，《左传》：“欲勇者，贾余余勇。”又可以指卖，《汉书·宁成传》：“贾不至千万。”“劳”既可表示上对下之嘉勉、犒赏，又可表示下对上之勉励事奉。《尚书·金縢》：“昔公勤劳王家。”《周礼·夏官》：“使者劳者。”郑注：“劳者，勤劳王事。”[①] 这种一词兼有正反意义的现象是客观存在的，所谓的“反训”是人们对于语词训释的主观归纳，这很容易使人误解为可以用一个词的反义词对其进行解释并像“互训”“递训”等训诂方式被加以认可。一些学者如齐佩瑢、徐世荣、富金壁等相继撰文进行了批评和辨正。[②] 现在人们习惯于把这种词语现象叫作“正反同词”或者“正反同根”。为研究方便，本文采取“正反同词”这一说法。

《说文解字》中有一些字，其字形结构所反映出来的含义，与许慎对它们的意义阐释正好相反。《说文解字·乙部》：“乱，治也。”乱的古文字写法像两只手整理乱丝，丝乱而用手理顺，故“乱”既可以有“乱”义，也可以有“治”义。“𤇾”古文字形像“两火炬交叉，火星四溅之形”，故而有“光亮”“小”义。根据我们的研究，《说文解字》从“𤇾”的一系列字在意义上可以分成几组。有光亮义，如熒、瑩等；也有不明、幽暗义，如袭、瞀等。有小义，如滎、嫈、謍等；也有大义，如罃、鎣、醟等，参看拙文《〈说文解字〉从“𤇾”之字研究》[③]。

段玉裁《说文解字注》一书中注意到这种现象，并有申说。例如：《说文解字·示部》：“祀，祭无巳也。从示，巳声。”段注：“祀字从巳，而释为无

① 张世超．裸礼及相关问题新探［A］//中国文字学会第七届学术年会会议论文集［C］. 2013：180.

② 齐佩瑢．训诂学概论［M］. 北京：中华书局，1984：145-162. 徐世荣．反训探原［J］. 中国语文，1980（4）：95. 富金壁．训诂学说略［M］. 武汉：湖北人民出版社，2003：166.

③ 洪飏．《说文解字》从“𤇾”之字研究［J］. 吉林大学社会科学学报，2012（2）：117.

巳，此如乱曰治，徂曰存，终则有始之义也。”这里他发现“祀字从巳，而训为无巳”，“巳训为无巳，正如乱训为治，徂训为存”，是“终则有始”相反相成的辩证关系。又如《说文解字·女部》：“婼，不顺也。从女，若声。”段注：“《毛诗》传曰：‘若，顺也。’此字从‘若’，则当训‘顺’，而云‘不顺也’，此犹祀从巳而训祭无巳也。”按之甲骨文，“若”字像一跪坐之女子两手向上理顺头发形，卜辞“王勿征工方上下弗若（《甲骨文合集》6320片）”正用为“顺”本义。

在甲骨、金文等古文字材料中就可见一字兼有正反两种意义、并且同时使用的现象，兹举例如下：

受　“受”字含有“给予”“接受”两种相反的意义由来已久。甲骨文“受”字所在辞例如：

贞：呼伐工方，受有佑？（《甲骨文合集》6232正）

贞：帝不我其受佑？（《甲骨文合集》6271）

“受有佑？”指占卜主体即商王能接受到来自鬼神的福佑吗？“帝不我其受佑？”是个反问句，意思是帝不会给与我（即商王）福佑吗？

金文中受可以用为“接受”义，《秦公钟》“我先祖受天命”；又用为“给予”义，《免簋》“王受乍册尹书”。这些意义在传世典籍中仍有使用。《尚书·大禹谟》：“满招损，谦受益。”《韩非子·外储说左上》：“因能而受官。”此“受”后来写作“授”。

甲骨文“受”作等形，从字形上看就含有接受和给予两个意义。《说文·受部》：“受，相付也。”王筠：“手部授，人部付，皆曰‘予也。’今以付说受，则是受授同字矣。”① 林义光《文源》：“象相授受形。舟声。授受二字，古皆作受。”② 后来分化为两个字，表“给予”义写作“授”。

去　　甲骨文去字作，裘锡圭先生认为是从大从口，表示把嘴张大的意思，即《庄子·秋水》：“口呿而合”的“呿”字的初文，也就是离去的“去”字的初文③。去的本义是“离去、离开”，这是相对出发地而言；若相对于目的地而言，则有“到……去、前往”义，表达的意思正好相反。其甲

---

① 王筠．说文解字句读［M］．北京：中华书局，1988：139.

② 林义光．文源：卷六［M］．上海：中西书局，2012：188.

③ 裘锡圭．谈谈古文字资料对古汉语研究的重要性［M］//裘锡圭学术文集（语言文字卷）．上海：复旦大学出版社，2012：40.

骨文辞例如下：

贞：王去束于甘?（《甲骨文合集》5129）

……巳卜，宾贞：王去作寝?（《甲骨文合集》13568）

"王去束于甘?"意思是贞问商王要离开束地到甘地吗?这里"去"为"离开"义。"王去作寝?"是贞问商王前往作地就寝吗?这里"去"为"前往"义。在金文和战国文字资料里，"去"主要是用为"离开"义。如《嘉鼎》："少去父母。"《中山王嚳鼎》："氏（是）以寡人委任之邦而去之游。"传世典籍中两种用法都在使用，如《诗经·魏风》："逝将去女，适彼乐土。"《史记·项羽本纪》："项籍少时，学书不成，去学剑，又不成。"

学　甲骨文"学"字作形，字形或作算筹形，或从双手和算筹形表示正在进行计算或筮算，写作从"宀"的，表示进行筮算的场所。卜辞"学"字有"教"和"学"两义。辞例如：

丁巳卜，㱿贞：王学众。（《甲骨文合集》32 正）

乍（作）学于……（《甲骨文合集》8204）

"王学众"是王教令众人的意思。"乍（作）学于……"与卜辞"作邑于……"文例相似，"学"为大学、小学或学宫之"学"。

金文中的"学"字既读为学本字，也可读为"教"，属施受同辞。《大盂鼎》："余唯即朕小学。"此学是"学校"的意思；《静簋》："静学亡斁"，此学是"教"的意思。文献中亦可见"学"用为"教"的例子，如《礼记·学记》："兑命曰：'学学半。'"唐代孔颖达疏："学学半者，上学为教，音斆，下学者谓之习也，谓学习也。"是古代教、学用字不别。《说文》："斆，觉悟也。……篆文作学，从斆省。"徐灏《说文解字注笺》："疑先有学而后加攴为斆。"林义光《文源》："学，斆或体，古教学同字。"① 说当可信。

享　《说文解字》："享，献也。"甲骨文、金文写法无异。"享"有"进献"义，如金文《𢦏方簋》："厥复享于天子，唯厥使乃子𢦏万年辟事天子。"《陈侯午敦》："陈侯午朝群邦诸侯于齐，诸侯享以吉金。"《诗经·商颂》："昔有成汤，自彼氐羌，莫敢不来享。"又有"享用"义，如《芈伯簋》："我亦弗究享邦。"享邦，即享国，受国之义。《尚书·无逸》："肆中宗

---

① 林义光．文源：卷八［M］．上海：中西书局，2012：310.

之享国，七十又五年。”①

“正反同词”是一个颇有趣味的语言学话题。为什么会出现这种现象呢？考察这个问题，还要着眼于汉语字词的本身。一是造字时某些字或词就兼有正反两个意思。过去人们对这种情况曾经有过误解，如杨树达在《高等国文法》里说：“初民知识混沌，一事二面不能精析。”这种说法显然是低估了古人的智慧。大量的文献资料证明，古人的思维是相当精密的，不会随便用一个反义词来解释词义。也有人以现代语言学理论来否定这种现象的存在，认为人类赋予语词一定的意义，不能模棱两可，既认为其有某种意义也承认其具有与之相反的意义，否则将在语言交际中造成混乱。文字是记录语言的，早期文字是以表意为主的，古汉字字形是先民对自然界事物的客观认识和反映。客观世界中某些事物、动作、行为本身就包含着对立和统一两个方面，二者是辩证的统一，并且相互转化，相辅相成。对立的两件事情用同一个词来记录，正显示了先民对既对立又统一的客观现象的深刻理解，在语义表达上不至于颠倒错乱、混淆不清。

于造字之初产生的“正反同词”现象，大致可以分成以下两种情形：1. 因动作行为状态等的对立统一形成的，如我们前面提到的“去”“乱”“烾”等；2. 因施受对象不同而产生的施受同辞，如“受”“学”“贡”等，这种情形最为多见。需要指出的是，具有正反两方面意义的词，究竟表达的是哪种意思，很多情况下要通过具体的辞例来分析。例如“祝”既有求福义，又有求祸义，《庄子·天地》：“请祝圣人，为圣人寿。”《尚书·无逸》：“否则厥口祝诅。”

汉语词义的发展，主要是词义的引申也可以导致“正反同词”现象。如臭，《说文》“禽走臭而知其迹者，犬也。”《孟子·尽心下》：“鼻之于臭者，四肢之于安佚也。”汉代赵岐注：“鼻之喜芬香。臭，香也。”《孔子家语》：“与不善人居，如人鲍鱼之肆，久而不闻其臭。”此“臭”则指不好的气味。再如，“逆（屰）”的甲骨文字形写作，像个倒过来的人形，《说文》：“屰，不顺也。”“逆，迎也。从辵，屰声。”所以逆的本义是“迎”的意思。《国语·晋语》：“乃归女而纳币，且迎逆之。”韦昭注：“逆，亲迎也。”但是

① 张世超，等. 金文形义通解［M］. 日本·京都：中文出版社，1996：1376.

在古汉语中“逆”更常用的意义却是与“迎”相反的“背”义。① 例如《诗经·鲁颂》:“孔淑不逆。”朱熹《诗集传》:“逆，违命也。”裘锡圭先生说:“‘屰’是‘顺逆’之‘逆’的本字。迎人者跟被迎者，彼此的方向是相逆的。迎逆是顺逆之‘逆’的引申义。‘逆’是表示‘屰’字的这个引申义的分化字。后来‘屰’字废弃不用，顺逆之‘逆’也用‘逆’字表示。”②

早期文字中这种现象的使用，一定程度上反映了文字记录语词的不足。随着语言的发展以及语言对记录它的文字的清晰度的要求，有些词在演变中有了专门记录其中一方面的字形，通过字形的分化加以区别，如受—授，学—斅。再举一例，如《说文》:“稟，赐谷也。”段注:“凡赐谷曰稟，受赐亦曰稟。引申之凡上所赋，下所受皆曰稟。”“赐谷”为发出动作，“受赐”为接受动作。“稟”既承担发出动作，又承担接受动作，正反同词。陆宗达先生说:“《说文》:‘稟，赐谷也。’稟字本指赏赐或供给的粮食，也当赏赐或给予讲，所以古代谓‘赒济’为‘赒稟’。同时接受、奉承也叫‘稟’，如《左传》:‘稟命则不威’。稟命即承受命令。”③“㐭是仓廪之‘廪’的初文，先加‘禾’为‘稟’（今作稟），又加‘广’为‘廪’（今作廪。‘廪’字产生后，‘稟’一般用于发给、领取粮食等义。《说文》已分‘稟’‘廪’为二字。后来‘稟’只用于稟受、稟承等变音引申义，发给、领取粮食等义也由‘廪’字表示）。”④

王力先生在《同源字论》里列举了十几种同源字关系类型，其中第15种“使动”关系包含以下诸词：貣，借入；贷，借出，使貣。赊，赊入；贳，赊出，使赊。买，买入；卖，卖出，使买。糴，买米；糶，卖米，使糴。受，接受；授，授予，使接受。赘，典押入；质，典押出，使赘。入，进入；纳，使入。至，到来；致，使至。去，离开；祛，祛除，使去。食，吃；饲，使吃。别，分别；辨，使分别。励，努力；勉，使努力。⑤《同源字论》是这样界定“同源字”的:“同源字，常常是以某一概念为中心，而以语音的细微差别（或同音），表示相近或相关的几个概念。”⑥ 上举诸例可

---

① 马景仑.“反训”与“正反同词”浅论［J］.淮阴工学院学报，2006（2）：8.

② 裘锡圭.文字学概要［M］.北京：商务印书馆，1988：245.

③ 陆宗达.说文解字通论［M］.北京：北京出版社，1981：67.

④ 裘锡圭.文字学概要［M］.北京：商务印书馆，1988：155.

⑤ 王力.同源字典［M］.北京：商务印书馆，1982：37.

⑥ 王力.同源字典［M］.北京：商务印书馆，1982：3.

以看作是意义“相关”即具有反义关系的同源字，王力先生采取“使动”的释义方式揭示其间的语义关系。有同源关系的几个字有的是同时产生的，有的是先后产生的。上举同源字中有先后产生的，如入—纳、受—授、去—祛等可以肯定之外，一定还有其他的都属于这种情况，我们推测在母字分化出同源字前应该是包含正反两个义项的，还需要进一步的研究和更多的材料的支撑。

（原文发表于《中国文字研究》第二十三辑，2016年）

《通用规范汉字表》增减字研究

2013年8月19日，教育部、国家语言文字工作委员会联合制定的《通用规范汉字表》（以下简称《字表》）在中国政府网公布。《字表》包括主表和附表两部分。主表共收录8105个字，分为三级：一级字表为常用字字集，收字3500个，主要满足基础教育和文化普及的基本用字需要，也可以作为义务教育阶段的识字标准。二级字表收字3000个，常用度仅次于一级字。一、二级字表合计6500字，主要满足出版印刷、信息处理等方面和社会生活的一般用字需要。三级字表收字1605个，是姓氏人名、地名、科技术语、中小学文言文用字以及未进入一、二级字表的较通用的字，主要满足与大众生活密切相关的专门领域的用字需要。

一、新增字情况及来源

《字表》与《现代汉语通用字表》比较，共新增1143个字，删减38个字。其中一级字表中新增字1个；二级字表中新增字57个；三级字表中新增字1085个。其中以三级字为主，一、二级微调。

（一）新增字情况

1. 一级字表新增字情况

一级字表中新增字1个，占新增字总数的0.08%。如胧〈1592〉。因“朦胧”为较常用连绵词，故补入。

2. 二级字表新增字情况

二级字表中新增字 57 个，占新增字总数的 4.99%左右。可分为 7 个类别：①词性词（23 个），如扨〈3658〉，绱〈5031〉等。②文言、方言、古代名物、传说和佛教等用字（20 个），如姮〈4383〉，〈文〉嫦娥；熲〈5246〉，〈文〉火光。③异体转正（4 个），如皙〈5401〉，义为人的皮肤白，不再作为“晰”的异体字。蹚〈6333〉，义为蹚水、蹚地，读 tāng，不再作为“趟（tàng）”的异体字。④服饰、食物用字（4 个），如粿〈5792〉，一种用米粉、面粉、薯粉等加工制成的食品。⑤动物、植物学名称用字（3 个），如犎〈3727〉，犎牛，公牛。⑥工具名称用字（2 个），如梿〈4771〉，读 lián，梿枷，脱粒用的旧式农具。也作“连枷”。⑦建筑学用字（1 个），如埤〈4725〉，埤垷，城墙上呈凹凸形的矮墙。

3. 三级字表新增字情况

三级字表中新增字 1085 个，占新增字总数的 94.93%左右。三级字表新增字大致分为五种类型：姓氏人名用字；地名用字；科技术语用字；中小学教材文言文用字；未进入一、二级字表较通用的字。

（1）姓氏人名用字

归入“姓氏人名用字”类别的新增字，主要来源于 1982 年全国人口普查 18 省市抽样统计姓氏人名用字、公安部提供的姓氏用字及部分人名用字、群众提供的姓氏人名用字、一些古代姓氏用字和有影响的古代人名用字，共 500 个，占所有新增字的 43.74%。《现代汉语词典》（第 6 版）对于所有归类于人名用字的新增字，区别了姓氏用字和人名用字，而在《通用规范汉字字典》中一律标明为“见于人名”，没有再作具体区分。

（2）地名用字

归入“地名用字”类别的新增字，主要来源于民政部和国家测绘地理信息局提供的乡镇以上地名用字、部分村级地名和部分自然实体名称的用字、主要汉语工具书中标明为“地名”的用字。共 295 个，占新增字总数的 25.81%。直接标明地名用字，例如：圩〈6523〉，读 qiān，地名，清圩（在安徽）。

（3）科技术语用字

归入“科技术语用字”类别的新增字，主要来源于全国科学技术名词审定委员会提供的中医药学、植物学、遗传学、冶金学、微生物学、土壤学等

56个门类的术语用字，以及中国社会科学院语言研究所提供的天文、气象、地理、动物、植物、工业、农业、政治、经济、文化、历史等33个门类的科学技术与人文社会科学的术语用字。共125个，占三级字表新增字总数的11.5%。

（4）中小学教材文言文用字

归入“中小学教材文言文用字”类别的新增字，主要来源于中小学语文教材文言文语料库（收录1949—2008年中小学语文教材中的文言文和普及型文言文的语料，65万字符）。共162个，占新增字总数的14.17%。三级字表新增字中的文言用字共122个。三级字表新增字中的古代名物用字共34个。如胠〈6866〉，读qū，①〈文〉腋以下腰以上的部位。②〈文〉从旁边打开；撬开：胠箧（指偷窃）。例如《庄子·胠箧》：“将为胠箧探囊发匮之盗”。

（5）未进入一、二级字表较通用的字

共12个。如刬〈6559〉，读chàn，组词“刬新”。

（二）部分新增字来源

1. 新调整45个异体字

按照《字表》说明第七条的表述：本表在以往相关规范文件对异体字调整的基础上，又将《第一批异体字整理表》中“晳、喆、淼、昇、邨”等45个异体字调整为规范字。

（1）将6个异体字调整为规范字

异体字分工。将“晳”“瞋”“噘”“蹚”“凓”“勠”6字调整为规范字，不再作为“晰”“嗔”“撅”“趟”“栗”“戮”的异体字。其中，“蹚”在《第一批异体字整理表》中与“蹚”同为“趟”的异体字。经审核，“蹚”“蹚”多用于“蹚水”“蹚地”等，与“趟”有明确分工。《字表》不再将二字作为“趟”的异体字，而是将“蹚”视为规范字，将“蹚”作为“蹚”的异体字。

（2）将39个异体字在特定用法上调整为规范字

将“迺、桠、耑、钜、昇、陞、甯、飏、袷、麹、仝、甦、邨、氾、堃、犇、龢、迳、鑪、线、釐、脩、絜、扞、喆、祕、頫、赀、叚、勣、菉、蒐、淼、椀、谿、筦、澂、劄、吒”等39个字在特定意义上视为规范字。具体分为以下两类：

26个原异体字，在《现代汉语词典》（第6版）之前已经确立为规范字。第1版收入字头有“迺”“桠”“耑”“钜”“飏”“袷”“仝”“氾”“堃”

“犇”“线”“脩”“絜”“扞”“頫”“赀”“勣”“菉”“淼”“筦”“劄”“吒”；第3版收入字头有“麹”“谿”；第5版收入字头有“甯”“钅户”。

13个原异体字，《字表》首次在特定用法上调整为规范字。它们是：昇甦邨龢釐喆袮叚澂陞迺椀蒐。

45个异体字被定义为规范汉字，意味着他们有了正式的身份，也意味着他们的使用频率越来越高，诸如淼、堃、喆、吒等被用于人名。例如：“昇”对应的汉字是“升”，《说文解字》：“昇，日上也”，有旭日东升之义；而“升”在《说文》中则解释为：“升，十龠也”，没有旭日东升之义，所以“昇”这个异体字获得了规范汉字身份。又如：“夥”对应字为“火”或者“伙”，在《说文》中：“夥，齐谓多为夥，从多果声”，从表义角度看具有“多”的含义，如“趁夥打劫”。而“晳”则表示皮肤洁白，不再作为“晰”的异体字使用。

2. 新增13个叠体字

叠体字，在《说文解字》中称叠文，即同体会意字。近年来受人名用字求新求异的影响，一些寓意积极的，甚至原来作为异体字的叠体字都被吸收进入了《字表》。《字表》中共收录13个叠体字，分别为：淼、喆、犇、垚、骉、燚、屾、孖、畾、叕、甡、皕、虤。其中有9个人名用字，2个地名用字，1个文言用字，1个专有名词。

3. 调整几个首笔笔顺的字

在《现代汉语通用字表》中，“敝、弊、憋、瞥、鳖、鳖”6个字列于首笔为“丨”的序列之下，笔画分别为十一画、十四画、十五画、十六画、十八画、十九画。《通用规范汉字表》将这六个字全都归入了相应笔画数首笔为“、”的序列之下。

4. 新增《现代汉语词典》（第6版）未收录的18个字

新增18个字，即未被《现代汉语词典》（第6版）收录的18个字，其中文言用字6个；地名用字6个；科技领域用字4个；人名用字2个。例如，岎〈6594〉，崌〈7174〉，分别读 lì、jū，岎崌是山名，在江西。膢〈7557〉，读 lóu，又读 lǘ，古代祭祀名。脟〈7212〉，读 liè，〈文〉禽兽肋骨上面的肉。

二、删减字情况及来源

（一）《意见稿》中有233个汉字未收录

2009年8月12日，教育部和国家语言文字工作委员会发布了《通用规范汉字表》的征求意见稿，面向全社会公开征求意见。《意见稿》拟收录8300字，《字表》较之在数量上减少了195个汉字，而《意见稿》未收录到《字表》中的有233个字。

未被收录的字分为三种情况：一是有些字是古代的用字，现今变成了历史词，如敉，是“牧”的异体字，甲骨文时代就有，到金文里就已经不再使用，而统一规范写作“牧”，所以《字表》中不再出现。二是历史上某个字的异体字，现今不再使用，如笣，是苞的异体字，“⺮”与“艹”作为偏旁常可以互换，所以去“笣”存“苞”。类似的字还有蒎和筇。三是有些字是简化字的类推，因此不再使用，如瓌，可以按照如坏（壞）、怀（懷）类推，简化为环，故瓌不再收入。这些不收录的字很少用于书写现代汉语，删去也不会影响《字表》的使用，反而更清楚地体现了《字表》的特征。

(二)《现代汉语通用字表》中有38个字未收录

《现代汉语通用字表》共7000字，其中包括《现代汉语常用字表》中的3500字。但是，由于社会的发展、语言和文字的不断调整和变化，经过语料库的统计，以下的38个字没有被《字表》收录。

1. 删除13个异体字

阢，音wù，阢陧，同“杌陧”。

垅，音lǒng，“垄”的异体。

拚，音pàn，舍弃不顾。

挢，音jiǎo，〈书〉①抬起；举起；翘起。②同“矫”。

咭，音jī，同“叽”。

舨，音bǎn，舢板，（舢舨）。

馀，音yú，①同“余”。在“余”和“馀”意义上可能混淆时，仍用“馀”。②名姓。

筇，音hóng，同“荭”。

硷，音jiǎn，旧同“碱”。

猸，音méi，猸子，名鼬獾。

缏，音biàn，草帽缏。又音pián，〈方〉用针缝。

摺，音zhé，见“折”。“摺”简化为“折”，但在二字意义可能混淆时，仍用“摺”。

鳆，音fù，名鲍。鳆鱼，鲍的俗称。

2. 删除 10 个方言用字

囝，音 jiǎn，〈方〉名①儿子。②女儿。另见“囡”。

氽，音 cuān，动①烹调方法，把食物放到沸水里稍微一煮。②〈方〉用氽子把水烧开。

朘，音 juān，〈书〉①剥削。②减少。又音 zuī，〈方〉男子生殖器。

塃，音 huāng，〈方〉开采出来的矿石。

揎，音 xuān，①〈书〉捋袖子露出手臂。②〈方〉用手推。③〈方〉打。

塮，音 xiè，〈方〉指猪羊等家畜圈里积的粪便。

簦，音 dēng，①古代有柄的笠。②〈方〉笠。

湨，音 jú，湨河，水名，在河南。

礳，音 mò，礳石渠，地名，在山西。

耲，音 huái，耲耙，东北地区一种翻土并播种的农具。

3. 删除科技类旧称用字 4 个

甙，音 dài，糖苷的旧称。

矽，音 xī，圭的旧称。

朊，音 ruǎn，蛋白质的旧称。

磺，音 huáng，硫黄，旧也作硫磺。

4. 其他 11 个

庀，音 pǐ，〈书〉①具备。②治理。

揾，音 wèn，〈书〉①用手指按。②擦。

掊，音 póu，〈书〉①聚敛；搜刮。②挖掘。又音 pǒu，〈书〉①击。②破开。

塈，音 jí，〈书〉①烧土成砖。②烛灰。

榀，音 pǐn，一个屋架叫一榀。

膗，音 chuài，囊膗，猪胸腹部的肥而松软的肉。也作囊揣。

憝，音 duì，〈书〉①怨恨。②坏；恶。

蹓，音 liū，偷偷地走开。又音 liù，慢慢走；散步。

臁，音 lián，小腿的两侧。

檵，音 jì，檵木，常绿灌木或小乔木，叶子椭圆形或卵圆形，花多白色，结蒴果，褐色。枝条和叶子可以提制栲胶，种子可以榨油，花和茎叶可入药。

礤，音 cǎ，〈书〉粗石。

三、增减字及相关问题探讨

《通用规范汉字表》发布之后，相继有很多学者发表文章，肯定了其优点及意义，但也有质疑并对其存在的问题进行阐释。本文仅对增减字中所反映出的问题及相关的读音、释义以及编排进行研究。

（一）增减字问题

1. 部分新增字通用程度较低

在正式版的《字表》颁布之前，《现代汉语词典》（第6版）就先行借鉴了《字表》的研究成果，但仍有18个未收录其中。这18个新增字中，文言用字和地名用字各6个，科技用字4个，人名用字2个，它们是：茈、岍、伭、岨、陎、菨、蚶、旎、阸、蒡、崌、脟、嵁、湌、塍、䓖、鲹、玃，通用程度均较低。这大概也是新版《现代汉语词典》没有收录的原因。

不成词语素，即不能单独成词的语素，其使用频率低，构词能力不强。全部新增字中，不成词语素共有94个，占到新增字总数的8.22%，主要来源于三级字表，分为科技术语用字、文言用字、地名用字、古代名物和传说用字以及其他类别。如科技术语用字芤〈6577〉，读kōu，芤脉，中医学脉象之一。再如文言用字蚶〈6833〉，读hán，蚶蟹，〈文〉孑孓，蚊子的幼虫。

2. 部分删除字理据度都较高

据我们统计，1143个新增字分属于122个部首，部首分布相对集中，其中前十位是氵（82字）、王（玉）（68字）、艹（62字）、木（62字）、土（59字）、钅（47）、山（43）、亻（41字）、女（39字）、日（32字）。这种分布状况与新增字多来源于姓氏人名用字、地名用字以及科技用字的情况相吻合。

《字表》增加了"舟"部字和"鱼"部字，其中舟部字9个，鱼部字28个，字义均与船舶和鱼类名称相关。比如《字表》增加了4个船舶学名词，如舭、舯、艉、艏，主要包括船体各部分构造名称用字。但是却删除了像"舨"这样的字。把"舢舨"规范为"舢板"。"舢舨"之"舨"受"舢"字影响类化写作从舟，既符合字理，又符合大众的书写习惯。再比如"阢陧"，删除"阢"，写作"杌陧"；"硫磺"，删除"磺"，写作"硫黄"，都是值得商榷的。再比如鱼部的"鳆"字，读fù，鳆鱼是鲍的俗称。

3. 个别删减字通用程度较高

个别删减字虽符合《字表》淘汰的标准，但通用程度确实很高。这类字却被踢出“通用规范汉字”行列，还是有些令人难以理解的。例如汆，读cuān，①烹调方法，把食物放到沸水里稍微一煮。②〈方〉用汆子把水烧开。

（二）配套规范字典读音、释义存在问题

《字表》发布后，有配套字典和使用手册等相继推出。其中包括王宁先生主编的《通用规范汉字字典》。我们把新增字在《通用规范汉字字典》（以下简称《字典》）的注音和释义同《现代汉语词典》（第6版）（以下简称《词典》）加以比较，发现或多或少都存在一些问题。

1. 注音问题

在读音上，许多在《词典》中有两个及以上注音的字，在《字典》中都仅保留一个读音，部分读音标注不同的字释义也不同。1143个新增字，在《词典》中标注的多音字有70余个，同音字1个；而在《字典》中标注的多音字仅为15个，无同音字。例如：

尢〈6502〉，《词典》中有wāng和yóu两个读音，《字典》中仅有wāng。

芘〈6573〉，《词典》注音：bì。《字典》注音：bǐ。

掞〈7115〉，《词典》注音：shàn。〈书〉舒展；铺张。《字典》注音：yàn，〈文〉美艳。见于人名。

2. 释义问题

在释义上，《字典》释义一个明显的特点是没有对姓氏用字和人名用字进行区分，只是笼统地解释为“见于人名”。除此之外，《字典》对众多新增字的释义都与《词典》不同，个别的解释大相径庭。例如：

毌〈6507〉，《词典》释义：①〈书〉同“贯”1～5②名姓。《字典》释义：见于人名。

屼〈6533〉，《词典》释义：〈书〉形容山秃。《字典》释义：〈文〉高耸的样子：石峰～立。见于人名。

屾〈6534〉，《词典》释义：〈书〉并立的两山。《字典》释义：见于人名。

孖〈6552〉，《词典》释义：〈方〉成对；双：～髻山（山名，在广东）|～仔。《字典》

释义：双生子。

（三）《字表》编排存在问题

依据《通用规范汉字表》第八条说明，“本表的字序遵循《GB13000.1

字符集汉字字序（笔画序）规范》的规定”。按照笔画序排列，的确有据可循，排列也相对规范、整齐，但这其中也存在着无法避免的弊端。新增字中的94个不成词语素中共有32个定位不成词语素，互为16对。这16对需要连用表意的语素，由于笔画数不尽相同，所以编排时没有连在一起，为我们查阅带来了一些困扰。例如：鸧鹒，即黄鹂，鸧排序6864，鹒排序7575；侘傺，〈文〉失意的样子。侘排序6703，傺排序7547；蝃蝀，〈文〉虹，蝃排序7772，蝀排序7166。这些词语如能按照部首依类编排，会更好。

制定《字表》的工作是一项艰难而又巨大的工程，凝聚着众多语言文字学者的智慧和汗水。《字表》是中华人民共和国以来汉字规范化研究工作的最新成果，为我国语言文字的使用确立了新的标准。然白璧微瑕，希望不断地加以完善，更好地嘉惠人类社会。

（原文发表于《汉字文化》，2017年第1期）

郑樵“双音并义不为假借”平议

一、“双音并义不为假借”概说

宋代学者郑樵在《通志·六书略·假借第六》中对“假借”是这样界定的：“假借者，无义之义也。假借者，本非己有，因他所授，故于己为无义。然就假借而言之，有有义之假借，有无义之假借，不可不别也。曰同音借义，曰协音借义，曰因义借音，曰因借而借，此为有义之假借。曰借同音不借义，曰借协音不借义，曰语辞之借……此为无义之假借。”并在“有义之假借”和“无义之假借”下详细分类举例说明。在最后列了“双音并义不为假借”这一类，所举字例有“陶、雕、跳、鷊、杷、荣、枸、椹、校、幅、幓、襢、被、襟、褏”，共15组。他说：“凡此之类，并双音并义，不为假借者也。”

郑樵关于假借研究的“双音并义不为假借”这一说法，近年来相继有学者从文字学的理论层面加以讨论。裘锡圭先生最早在《文字学概要》一书中指出：“郑樵《六书略》按六书说给文字分类，在假借字之末列‘双音并义不为假借'一类，所收之字大部分就是我们所说的同形字。"党怀兴、潘守生、王海英等均同意裘说，有的学者更直接把它们看作是同形字的一个类型，如兰碧仙认为："郑樵列出'双音并义不为假借'一项，如'陶也（陶冶之陶），陶也（皋陶之陶）'，认为这些字不是假借字，则是很正确的，它们是同形字的一种类型。"也有学者对郑樵所举例字提出不同意见，例如周艳红等认为："最早注意汉字异字同形现象并开始有意识地类聚这类材料的是宋代的郑樵。郑氏在《通志·六书略》'假借'之后指出汉字中存在一种'双音并义不为假借'现象……其中'椹''幓'等可以确认是严格意义上的同形字，其他例字如'駣''被'等还值得商榷。"

笔者认为郑樵"双音并义不为假借"下所收15组字例中，除了学者们认同少数的同形字关系，还应该包括假借关系和词义引申等。裘锡圭先生在《文字学概要》一书中对同形字是这样界定的："不同的字如果字形相同，就是同形字。同形字的性质跟异体字正好相反。"汉字是形音义的结合体，字形相同，音义都不同的是同形字。他又说："……不包括被借字和假借字以及用来表示本义的和用来表示派生词性质的引申义的同一个字，即狭义的同形字。"我们以此作为标准，对15组字例关系分别进行考证。

二、"双音并义不为假借"字例辨析

（一）陶也，陶冶之陶。陶也，皋陶之陶。

陶冶的"陶"有四种用法。1. 陶工和铸工。《孟子·滕文公上》："以粟易械器者，不为厉陶冶。"2. 烧制陶器和冶炼金属。《荀子·王制》："故泽人足乎木，山人足乎鱼，农夫不斫削、不陶冶而足械用，工贾不耕田而足菽粟。"3. 陶铸，教化培育。《汉书·董仲舒传》："或夭或寿，或仁或鄙，陶冶而成之，不能粹美。"4. 怡情养性。《颜氏家训·文章》："至于陶冶性灵，从容讽谏，入其滋味，亦乐事也。"

皋陶即人名，舜的臣子。《尚书·舜典》："帝曰皋陶"。《唐六典》卷十八引"皋陶"作"咎繇"。《尚书大传》《说文·言部》引作"咎繇"。故"陶"又写作"繇"。

古音陶在定纽幽部，繇在喻纽宵部，二者语音相近。皋陶之"陶"无论写作"陶"，亦或写作"繇"，均与陶冶的"陶"读音相近。"陶冶"的"陶"用作"皋陶"之"陶"，完全可以看作假借关系。

（二）鵰也，都聊切，隼类。鵰也，陟交切，鹘鵰鸲鹆。

《说文·隹部》："雕，鷻也，从隹周声，籀文雕从鸟。"段玉裁《说文解字注》："雕，鷻也。鸟部曰：'鷻，雕也。'"大型猛兽，鸟纲，鹰科，雕属各种的通称。《山海经·南山经》："（水有兽），其状如雕而有角。"鹘，隼，鹰属，猛兽。《广韵·没韵》："鹘，鸟名。"苏轼《石钟山记》："而山上栖鹘，闻人声亦惊起。""鸲鹆"亦作"鸜鹆"，鸟名。《左传·昭公二十五年》："有鸜鹆来巢。""鹘鵰鸲鹆"为三种隼类名称并列，鵰亦指隼类。

"鵰"是"雕"字的籀文的楷写，即其异体。在规范汉字中，"雕"行而"鵰"弃用。读作"都聊切"的"鵰"和读作"陟交切"的"鵰"，意义相同。反切上字"都"古音隶端母鱼部，"陟"古音隶端母职部，声母相同；反切下字"聊"古音在来母幽部，交古音在见母宵部，幽宵旁转，故"都聊切"的"鵰"和"陟交切"的"鵰"，两者读音相近。

（三）駣也，徒刀切，马四岁曰駣。駣也，他彫切，马三岁曰駣。

《说文·马部》："驹，马二岁曰驹，马三岁曰駣，从马句声。"《玉篇》："駣，马四岁也。"反切上字"徒"的古音隶定纽鱼部，"他"是透纽歌部，二者声纽发音部位相同，韵旁转；反切下字"刀"的古音在端纽宵部，"彫"在端纽幽部，二者声纽相同，韵旁转。所以，两字读音很近。训为"马四岁"或者"马三岁"属于古书的异训。

（四）鷂也，以照切。鷂也，音遥，雉也。

《说文·隹部》："鹞，鸷鸟。"雀鹰的俗称。即攫食小鸡、小鸟类的猛兽，俗称"鹞子"。战国宋玉《高唐赋》："雕鹗鹰鹞，飞扬伏鼠。"鸟名，雉的一种。《尔雅·释鸟》："江淮而南，青质五采皆备成章曰鹞。"郭璞注："即鹞雉也"。

段玉裁《说文解字注》："《说文》鹞即鷣。鷣，鹞也。以其善捉雀，故亦为鸷鸟。从鸟䍃声。"故鹞之"鸷鸟"义乃其"雉"义之引申。"鷂"现已简化为"鹞"。

（五）杷，补讶切，杨（柄）也。杷，白加切，收麦器。

裘锡圭先生在《文字学概要》里把这组字当作同形字加以阐释，他说："当收麦器讲的'杷'写作'耙'，当柄讲的'杷'已归并入'把'字。无论是当柄讲的｛把｝这个词，还是为耙子的｛耙｝这个词造字，都可以造出一个从‘木’‘巴’声的字来。用我们的话来说，这两个‘杷’就是同形字。”

其实，读作“补讶切”的“把”和读作“白加切”的“杷”，二者反切上字分别在帮母和並母，反切下字分别在鱼部和歌部，它们语音相近，“杷”的“收麦器”义和“把柄”义在意义上也是有联系的。

（六）荣也，永兵切，桐也。荣也，音营，屋荣。

《尔雅·释木》：“荣，桐木。”郭璞注：“即梧桐”。《说文·木部》：“荣，桐木也。从木，荧省声。一曰屋梠之两头起者为荣。”《仪礼·士冠礼》：“夙兴，设洗直于东荣。”郑玄注：“荣，屋翼也。”

从以上训释可知，荣有“桐”和“屋荣”两个意义，这在许慎的时代已经是两义并存了，而且这两个意义之间是有联系的，“永兵切”的反切上字“永”，上古音声母在匣母，反切下字“兵”是阳部字，“营”上古音是喻母耕部字。两者声母发音部位相同，韵旁转，所以“永兵切”的“荣”和“音营”的“荣”读音也很近。

（七）枸也，音苛，枸杞。枸也，音矩，枳枸。

《说文·木部》：“杞，枸杞也。”《诗经·小雅·四牧》：“陟彼北山，言采其杞。”毛传：“杞，枸檵也。”《尔雅·释木》：“杞，枸檵。”郭璞注：“今枸杞也。”《玉篇·木部》：“椈，椈杞也。根为地骨皮。本作枸。”“椈杞”同“枸杞”。《说文·木部》：“枸，木也。可为酱，出蜀。从木句声。”段玉裁《说文解字注》：“《史》《汉》皆云‘枸’，按《小雅》：‘南山有枸’，毛曰：‘枸，枳枸也。’枳枸即《礼记》之‘椇’。许于枸下不言‘枳枸’，‘椇’字亦不录。”《诗经·小雅·南山有台》：“南山有枳，北山有楰。”陆玑《草木疏》：“枸树高大如白杨，子长数寸，噉之甘美如饴，蜀以为酱，亦书作蒟。”《说文·艹部》：“蒟，果也。”《史记·西南夷列传》：“南越食（唐）蒙蜀枸酱。”裴骃《集解》引徐广曰：“枸，一作蒟。”

苛，古音在匣纽歌部；矩，古音在群纽鱼部。声纽同为舌根音，韵旁转，读音很近，意义也有联系。

（八）椹也，知林切，《礼》：“射甲革椹质”。椹也，徐甚切，桑实。

王念孙《广雅疏证》：“椹或作鍖……凡椹质或用以斫木……或用以为射艺。”《周礼·夏官·司弓矢》：“王弓、孤弓以授射甲革椹质者。”《集韵·切韵》：“椹，斫木质也。或作鍖。”《集韵·侵韵》：“葚，《说文》：‘桑实也。’或从木。”《诗经·卫风·氓》：“于嗟鸠兮，无食桑葚。”《释文》：“葚，本又作椹。”

“椹”的两个反切上字声母分别在端纽和邪纽，声音远隔，意义分别是“斫木质”和“桑实”，二者音义不同，可以看作同形字。

（九）校也，古孝切，木囚也。校也，户教切，木阑也。

《说文·木部》：“校，木囚也，从木交声。”指古代刑具。《易·噬嗑》初九爻辞：“屦校灭趾。”又上九爻辞：“何校灭耳。”邵雍注：“屦校，桎其足，桎大而没趾。何校，械其首，械大而耳没也。”由木囚义引申指田猎时用来拦阻野兽的木栅栏。《后汉·明帝记》：“（元延二年）冬，行幸长杨宫，从胡客大校猎。”颜师古注：“校，谓以木相贯穿为阑校耳。……校猎者，大为阑校以遮禽兽而猎取也。”

校本义是木囚，由此可以引申出“木阑”义，所以二者是语义引申关系。“古”上古音在见母鱼部，“户”上古音在匣母鱼部，所以“古孝切”与“户教切”的“校”音近。

（十）幅也，布帛之剂也。幅也，音逼，行縢也。

《说文·巾部》：“幅，布帛广也，从巾，畐声。”本义即布帛的宽度。《仪礼·士丧服》：“亡则以缁，长半幅。”郑玄注：“半幅一尺，终幅二尺。”《释名·释衣服》：“幅所以自幅束，今谓之行滕，可以跳腾轻便也。”《诗经·小雅·采菽》：“赤芾在股，邪幅在下。”郑玄注：“邪幅，如今行縢也，偪束其胫自足至膝。”

段玉裁《说文解字注》：“布帛广也，布帛广二尺二寸，其边曰幅。引申为邪幅。”故幅之“行縢”义乃其“布帛之剂”义之引申。读为“幅”和“音逼”的幅，上古音皆为帮母职部字，语音相同。

（十一）幓也，所衔切，旗幅。幓也，七消切，头括发。

《集韵·衔韵》：“縿，或作幓。”指旌旗上的飘带。《汉书·司马相如传》：“垂旬始以为幓兮。”裴骃《集解》引《汉书音义》：“旬始气如雄鸡，县于葆下以为旒也。”《集韵·宵部》：“幧，帕头也。或作幓。”《通雅·衣服》：“幧头，即幓头也。”《仪礼·丧礼》：“布总箭笄髽，衰。”郑玄注：“如着幓头焉。”

当“旌旗上的飘带”讲的“幓”与“縿”互为异体，当“帕头”讲的“幓”与“幧”互为异体。两个意义都可以写作“幓”，二者读音和意义各不相同，是同形字。

（十二）襢也，音但，袒裼也。襢也，张彦切，后六服有袒衣。

《玉篇·衣部》：“袒，肉袒也。或作襢。”《诗经·郑风·大叔于田》：“襢裼暴虎，献于公所。”《释文》：“‘襢’本又作‘袒’。”郑玄注：“袒，露也。”《礼记·丧服·大记》：“君为庐宫之，大夫士襢之。”郑玄注：“襢，袒也，谓不障。”《礼记·杂记上》：“下大夫以襢衣。”郑玄注：“襢，《周礼》作‘展’。”“袒衣”古代王后六服之一。

故襢之“袒衣”义乃其“肉袒”义之引申，“但”上古音在定纽元部，“张彦切”反切上字“张”上古声母在端纽，反切下字“彦”上古韵部在元部，所以“音但”的“襢”与“张彦切”的“襢”语音相近。

（十三）被也，部委切，寝衣也。被也，普义切，《春秋传》：“翠被豹舄。”

《说文·衣部》：“被，寝衣也，长一身有半。从衣皮声。”古代小被为被，大被为衾。《论语·乡党》：“必有寝衣，长一身有半。”《左传·昭公十二年》：“王皮冠，秦复陶，翠被，豹舄。”《集韵·真韵》：“帔，《说文》：‘弘农谓群帔。’或作被。”即下裳，裙。

段玉裁《说文解字注》：“郑《注》：‘今小卧被是也。’引申为横被四表之被。”被本义是寝衣，由此引申出“覆盖”之义，此义后来写作“帔”。“被”上古音在並母，“帔”上古音在滂母，古无轻唇音，所以语音相近。

（十四）衿也，居吟切，领也。衿也，其鸩切，结也。

《方言》卷四：“衿谓之交。”郭璞注：“衿，衣交领也。”《诗经·郑风·子衿》：“青青子衿，悠悠我心。”毛传：“青衿，青领也。学子之所服。”《玉篇·衣部》：“衿，缀也。”《礼记·内则》：“衿缨綦屦，以适父母舅姑之所。”郑玄注：“衿，犹结也。”《释文》：“本又作‘紟’。”

段玉裁《说文解字注》：“紟，衣系也。联合衣襟之带也。凡结带皆曰紟。紟，今本讹衿。按襟，交衽也，俗作衿，乃紟之别一义。亦因可以固结之义引申之。”故衿之“结”义乃其“领”义之引申。“居吟切”与“其鸩切”语音相近。

（十五）褎也，音袖，袂也。褎也，由救切，盛服也。

《诗经·唐风·羔羊》："羔裘豹褎，自我人究究。"毛传："褎，犹袂也。"《释文》："褎本作褏。"《说文·衣部》："褏，袂也，从衣采聲。袖，俗褏从由。"《诗经·邶风·旄丘》："叔兮伯兮，褎如充耳。"毛传："褎，盛服也。"

"褎"是"褏"的古体，《说文》收"褏"，现今二字均归入"袖"。段玉裁《说文解字注》："褏，袂也。蒙上章言之，褏引申为盛饰貌。"故褎之"盛服"义乃其"袂"义之引申。袖字上古音在邪母幽部，"由救切"的反切上字"由"上古声母是喻母字，反切下字"救"上古韵部幽部，所以"音袖"的"褎"与"由救切"的"褎"语音相近。

三、"双音并义不为假借"实质及原因

通过辨析，发现郑樵所列15组字例中，除了"椹""幓"两组字例音义各不相同，可以看作同形字；陶冶之"陶"与用为皋陶之"陶"可以看作同形字，也可以看作是假借关系；"駣"字的两个不同的训释属于古书的异训外，其余11组字例都在语音上相近、意义上有联系，与郑樵所说的"双音并义"完全不一样。为什么在认识上会有这么大的偏差呢？下面我们就来分析一下"双音并义不为假借"实质及其产生原因。

（一）郑樵所说的"协音借义"的实质

郑樵把假借分为"有义之假借"和"无义之假借"，在"有义之假借"下的"协音借义"里列举了280组字例，如："旁之为旁（去声），中之为中（去声），遗之为遗（惟季切），与也……咽之为咽（音燕）为咽（以结切）……"郑樵称之为"协音借义"，属于"有义之假借"的一个类型。许慎在《说文解字·叙》里给假借的定义是："假借者，本无其字，依声讬事，令长是也。"所举例子"令、长"一直为学界所诟病。裘锡圭先生在《文字学概要》里说："因为《说文》所举的假借例子是'令''长'，它们只能用来说明语义引申的现象，而不能用来说明借字表音的现象。""语义引申是一种语言现象，借字表音则是用文字记录语言的一种方法，二者有本质的不同。"在文字学上，假借通常是借用某个字记录语言里的词，它们在语音上的相同或相近，而不关涉字义。但是也有少数情况，就是被借字的意义跟假借义有联系，例如古书里面借"畔"为"叛"、借"说"为"悦"等。郑樵所

列举的“协音借义”的字例，究其实，它们都属于读音相近、意义上有联系的情况，而其意义上的联系正是词义引申的结果，跟用作假借的两个字在意义上有联系的情况并不一样。郑樵所说的“有义之假借”包括“协音借义”在内，都属于词义引申现象，他把它们看作是假借字的一种类型，是不正确的。

（二）郑樵所说的“双音”的实质

郑樵笔下的“协音”和“双音”是有区别的。他认为的“协音”从举例子看，在语音上是有联系的，无可否认；他认为的“双音”是两个不同的读音。考察一下，其实不然。从我们在文章第二部分的辨析可知，这 11 组字例在语音上都是有联系的，尤其是它们的古代读音相同或者相近。像“都聊切”的“鵰”和“陟交切”的“鵰”，二者古音声母相同，韵旁转。但是在中古音里，前者属于端母字，后者则属于知母字，出现了分化；“部委切”的“被”和“普义切”的“被”，二者古音声母分别在並母和滂母，“古无轻唇音”，所以读音相同；在中古音里，轻唇音和重唇音分化，因而读音不同。凡此等等，都反映了古今语音的变化情况。郑樵不明这种语音变化，不知道它们之间的古音相同或相近情况，以为它们是语音不同的“双音”，进而把这些例子排除在“假借”之外。实际上这 11 组字例都是语音相同或相近，可以归并在他的“协音借义”下，属于“有义之假借”。

正如我们上文所说，郑樵所说的“协音借义”即我们今天所说的词义引申，而非同形字。裘锡圭先生认为郑樵的“双音并义不为假借”一类所收之字大部分属于同形字，是值得商榷的，这其实与他关于同形字的界定也是矛盾的。

（三）导致错误认识的原因

郑樵所说的“协音借义”实质是词义引申，他说的“双音”实质是同音或者近音。前者是混同了词义引申和字的假借问题，后者是对于语音的发展变化缺少历史的观念。尤其是后者，不能用发展的眼光看待问题，这与其所处的大的学术背景是分不开的。南北朝时期，学者按照当时语音读《诗经》，发现很多韵都合不上，便以为作品中某些字需要临时改读某音，因此有所谓“叶韵”之说。后人并以此应用于其他古代韵文，此风至宋代而大盛。一直到明代陈第才建立了“时有古今，地有南北，字有更革，音有转移”的历史语言观，认为所谓叶韵的音是古代本音，读古音就能谐韵，不应随意改读。所以，郑樵“双音并义不为假借”是不可信的，所举字例大多也是不可靠的，究其原因，正是这种历史的语言观的缺失、以今律古所致。

（原文发表于《大连民族大学学报》，2020 年第 2 期）

《说文解字注》释义的“形局义通”例说

裘锡圭先生在《文字学概要》“字形在词义研究上的作用”时，特别谈到要注意“字形表示的意义往往要比字的本义狭窄”这种现象，认为字形表示的意义跟字的本义之间不能随便画等号，并将其称之为“形局义通”。清人李澧在《东塾读书记》早已注意到“形局义通”的现象，指出有的表意字“字义不专属一物，而字形则画一物。”段玉裁《说文解字注》在阐释字义上有时片面地局限于字形，对这种情况进行较为全面地梳理，分析其在释义上的“形局义通”。

一、对表意字释义的“形局义通”情况

很多表意字常常以具体的偏旁来表示一般，字形表示的意义对字的本义只起到提示作用。《说文解字》的释义原则是根据字形解释汉字本义，《说文解字注》在解释字的本义时仍以字形为依据，并在《说文》基础上旁征博引。但由于时代和材料的局限，《说文解字注》有些地方也将字的本义和字形表示的意义混为一谈，将引申义和本义混为一谈，存在对表意字释义“形局义通”的情况，下面举例进行说明。

1. 以具体事物的特征来表示一般特征

（1）《刀部》“初”

段注：始也。见《释诂》。从刀衣，会意。楚居切，五部。裁衣之始也。《衣部》曰：裁、制衣也，制衣以针，用刀则爲制之始。引伸爲凡始之偁。此说从刀衣之意。

按：甲骨文作[甲骨文字形]（《合》36423）[1]，字形表示以刀裁衣。从刀从衣，以

[1] 甲骨文字形选自郭沫若．甲骨文合集［M］．北京：中华书局，1982．简称《合》。

具体的裁衣之始会始义。我们不能以为“初”的本义专指以刀裁衣，而把本义“开始”看作是词义的引申。

(2)《大部》“大”

段注：按天之文从一大，则先造大字也。人儿之文但象臂胫，大文则首手足皆具，而可以参天地，是爲大。

按：甲骨文作𠆢（《合》22421），字形象成年男子的图形，以象征手法表示事物的属性。以一个具有“大”特征的具体事物来表示一般的“大”。我们不能以为“大”的本义专指人，而把其他事物的大看作是词义引申的结果。

(3)《门部》“间”

段注：隙也。隙者，壁际也。引申之，凡有两边有中者皆谓之隙。隙谓之间。间者，门开则中爲际。凡罅缝皆曰间，其爲有两有中一也。

按：金文作[illegible]（《集成》260）①，字形表示门有间隙，从门内可以看到月光。以门有间隙，从门内可以看到月光的具体现象来表示一般的“隙”。我们不能以为“隙”的本义专指门缝中可以看到月光，而把其他事物的“隙”看作是词义引申的结果。

2. 以具体事物来表示一般事物

会意字中从动物之字常常是以具体的某一动物来表示一般，如从“豕”之“家”、从“犬”之“状”“臭”、从“羊”之“羞”。

(4)《宀部》“家”

段注：窃谓此篆本义乃豕之尻也，引申叚借以爲人之尻，字义之转移多如此。[337]

按：甲骨文作[illegible]（合《20268》），字形表示豕在房屋下，本义为住所。罗琨、张永山以为这个字是一个会意兼形声字，由于在农村部落只有家猪才能象征财富，所以家从牡豕。段玉裁从字形的意义认为“家”字本义指猪圈，而引申为人的住所。我们不能以为豕之居为“家”字本义，更不能把人住的地方看成是其字义的转移。

(5)《犬部》“状”

段注：犬形也。引申爲形状。如类之引申爲同类也。

---

① 金文字形选自中国社会科学院考古研究所．殷周金文集成［M］．北京：中华书局，2007．简称《集成》。

按：秦简作“[illegible]”（《睡·秦87》）[1]，字形从犬，用具体的动物“犬”来表示事物的各种形态。《说文解字注》把字的本义和字形表示的意义画等号，认为“犬形”为本义。我们不能认为“犬形”是“状”字本义，而把应为本义的“形状”义作为其引申义。

(6)《犬部》“臭”

段注：禽走臭而知其迹者犬也。走臭犹言逐气。犬能行路踪迹前犬之所至。于其气知之也。故其字从犬自。自者、鼻也。引申叚借爲凡气息芳臭之偁。从犬自。

按：甲骨文作[illegible]（《合》10093），本义为气味，“嗅”字初文。由于狗的嗅觉非常灵敏，所以“臭”从“犬”从“自”。我们不能以为“臭”的本义专指犬的鼻子，而把本义“气味”看作是词义引申的结果。

(7)《丑部》“羞”

段注：进献也。宗庙犬名羹献，犬肥者献之。犬羊一也，故从羊。引申之，凡进皆曰羞。

按：甲骨文作[illegible]（《合》15430），字形表示以手持羊，本义为进献食物。以具体的“羊”来指代其他可以进献的东西，后“又”讹变为形近的“丑”字，我们不能以为“羞”的本义专指以手持羊，而把进献其他食物看作是词义的引申。

这里附带谈一下“哭”字。

段注：按许书言省声，多有可疑者。取一偏旁，不载全字，指爲某字之省，若家之爲豭省、哭之从狱省，皆不可信。……凡造字之本意有不可得者、如秃之从禾。用字之本义亦有不可知者、如家之从豕、哭之从犬。愚以爲家入豕部从豕宀、哭入犬部从犬吅。皆会意、而移以言人。

按：甲骨文作[illegible]（《合》7815），字形本不从犬。后经汉字的演变，讹变为从犬。段注虽认识到《说文》有误，但段玉裁也未曾见过“哭”字的甲骨文字形，仍按照讹变了的字形进行解形释义，认为“哭”从犬，以为“哭”的本义“哀声”“哭泣”是由犬移以言人。我们解释字的本义时要以较早的

---

① 简帛字形选自张守中．睡虎地秦简文字编［M］．北京：文物出版社，1994．简称《睡·秦》。

没有讹变的字形作为依据，否则就会出现释义的错误。

除从动物之字外，还有其他汉字字形虽写作具体的事物但是表达的却是一般事物，如“相”“尾”。

(8)《目部》“相”

段注：省视也。《释诂》《毛传》皆云：相视也。此别之云省视，谓察视也。从目木，会意。……《易》曰：地可观者。莫可观于木。此引易说从目木之意也。目所视多矣。而从木者、地上可观者莫如木也。……《诗》曰：相鼠有皮。

按：甲骨文作 （《合》2824），字形表示用目观察树木，本义为察看。我们不能从《说文解字注》之说，以为“相”字的本义专指为观木，而把本义“察看”看作是词义引申的结果。

(9)《尾部》“尾”

段注：按尾爲禽兽之尾。此甚易解耳。而许必以尾系之人者、以其字从尸。人可言尸。禽兽不得言尸也。凡全书内严人物之辨每如此。人饰系尾，而禽兽似之，许意如是。

按：甲骨文作 （《合》136），字形表示到毛在尸后，本义为尾巴。《说文》：微也。从到毛在尸后。古人或饰系尾，西南夷亦然。《说文》说字形为从到毛在尸后，《说文解字注》认为人可言尸，而禽兽不可言尸。我们不能把“从到毛在尸后”当作“尾”的本义。

二、对形声字释义的“形局义通”情况

形声字声旁表音，形旁表意，而且大多表示的是字的意义范畴。但是一些形声字形旁表达的意义具有片面性，形旁表示的意义往往比字的本义狭窄。形旁表意的片面性可以看作是“形局义通”的现象。下面举例进行说明。

(10)《玉部》“瑱”

段注：《诗毛传》曰：瑱、塞耳也。又曰：充耳谓之瑱，天子玉瑱，诸侯以石。按瑱不皆以玉。许专云以玉者、爲其字之从玉也。

按：《说文》：以玉充耳也。从玉真声。《诗》曰：“玉之瑱兮。”小篆作 ，耳瑱材料不限于玉，《说文解字注》认为《说文》说的“以玉”是对“瑱”字从“玉”的解释。我们不能把“以玉充耳”当作“瑱”的本义。段

玉裁纠正了《说文》由于将字形义和本义画等号而造成的释义错误。

(11)《羊部》“群”

段注：辈也。若军发车百两爲辈，此就字之从车言也。朋也、类也、此辈之通训也。《小雅》谁谓尔无羊，三百维羣。《犬部》曰：羊爲羣，犬爲独。引申爲凡类聚之偁。

按：金文作（《集成》114），由于羊喜欢合群，所以“群”字从“羊”，本义可表示羊群、兽群、人群等群体。我们不能因此就说“群”本来专指羊的类聚，用“群”指其他动物的类聚都是引申的用法。《说文解字注》把字形表示的意义跟本义画等号，继而将本义和引申义混为一谈。

(12)《刀部》“刻”

段注：镂也。《金部》曰：镂、刚铁可以刻镂也。《释器》曰：金谓之镂，木谓之刻，此析言之，统言则刻亦镂也。

按：秦简作（《睡·秦102》），刻镂通常用刀，所以“刻”字从“刀”，本义表示雕刻。我们不能因此就说“刻”本义专指用刀雕刻。

(13)《犬部》“独”

段注：犬相得而斗也。斗各本作鬬，今正。凡争斗字许作斗。鬬者、遇也，其义各殊，今人乃谓鬬正、斗俗，非也。从犬，蜀声，徒谷切，三部。羊爲群，犬爲独，犬好斗，好斗则独而不群。

按：秦简作（《睡·秦195》），段玉裁认为“犬好斗，好斗则独而不群”，所以字形从犬，本义为单独、单一。我们不能因此就说“独”的本义就是犬好斗而不群。

三、“形局义通”现象出现原因分析

经过我们对段玉裁《说文解字注》释义的“形局义通”的举例说明，可以看到段玉裁虽然已注意到有些汉字意符和本义的联系很松懈，但是这种思想受到时代和材料的局限未能贯穿全书。汉字是表意体系的文字，是用书写符号来记录语言、表达意思的。字形在字义研究上十分重要。如“山”字，甲骨文作（《合》96）、金文作（《集成》5396）、篆文作（《说文·山部》），字形象起伏的山峰。“泉”字，甲骨文作（《合》8379）、金文

作（《集成2762》）、篆文作（《说文·泉部》），字形象流出泉水的泉穴。“山”“泉”二字的字形表达的意义就是本义。但是汉字字形表达的意义不全等于字的本义，这种情况主要见于形声字和表意字中。首先很多表意字字形对字的本义只是起某种提示作用，即字形表达的意义要比本义狭窄，如我们不能以为“逐”字从“豕”就认为它的本义是追豕，不能以为“状”字从“犬”就认为它的本义是犬的形状。其次，形声字形旁本身的意义跟字的本义之间的关系较为复杂，有部分形声字形旁表意具有片面性，如我们不能以为“群”字从“羊”就认为它的本义是羊的类聚，不能以为“独”字从“犬”就认为它的本义是犬好斗而不群。此外，随着字形的演变，有些字形发生讹变，由于条件的限制，段玉裁根据已经讹变了的字形进行释义，造成《说文解字注》中存在不明本义的情况，如“美”，我们不能以为“美”字从羊从大，就认为羊大则肥美是其本义。

四、结语

裘锡圭先生在谈到利用字形研究词义时指出要注意两大问题，一是一定要以时代较早的没有讹变的字形作为研究的依据，二是必须对文字跟语言的关系有正确的认识。形声字的形符与表意字的字形跟字的本义并非完全等同，我们在确定一个字的本义的时候，一定要以时代较早的没有讹变的字形作为研究词义的依据，字形的讹变会造成本义不明。同时，我们释义时不能拘泥于字形，要形成“形局义通”的意识，不要把字形表示的意义和本义随意画等号。

（原文发表于《大连民族大学学报》，2021年第2期）

后 记

本书分“甲骨文研究”“简帛文献研究”“古文字与上古音研究”“文字学研究”四个主题，收录了三十八篇论文。其中，多数论文已经发表，个别为近年新撰文章。从研究对象上来看，论文涉及甲骨文、金文和简帛文献等出土文献，以及《说文解字》等文字学内容。就研究内容而言，包括从字形、语音、词汇和语法等方面对出土文献字词进行了考证和辨析，对文字学的相关理论进行了阐释和研究，揭示探讨了《说文解字》相关语言现象。

本人2005年吉林大学博士毕业，毕业论文选题《古文字考释中的通假关系研究》(导师：李无未教授)立足于从学术史的角度对古文字考释中使用通假的情况进行正反两个方面的总结，应该是相关学科领域比较早把古文字与上古音结合起来进行的研究。博士毕业到厦门大学做博士后，随即加入刘钊教授的《新甲骨文编》的编纂工作，也因此接触了大量的甲骨文一手材料。工作以后因为给学生开设文字学、简帛文献学、《说文解字》研究等课程，对简帛文献和文字学相关领域有了深入地学习。学生时代的选择和工作后的历练，踯躅蹒跚，兜兜转转，使得本人的学术研究始终围绕出土文献语言和文字学进行展开，因此也形成了比较稳定的研究方向。研究过程中苦乐相伴，更多的是看到问题解决后获得的成就感，还有指导学生看到他们进步而获得的太多的欣慰感，这些是我在远离古文字团队几乎孤军奋战能够一直坚持走下来的重要支撑。

本书收录三十八篇文章里有部分是与我的研究生联合署名发表，这些论文选题由我命题和提供研究思路，学生负责搜集资料和草成初稿，我们共同多次修改而成。此次结集出版，算是对之前学术研究真实状态的一个反映吧。

小书有幸纳入“光明社科文库”，编辑张金良先生数次敦促相助，研究生张祎航协助我进行了统稿编排工作，在此致以衷心的感谢！

孔子说“五十而知天命”。再有两个月自己就满五十岁了，五十岁未尝不是人生一个新的开始，要更加热爱生命，热爱生活，所以谨以小书献给勤勉进取的自己！同时感谢成长路上给予我无私帮助的师长朋友！感谢我的家人，你们永远是我前行的靠山和动力源泉！

洪　飚

2021 年 7 月 17 日于大连